[美] 丹尼尔·伯斯顿——著
(Daniel Burston)

柯 霖——译

我们仍然热爱生命

爱的艺术与弗洛姆的孤勇人生

ZHEJIANG UNIVERSITY PRESS
浙江大学出版社
·杭州·

图书在版编目（CIP）数据

我们仍然热爱生命 ： 爱的艺术与弗洛姆的孤勇人生 / （美）丹尼尔·伯斯顿著 ； 柯霖译. -- 杭州 ： 浙江大学出版社，2022.12

书名原文：The Legacy of Erich Fromm

ISBN 978-7-308-22877-0

Ⅰ．①我… Ⅱ．①丹… ②柯… Ⅲ．①心理学 Ⅳ.①B84

中国版本图书馆CIP数据核字(2022)第139521号

THE LEGACY OF ERICH FROMM

by Daniel Burston

Copyright © 1991 by the President and Fellows of Harvard College

Published by arrangement with Harvard University Press

through Bardon-Chinese Media Agency

Simplified Chinese translation copyright © 2022

by Hangzhou Blue Lion Cultural & Creative Co., Ltd.

ALL RIGHTS RESERVED

浙江省版权局著作权合同登记图字：11—2022—235号

我们仍然热爱生命：爱的艺术与弗洛姆的孤勇人生

（美）丹尼尔·伯斯顿 著；柯 霖 译

策 划	杭州蓝狮子文化创意股份有限公司	
责任编辑	张一弛	
责任校对	陈 欣	
责任印制	范洪法	
出版发行	浙江大学出版社	
	（杭州市天目山路148号 邮政编码 310007）	
	（网址：http://www.zjupress.com）	
排 版	杭州林智广告有限公司	
印 刷	杭州钱江彩色印务有限公司	
开 本	880mm × 1230mm 1/32	
印 张	11	
字 数	242千	
版 印 次	2022年12月第1版 2022年12月第1次印刷	
书 号	ISBN 978-7-308-22877-0	
定 价	68.00元	

献给我的父亲母亲

前　言

当我一开始下决心写这本书时，我担心艾里希·弗洛姆的作品已经受到过多的或者说错误的批评。为了准确而批判地了解弗洛姆的思想，让他更容易被人所知，我想有必要厘清一些普遍存在的误解，即弗洛姆是一个天真的乌托邦主义者、天真的环保主义者，或者是所谓的精神分析美国化或庸俗化的共犯。然后我发现，要想有效地做到这一点，我得对弗洛姆的作品按时间顺序进行排列，并探索那些在现存文献中经常被忽视或相对孤立地对待的各种主题。这个不断扩展的主题清单最终确定为：（1）弗洛姆的"弗洛伊德虔诚"以及他与卡伦·霍妮（Karen Horney）和哈里·斯塔克·沙利文（Harry Stack Sullivan）的不同；（2）弗洛姆在研究法西斯主义、权威主义和当代社会特征时对马克思、弗洛伊德和韦伯思想的综合；（3）他与马克思以及同时代的威廉·赖希（Wilhelm Reich）的关系；（4）弗洛姆对巴霍芬（J. J. Bachofen）母系理论的运用；（5）他与非马克思主义的母系理论倡导者如卡尔·荣格（Carl Jung）、奥托·兰克（Otto Rank）和伊恩·萨蒂（Ian Suttie）以及客体关系理论家罗纳德·费尔贝恩（Ronald Fairbairn）之间的密切联系和区别；（6）他与存在主义精神分析学家、哲学家如马丁·布伯（Martin Buber）、马克斯·舍勒（Max Scheler）、马丁·海德格尔（Martin Heidegger）、路德维希·宾斯旺格（Ludwig Binswanger）和维克多·弗兰克尔（Viktor Frankl）之间的密切联系和区别；（7）德国启蒙运动和新康德主义思想对弗洛姆的深远影响，这些影响在他的早期即弗洛伊德－马克思主义阶段被埋藏，到他中年转向存在主义和政治理论时才又出现。

随着研究的深入，我逐渐意识到，把弗洛姆归为一个新弗洛伊德主义者有多短视。研究心理学、精神病学和精神分析学历史的专家经常强调弗洛姆与霍妮、沙利文和克拉拉·汤普森（Clara Thompson）的相似之处，却无意中忽略了弗洛姆思想中最具活力且最富思量的方面。他的朋友以及一些批评家将他置于20世纪中叶"后弗洛伊德主义"尤其是带有美国色彩的舆论氛围中，忽视了19世纪德国思想对他的深刻影响。与此同时，我发现文献中充斥着的那些对弗洛姆的评价，不仅完全脱离了历史背景，甚至可以说是无情掩盖了他思想中真正的冲突和矛盾。刚步入中年时，弗洛姆将自己视为弗洛伊德的学生和译者，一心想将弗洛伊德的见解从他那些与机械和生物主义相关的语言中提炼出来，转移到激进人本主义或存在人本主义的风格中去。可惜的是，弗洛姆没有意识到，他的马克思主义烙印和潜在的人本主义思想，根本无法以严谨而有条理的方式对抗弗洛伊德用来研究临床精神病理学的发展阶段论。因此，他关于精神分析性格学的大部分著作更强调先天条件（性格）和社会经济条件之间的辩证关系，而不是"过早停滞的发展"。弗洛姆在1939年后关于精神病症状和人格特征的大部分论述，明显排除了弗洛伊德将神经症和精神病性格特征定位在一个假设的性心理连续体的特定点上的尝试。然而，弗洛姆为了论证自己的观点，又会援引弗洛伊德、桑德尔·费伦茨（Sandor Ferenczi）和卡尔·亚伯拉罕（Karl Abraham）提出的个体发生图式（ontogenetic schemata），并娴熟细致、带着欣赏地对其进行阐述，这是前后矛盾的。

　　弗洛姆对弗洛伊德理论中发展阶段论的两面态度，在他的"恋尸癖"理论中遭遇了挫折。在 20 世纪 40 年代末到 50 年代，弗洛姆将无端暴力归因于"未实现的人生"（unlived life）或一种因缺乏主动创造或提升生活品质的性格能力而产生的消极超越。他认为施虐狂和破坏性是人类特有的现象；它们源于人类对生存需求不满的挫败感，这种挫败感又来自在超越"被抛感"（即海德格尔的"Geworfenheit"）和与人建立真实联系时遇到的挫折。这些观点，虽然对弗洛姆来说绝非原创，却构成了对弗洛伊德正统观念（即施虐和破坏的特质铭刻在我们的本能中，不可逆转）有理有力的反驳。这些观点仍然是弗洛姆人本主义纲领中的支柱。但在 1973 年，弗洛姆推测，恋尸癖代表了一种对肛欲的加强版病态偏好，让人退回到之前的演化阶段，即所谓的"肛门—嗅觉—厌恶"倾向——通常被认为是四足哺乳动物的特征。弗洛姆曾经押上自己的声誉，要将弗洛伊德的重要发现从性欲理论的机械论和生物学限制中拯救出来，现在他又召唤出弗洛伊德精神生物学中最可疑的特点，恩斯特·海克尔（Ernst Haeckel）的生物起源学原理——将个体发育阶段视为整个人类物种史的直接再现。

　　弗洛姆对推测性生物学迟来的探索在他的整个工作中扮演着次要角色。然而，这种明显的逻辑和判断上的失误似乎体现了他对弗洛伊德和精神分析发展的整个态度。这是他绝望的最后一击，试图证实他自称跟随弗洛伊德的脚步是真实的；这也是他在隐晦地承认，也许弗洛伊德至少有一部分是正确的，并承认他自己对虐待狂和破坏狂的思考——尽管在许多层面上有趣且有说服力——但缺乏足够的生物学基础。

于是问题出现了：弗洛姆声称他追随着弗洛伊德的脚步，这是事实吗？我的回答是确定但有所保留的"是"。我不同意一些权威把弗洛姆1941年后的作品看作对美国文化人类学的屈服，或认为这些作品已沦为理想主义、实用主义甚至仅仅是一种"积极思考"。尽管弗洛姆的风格随着时间的推移变得越来越爱说教，但他的哲学观是人本主义、存在主义和马克思主义思想的融合，是用德国启蒙主义和新康德主义思想加上些许预言和神秘主义调和而成的。无可否认，正如弗洛姆本人坚称的，这是对精神分析系统的修正，但它既不像许多批评者所说的那样是一种狡辩，也不像弗洛姆早期的作品那样前后矛盾。

我深深地感激许多人多年来给予我的帮助和鼓励。我首先要感谢亨利·艾伦伯格（Henri Ellenberger）教授，他的《发现无意识》（*Discovery of the Unconscious*）现在仍然是精神分析史上最有价值的财富。艾伦伯格是除了弗洛姆之外，唯一一位认为巴霍芬对精神分析理论来说非常重要且有真正价值的作家，也是第一位将精神分析史置于更广泛的思想史之中的作家。接下来，我必须感谢保罗·罗森（Paul Roazen）教授，他很早就提醒我注意"弗洛伊德虔诚"的许多陷阱，同时对弗洛伊德的成就保持得当的欣赏。他的许多出版作品都有大量对弗洛伊德及其圈子的特点的探索，以及对我这位初出茅庐的精神分析历史学者来说几乎不可或缺的大量信息和反思。

接下来，我还要感谢科特·丹兹格（Kurt Danziger）教授，他指导了我的博士论文，提醒我注意美国理论家试图理解、阐述或批评弗洛姆思想时的种族中心主义偏见，加深了我对 19 世纪德国思想的理解。我还感谢他提出了许多深思熟虑的建议，包括实质内容上的和格式方面上的建议，这些建议都被采纳到了本书中。

纽约医院康奈尔医学中心佩恩·惠特尼诊所精神病学史科的马克·坎泽（Mark Kanzer）、埃里克·T.卡尔森（Eric T. Carlson）、多丽丝·纳格尔·贝克（Doris Nagel Baker）、劳伦斯·弗里曼（Lawrence Freeman）、科尼利厄斯·克拉克（Cornelius Clark）和雅克·昆（Jacques Quen）都在我进行博士前研究的时候提供了道义上、技术上和财务上的支持。在这种激励人心的气氛中，我与卡尔森（Carlson）博士、内森·克拉维斯（Nathan Kravis）博士和莱尼·格罗普曼（Lenny Groopman）博士分享了研究所带给我的兴奋和困惑。衷心感谢他们所有人，以及精神病学史科的朋友和同事们，他们阅读或评论了本书的某些部分，包括约翰·克尔（John Kerr）博士、保罗·斯特潘斯基（Paul Stepansky）博士、基蒂·摩尔（Kitty Moore）、杰弗里·沃洛克（Jeffrey Wollock）教授和芭芭拉·利维（Barbara Leavy）教授。

所罗门·阿什（Solomon Asch）对有关弗洛姆从众心理的章节做了详尽的评论。阿什教授和他的妻子弗洛伦斯（Florence）的热情和兴趣使我坚信我的项目是有价值的。

我感谢墨西哥精神分析研究所的朋友们，他们邀请我参加了1990 年 3 月召开的第一届全国人文精神分析大会，使我更多地了解了弗洛姆在墨西哥时的情况。衷心感谢罗兰多·韦斯曼（Rolando Weissmann）博士、伊万·伊里奇（Ivan Illich）博士、亚历杭德罗·哥多华（Alejandro Cordova）博士、玛莎·奥尔蒂斯−蒙塔里奥（Martha

Ortiz-Monasterio）、小玛莎·奥尔蒂斯－蒙塔里奥和弗雷德里科·拉希卡（Frederico Lachica）夫妇。

还有许多提供过信息或和我面对面交谈过的人，他们亲自前来或通过信件为我付出了时间。我特别感谢雷纳·丰克（Rainer Funk）博士、迈克尔·麦科比（Michael Maccoby）博士和大卫·里斯曼（David Riesman）教授多年来的坦诚、合作和支持。在图宾根的艾里希·弗洛姆文学遗稿管理人丰克博士，允许我引用弗洛姆的作品。我还要感谢阿什利·蒙塔古（Ashley Montagu）教授、道格拉斯·卡迈克尔（Douglas Carmichael）博士、玛丽安·厄卡德特（Marianne Eckardt）博士、伯纳德·兰迪斯（Bernard Landis）博士、安娜·安东诺维斯基（Anna Antonovsky）博士、赫伯特·施皮格尔（Herbert Spiegel）博士、罗伯特·里博（Robert Rieber）教授、莫里斯·格林（Maurice Green）博士和保罗·瓦赫特尔（Paul Wachtel）博士。

我感谢约克大学政治学系的克里斯蒂安·伦哈特（Christian Lenhart）和尼尔·伍德（Neal Wood）教授认真通读了本书的初稿，并提出了许多宝贵的建议。还要感谢约克大学心理学系的莫里斯·伊格尔（Morris Eagle）博士和雷·范舍（Ray Fancher）博士的关心和支持，感谢哈佛大学出版社的迈克尔·阿伦森（Michael Aronson）和安吉拉·冯·德·利佩（Angela von der Lippe）的坚定支持和帮助，使这本书得以出版。

最后，我由衷地感谢加拿大社会科学与人文科学研究委员会多年来对我的支持，让我能完成这个项目。

The Legacy of Erich Fromm
目　录

第一章　弗洛姆其人及其作品

在对临床心理学、社会心理学和精神分析发展做出过重要贡献的精神分析学家中，艾里希·弗洛姆（Erich Fromm）一度是最受欢迎和最多产的。他的著作《逃避自由》（*Escape from Freedom*，1941）、《健全的社会》（*The Sane Society*，1955b）、《爱的艺术》（*The Art of Loving*，1956a）和《禅宗与精神分析》（*Zen Buddhism and Psychoanalysis*，1960d）都是畅销书，吸引了一批广泛而专注的读者。然而，弗洛姆去世后，这些书对学术界的影响却微乎其微，弗洛姆本人也变得默默无闻。这本传记希望将弗洛姆从这种不应有的命运中解救出来，并从批判和历史的角度去分析他的贡献，使我们能摒弃对他的刻板印象——一个杰出的天才，或者是一位含糊其词又爱说教的哲学普及者，他私底下对弗洛伊德思想深义的态度即使不算反对，也可以说毫不在意。

除了弗洛姆是临床医生、社会心理学家和存在主义人文主义者这种"天然优势"外，他的作品能在心理学和精神分析史上引起人们的

兴趣还有其他原因。弗洛姆对社会心理学的反思非常独特，他吸取了
19 世纪精神科学（Geisteswissenschaften）的各类支持者的精神及其成
熟思想，并对当代社会顺从（obedience）心理和从众（conformity）心
理的社会和历史决定因素进行了实证研究，用马克思和弗洛伊德的思
想元素把社会心理学的过去和现在结合了起来。此外，弗洛姆关于
精神分析运动历史的观点极其发人深省，他的生活和他与同事的交
往提供了一个富有启发性的例子，我称之为"弗洛伊德虔诚"（Freud
piety）。他对弗洛伊德的崇敬态度的结构、内容及背后的决定因素是
精神分析史学中最被忽视的话题之一。仔细观察弗洛姆的生活和思
想，就会发现这种现象比比皆是。例如，弗洛姆在帕特里克·穆拉哈
（Patrick Mullahy）的《俄狄浦斯：神话与情结》（*Oedipus: Myth and
Complex*）的导言中告诫他的同龄人："易受骗的公众往往无法区分这
两种人，即名垂青史的天才和对其发现做出补充、修改和纠正的后来
者。的确，站在巨人的肩膀上使一些人认为他们比巨人更高大，从而
有理由看不起巨人。"（Mullahy, 1948, p.iv）

还有一次，在与理查德·埃文斯（Richard Evans）的对话中，弗
洛姆谈到自己与霍妮和沙利文的不同时说："我感觉……我就像是弗
洛伊德的学生和译者，希望传播他最重要的发现，通过把这些发现从
狭隘的力比多理论中解放出来，从而丰富和深化这些发现。"（Evans,
1966, p.59）

换句话说，尽管弗洛姆从未真正见过弗洛伊德，但他与弗洛伊德
的关系对他的身份认同至关重要。弗洛姆一生的作品有一个显著特
点，就是都反映了他一直在努力调和自己对弗洛伊德的忠诚与其他的

思想观念。当然，这不仅仅是他独特的命运，所有弗洛伊德的"忠实反对派"（loyal opposition）都是如此——对于弗洛伊德的忠诚促使这些分析者一直守在精神分析的组织框架内，尽管他们在重要问题上与弗洛伊德存在分歧，尽管他们在同事中受信任和尊敬的程度经常因此而降低。[1]这一群体包括独立分析学者，如路德维希·宾斯旺格、格奥尔格·格罗迪克（Georg Groddeck）、桑德尔·费伦茨、卡伦·霍妮，以及其他后来被认定有明显目标或倾向的人，包括威廉·赖希、弗洛姆、奥托·费尼谢尔（Otto Fenichel）等弗洛伊德–马克思主义者，以及费尔贝恩和哈里·冈特里普（Harry Guntrip）等客体关系理论者。其中，弗洛伊德–马克思主义者最难对付，他们最容易去争论弗洛伊德工作的哪些特征是重要的，哪些是可有可无或错误的。

忠实反对派包括许多天才思想家，他们偶尔会与对精神分析发展"持不同意见的边缘派"（dissident fringe）发生冲突，这些形形色色的学者中包括阿尔弗雷德·阿德勒（Alfred Adler）、卡尔·荣格、奥托·兰克和晚年的霍妮，这部分学者在经过一段时间的学徒生涯后，很快萎靡不振，要么被驱逐，要么感觉受限而离开，要么开创自己的流派。这里也有一些有影响力的人物，比如伊恩·萨蒂和查尔斯·里克罗夫特（Charles Rycroft），他们与弗洛伊德没有私人往来，也不想开创流派，但他们一直认为自己是弗洛伊德事业的斗士，直到出现了个人和研究上的问题。他们改变后的临床研究方向，催生了对这位大师直截了当的批评（例如，Rycroft，1985，introduction）。如果仅仅是因为完

1　约翰·盖多（John Gedo，1984）亦使用过"忠实的反对者"（loyal opposition）一词，但其含义完全不同。

全缺乏弗洛伊德虔诚，沙利文也可以归为其列，这可能会让弗洛姆恼火不已。

第三类是"秘密修正派"（crypto-revisionists），他们在强调对弗洛伊德的忠诚时，与正统派和忠实反对派相似。但他们并没有宣布他们的修正主义议程，而是将实际上与正统派的重大背离表现为弗洛伊德自身思想的发展或逻辑延伸。他们表面上接受了传统的弗洛伊德主义对性和攻击性的强调——同时发展了另一个方向的思想——或者采取了源自持不同意见的边缘派的思想，然后用力比多理论重新阐述，却不提及思想的来处。这种分类中成分是最复杂的，包括爱利克·埃里克森（Erik Erikson）、海因茨·哈特曼（Heinz Hartmann）、伊迪丝·雅各布森（Edith Jacobson）、梅兰妮·克莱因（Melanie Klein）、海因茨·科胡特（Heinz Kohut）、玛格丽特·马勒（Margaret Mahler）、唐纳德·温尼科特（Donald Winnicott），甚至还可以算上雅克·拉康（Jacques Lacan）。拉康与其他人不同，他为了忠于弗洛伊德或他理解的弗洛伊德，宁愿被驱赶到正统派之外而不愿处于主流中。

尽管如此，这三个群体——忠实反对派、持不同意见的边缘派和秘密修正派——更大的区别在于他们对弗洛伊德的态度以及他们对"正统"和"圈外群体"的立场，而不是他们思想的实际内容。因为通过适当的仪式，那些起源于边缘派的思想最终会进入主流，而主流可以通过否定或谴责早期异端来证明自己对弗洛伊德的忠诚。因此荣格和兰克（持不同意见的边缘派）、弗洛姆和费尔贝恩（忠实反对派）、马勒和雅各布森（秘密修正派）在从子宫内或共生母体中形成个性的重要性上的观念差异，比哈特曼和拉康（秘密修正派）在自我的天性和功能上的实质性差异要小。

当代精神分析是这三个群体之间剧烈的斗争和不可避免的冲突的产物，也是正统派和秘密修正派——尽可能秘密地——融入主流的迫切需要：来自他们圈子之外的关于神经症病因学和治疗的洞见，能减少可能导致发展瘫痪的早期理论僵化。尽管很少有人从这个方面考虑，但弗洛姆在这一过程中扮演了重要角色。作为弗洛伊德忠实反对派的左派成员，他与持不同意见的边缘派有着密切的关系。他协调了边缘思想向精神分析运动中心的转移。由于他发挥了这一调解作用，他的许多原创想法后来得到了其他更受尊敬的专家的响应（并被当作了那些专家的原创思想）。

将弗洛姆归为忠实反对派，我是想含蓄地反对正统派和秘密修正派一致把他置于边缘派的这种做法。根据他自己（和我的）评估——他与霍妮、沙利文最显著的区别是他与弗洛伊德的亲缘关系和对弗洛伊德的忠诚感。此外，尽管他直言不讳地批评弗洛伊德不包容意见相左者，但他对阿德勒、荣格和兰克的辩论中充斥着强烈的弗洛伊德虔诚的元素。我怀疑弗洛姆对精神分析医疗化和官僚化的抨击是他被归为持不同意见的边缘派的主要因素：他在这些问题上直接而鲜明的立场导致了他与北美主流的实质性对立。他们为了自己的方便，不分青红皂白地将弗洛伊德的忠实反对派和持不同意见的边缘派混为一谈。

弗洛姆作品的分期

尽管给思想家的成果划分周期可能会产生误导，但这种划分能将思想家置于同时代的人之中，展示出他在知识环境的变迁中有怎样的发展背景。从这个角度来看，将 1929—1935 年这一时期定为弗洛姆的弗洛伊德-马克思主义阶段是有意义的。尽管弗洛姆此后仍在继续思考弗洛伊德-马克思综合理论，但这一主题主导了他的早期职业生涯，而巴霍芬和母系理论等其他兴趣都与这一上位目标有关（Funk，1984）。这些年，弗洛姆发表了关于精神分析和历史唯物主义、母系理论的杰出研究；对法西斯主义心理学的研究和对正统弗洛伊德主义的日益不满，最终让他写成了一篇题为"精神分析理论的社会局限性"（The Social Limitations of Psychoanalytic Theory）的文章（Fromm，1935a；Jay，1973）。

中间阶段，1936—1960 年，以一篇《逃避自由》的初稿——《自私与自爱》（Selfishness and Self-Love）为开端（Fromm，1939a），其特点是对宗教和神学的话题越来越关注。这段时间出现了以存在主义哲学、斯宾诺莎（Spinoza）、马克思、《旧约》、佛教禅宗和文艺复兴人文主义为基础的独特的哲学人类学，其中还涉及基督教和伊斯兰教的神秘主义。这也是政治激进主义盛行的时期，是弗洛姆在全世界最受欢迎的时期。在此期间，弗洛姆出版了许多畅销书，包括《逃避自由》《健全的社会》《爱的艺术》。他在墨西哥建立了一个精神分析研究所。虽然他在 1950 年后的大部分时间都住在那里，但还会在美国和欧洲——包括东欧，特别是南斯拉夫和波兰演讲，在那里，他对持不同政见的马克思主义者产生了深远的影响。

弗洛姆的最后阶段是从 1960 年到 1980 年。他又回归到弗洛伊德，并试图将弗洛伊德的生与死的本能移植到一个全新的基调中，这一点很耐人寻味（尽管有些问题）。这也是一段回顾、巩固的时期，从学术的角度来看，他有很多不必要的重复，尽管仍不时闪现新鲜且有启发的见解。《人类的破坏性剖析》（*The Anatomy of Human Destructiveness*，1973）因其主题和弗洛姆在世界范围内的声誉而迅速成为畅销书。《占有还是存在？》（*To Have or to Be?*，1976）在北美几乎没有产生实际影响，但在德国等地兴起的具有生态意识、权力下放的政党即"绿党"（the Greens）中被广泛阅读和引用。该书与弗洛姆在去世前不久出版的《弗洛伊德思想的伟大与局限》（*Greatness and Limitations of Freud's Thought*，1980）一起，代表了一种综合和总结，融合了早期书中的内容和旧主题的细微变化，包括本能在调节人类行为中的微不足道的作用、社会模式的缺陷、生存需要以及弗洛伊德的父权主义和顽固的性别歧视。

对弗洛姆作品的这种分期方式关注的是写作风格、研究主题和公众对其作品的反应的变化。还有一种分期方式是根据对危机的一系列反应来分。第一次引起弗洛姆注意的危机是长期的认知失调。由于马克思预测会在西欧发生的革命未能实现，而法西斯主义又来势汹汹，西方马克思主义陷入了这种失调。许多中欧知识分子[如卡尔·波普尔（Karl Popper）、亚瑟·科斯特勒（Arthur Koestler）和西蒙娜·韦伊（Simone Weil）]把无产阶级显然无法给资本主义带来致命打击当作对历史唯物主义的有力反驳，并转向别处寻求启蒙和解放。左倾的弗洛伊德主义者，包括保罗·费德恩（Paul Federn）、西格弗里德·伯恩菲尔德（Siegfried Bernfeld）、赖希、费尼谢尔和弗洛姆，接受了马克思预言失败带来的挑战。他们没有完全拒绝马克思主义，而是试图借助精神分析理论来探究造成无产阶级没有行动的"主观因素"。这一群体得到的普遍共识，就是弗洛伊德试图以"早期继承"或遥远的史前事件为基础来解释大众的非理性和顺从是一种误导。根据他们的观点，普遍存在的顺从和内疚的模式起源于专制家庭、教会和教育系统的社会化特征相互关联的程度。尽管费德姆、伯恩菲尔德和赖希在某种程度上领先于他，但弗洛姆提出了独到的观点，并在法兰克福社会研究所的支持下，首先以实证的方式研究了这些趋势，从方法论上说，为西奥多·阿多诺（Theodor Adorno）及其同事撰写《权威人格》（*The Authoritarian Personality*）（Adorno et al.，1950）搭建了基础。

　　从 20 世纪 40 年代到 60 年代，弗洛姆继续撰写权威主义心理学的论文，并试图调和弗洛伊德和马克思的理论。在这一时期的大部分时间里，他都特别关注战后工业资本主义的精神萎靡、冷战和核军备竞赛所体现的理性危机以及迫在眉睫的生态危机。与马克斯·霍克海默（Max Horkheimer）和阿多诺（T. Adorno）、C. 赖特·米尔斯（C. Wright Mills）、R.D. 莱恩（R. D. Laing）等人一样，弗洛姆看到了在以异化、消费主义和"大众文化"为特征的表面民主和"开放"社会的背景下，共识、从众和虚假意识带来的问题呈现出令人不安的新发展。弗洛姆强调一定要在精神上探索新发现、开展新变革，以有意识、有策略地抛弃当时贪婪、追求消费和物质的社会文化。这一立场让他在年轻人中广受欢迎，并推动他积极支持反核和反越战运动，更准确地说是支持学生活动的其他方面以及反对中产阶级习俗和物质欲望的反主流文化。[1]

1　本书没有深入探讨弗洛姆的政治利益和活动。对这个方面感兴趣的人可以查阅丰克（Funk，1982）关于弗洛姆著作的完整书目。

1970 年后，弗洛姆继续谴责西方社会的唯物主义，如《占有还是存在？》(1976)。但这个时期占据他大部分时间的危机是精神分析的危机（Fromm，1970a）。弗洛姆认为，分析研究所招生人数的下降和精神分析作为一种治疗方式的日益普及反映出更深层次的问题。根据弗洛姆的看法，精神分析已经变成了一种很官僚的组织机构，与教会没什么不同，它扼杀了独立的思想，促进了守旧的价值观。平心而论，这不是弗洛姆第一次这样说（例如，1935a，1959b）。但根据他当时的想法，这场危机已经达到了前所未有的程度，并可能在未来几十年中进一步加深，除非精神分析放弃其对受人尊崇的渴望，直截了当地解决他所称的"常态病理学"（the pathology of normalcy）。弗洛姆并不是一个人。事实上，他只是越来越多的对精神分析学做出可怕预言的人中的一员。可惜又讽刺的是，大多数与弗洛姆有类似顾虑的人也在指责他，这也正体现了他所痛恨的顺从主义的趋势。从 1955 年到他离世，弗洛姆因为又激活了传统道德的老一套，塑造了一项人类经验尚未触及的理论而一再受到指责（例如，Marcuse，1955；Jacoby，1975；Robinson，1976）。除了一两个例外，这些令人无语的控诉还招致了法兰克福学派的论战，从他 1938 年离开德国后就一直困扰着他的职业生涯。（Roazen，1973；Jay，1973）

这种分期的问题，与其他分期方式一样，在于它强调变化和差异，而失去了连续性。即使我们避开那些分散的阶段，以相互融合的阶段来思考，我们也只是在从外部描述弗洛姆的职业生涯，而不是他思想的内在发展。这样做，我们可能会失去结构和主题的连续性，这种连续性将他对精神分析和社会学的早期思考（Fromm，1929）与他对弗洛伊德的最后思考（Fromm，1980）结合起来。一旦这样做，我们就很容易对弗洛姆的理论发展形成歪曲的认识，或者对某个特定时期产生偏好，比如费尼谢尔和马尔库塞，他们将20世纪20年代末和30年代初的"好"弗洛姆与此后"坏的""修正主义的"弗洛姆进行了对比（Fenichel，1944；Marcuse，1955）。通过对弗洛姆作品进行仔细的研究可以发现，它经历了渐进而和谐的演变，后来的立场在早期的材料中都有明确的预示。如果如他的批评者所说，存在一个决定性的转变，那主要是在"中间阶段"发生了一次重大的焦点转移，其标志是弗洛姆越来越关注他所称的"自动从众"（automaton conformity，1941）、"市场性格"（marketing character，1947）、"匿名权威"（anonymous authority，1955b），以及对法西斯主义和旧权威主义问题的关注相应地减少了。这也使他通过《逃避自由》得到了广泛的认可。这一重点的变化来自弗洛姆对这些让他震惊和厌恶的美国社会特征的本能反应，而不是理论研究方向上的变化。

童年、教育、榜样

1900年3月23日，艾里希·平查斯·弗洛姆（Erich Pinchas Fromm）出生于德国法兰克福。他是罗莎（Rosa）和纳夫塔利·弗洛姆（Naphtali Fromm）唯一的孩子。他们的婚姻并不幸福，在后来的生活中，弗洛姆毫不犹豫地把他的母亲说成过度保护，把他的父亲说成是疏远的，把他自己说成是一个"令人无法忍受的神经质孩子"（Funk，1982，p.1）。罗莎·弗洛姆来自克劳塞家，常说年轻的艾里希所拥有的所有优秀品质都源自他的克劳塞祖先；而所有很糟糕的品质都来自弗洛姆家。罗莎除了对艾里希的父亲反感之外，她显然更关心间接的名声和认可，而不是艾里希的个人幸福，并指望她的后代来满足自己的愿望。罗莎曾梦想着年轻的艾里希能成为一名著名的钢琴家和作曲家，然而由于受到最早的榜样——舅公路德维希·克劳塞（Ludwig Krause）的影响，艾里希放弃了音乐，转而学习《塔木德》（Talmud）[1]，让罗莎深感沮丧（同上，p.14）。

尽管在童年早期与父亲关系密切，但艾里希觉得随着他逐渐长大，父亲对他失去了兴趣。然而，在他21岁时，纳夫塔利去海德堡大学陪他度过期末考试，显然是担心儿子可能会失败进而想去自杀，尽管艾里希没有做过类似的事情（Funk，1984，p.21）。至少，这段插曲表明，纳夫塔利倾向于将自己对失败和不足的恐惧投射到他的儿子身上。也许在父母焦急的关心下，潜藏着年轻的艾里希可能会失败的期望（wish）。纳夫塔利也曾希望成为一名他儿子后来成为的学者或拉比（rabbi）[2]，他对自己错过了机会而深感遗憾。

另一方面，年轻的艾里希可能也助长了父亲因为职业选择对他怀有的矛盾心理。纳夫塔利是一个小酒商，是拉比的后裔（和艾里希的母亲一样）。他对自己的职业不满意，但在犹太社区却非常活跃；他还是他们社区赫尔曼·科恩会社（Hermann Cohen Lodge）的共同创始人和董事长（Funk，1984，p.21）。雷纳·丰克引用了对弗洛姆的采访，指出弗洛姆小时候在任何自称是商人的成年人面前都会感到羞耻和尴

---

1 《塔木德》是犹太教的重要典籍，又称犹太智慧羊皮卷。
2 拉比（rabbi）是犹太人中的一个特别阶层，意为"贤者"，指接受过正统犹太教育，系统学习过犹太教经典的人。

尬，因为这可能表明此人一生都在追求物质财富和利润，而不是精神上的进步（同上，p.8）。丰克将这种态度视为艾里希·弗洛姆精神早熟的证据。也许是的，但这也可能反映了艾里希对他父亲的感情。坚持"精神价值观"，无视挣钱的实际必要性，或者以父亲以外的男人为榜样，可能是文化上可以接受的升华俄狄浦斯式竞争的方式。所以，艾里希可能只是认同他父亲对自己未能成为拉比、收入微薄、无法维持婚姻而产生的自卑感。

从弗洛姆出版的回忆录中，我们知道他青少年时期的两段经历塑造了他后来的智识发展。12 岁时，弗洛姆被家里一位朋友的自杀所震惊。这位朋友在她的父亲去世后自杀了。她才 24 岁，是一位有天赋的画家，非常有魅力，生命中应该还有很多值得活下去的事情。弗洛姆非常喜欢她，对她这种非理性的行为深感震惊，之后多年一直对其中含义感到困惑（Fromm，1962，chap.1）。第二次经历是第一次世界大战。弗洛姆对犹太民族主义的反感——事实上他对所有民族主义狂热的反感——都来源于这次集体的疯狂经历（同上）。事实上，人们很容易想到，弗洛姆 70 多岁时所写的《人的破坏性剖析》（1973）是为了回应一个敏感、有天赋、没有安全感的青少年，他发现自己身处战时经历过的屠杀、欺骗和深深的无助感中，因此感到极度痛苦和迷惑。用他自己的话来说：1918 年战争结束时，我还是一个深受战争困扰的年轻人，一直在思考为什么会有战争，一直渴望了解人类群体的非理性行为，渴望和平和国际谅解。此外，我对所有的官方意识形态和宣言都产生了深深的怀疑，并坚信"所有人都必须质疑"（1962，p.9）。

随着年龄的增长，弗洛姆对所有官方意识形态的不信任，在他对精神分析学和马克思主义的关注中自然地体现了出来，也体现在他不久之后对这些思想流派中盛行的正统观念提出的直率挑战中。然而，弗洛姆的青春期并不总是动荡不安。尽管有家庭隔阂和战争带来的恐惧和困惑，他生活的环境中还是充满了知识刺激和欢乐。如他的名字（弗洛姆的意思是"虔诚的"）所体现的，艾里希小时候接受了严格的宗教教育，目的是成为犹太教徒（Funk，1984，chap.2）。他受到著名学者和家族朋友的教导，但在青少年时期，他与尼希米·诺贝尔（R. Nehemia Nobel）建立了特别密切的关系，诺贝尔是一位神秘主义者和歌德爱好者，对著名的犹太哲学家弗朗茨·罗森茨威格（Franz Rosenzweig）产生了深远的影响。

据诺贝尔的另一位学生，也是弗洛姆童年时的朋友利奥·洛文塔尔（Leo Lowenthal）介绍，诺贝尔将传统的《塔木德》教义与神秘主义、哲学、社会主义和精神分析混在一起，都与保守的犹太教结合了起来（Lowenthal，1987，pp.19–21）。尽管诺贝尔在宗教仪式上奉行传统主义，但他也深深地沉浸在德国启蒙运动的遗产中，并且他还是赫尔曼·科恩的学生和朋友。赫尔曼·科恩是著名的新康德哲学家和马尔堡的《圣经》学者，也是恩斯特·卡西尔（Ernst Cassirer）的导师。科恩在宗教仪式和《圣经》训诂方面是一位自由主义者，但他信奉各种社会主义人道主义，类似于左派黑格尔主义者摩西·赫斯（Moses Hess），赫斯 1840 年先后让恩格斯和马克思转向了社会主义（Schulman，1963；Avineri，1981，chap.3）。如果赫斯没有在 1842 年将存在模式的"存在"和"占有"主题化，那么赫斯和科恩之间的哲学相似性就不值得注意了，正是通过他的周旋，这些思想才进入了马克思的著作（Schulman，1963，chap.2），然后从那里又进入弗洛姆的思想（Fromm，1961b，1976）。赫斯影响了基布兹运动（the Kibbutz movement），该运动实行了一种公有社会性质的社会主义，与弗洛姆在《健全的社会》（1955b）中所信奉的社会主义不谋而合。然而，弗洛姆的大多数书中都明显没有提到赫斯，也许是因为赫斯对国际社会主义感到绝望，变成了犹太复国主义者和西奥多·赫兹尔（Theodor Herzl）的导师（Avineri，1981，chap.9）。

虽然弗洛姆曾做过很短时间的狂热犹太复国主义者——显然是受了诺贝尔的影响——但在 1927 年，即他开始临床实践的同一年，也是在放弃宗教仪式的一年之后，他否定了犹太复国主义。对弗洛姆有些了解的格舒姆·索罗姆（Gershom Scholem）记得，1927 年弗洛姆成为坚定的托洛茨基派（Trotskyist）（Bonss，1984，p.20n）。丰克认为这一说法是"无稽之谈"（Funk，1984，p.35）。但它可能包含着一点真相。在政治上，弗洛姆因为与拉比萨尔曼·巴鲁克·拉宾科夫（Salman Baruch Rabinkow）的接触而变得激进。拉宾科夫的学生伊萨克·斯坦伯格（Isaak Steinberg）积极参加了第一次和第二次俄国革命，直到 1923 年布尔什维克镇压了所有反对派，他才离开苏联（同上，p.37）。大卫·里斯曼认为，弗洛姆晚年对"革命思想家、将军、流亡者"托洛茨基深表钦佩（个人通信，1985 年 7 月 9 日），因此，托洛茨基关于"犹太问题"的观点（与马克思的观点相似）很可能影响了弗洛姆。弗洛姆在威廉·阿兰森·怀特研究所（William Alanson White Institute）指导过的安娜·安东诺夫斯基（Anna Antonovsky）博士和其他人回忆了弗洛姆对于以色列定居者对巴勒斯坦阿拉伯人所犯下的不公正行为的强烈谴责（个人通信，1988 年 3 月）。

但如果说托洛茨基的影响很深的话，赫尔曼·科恩的影响就更深了。与托洛茨基一样，科恩也反对犹太民族主义，但是出发点不同。他指责先知们的普遍主义和人道主义排除了对一个国家甚至是"犹太"国家的忠诚（Funk，1984）。尽管他从未在政治方面提到科恩，但在弗洛姆关于《旧约》的书《像上帝一样生存》（*You Shall Be as Gods*，1966）中，他向科恩的普世性的人文主义致敬，在开头的段落和标注中反复引用科恩的话（例如，p.9）。

弗洛姆在海德堡学习社会学时，18 岁就在阿尔弗雷德·韦伯（Alfred Weber）的指导下，通过拉宾科夫这个神秘主义和社会主义者熟知了哈巴德–哈西迪主义（Habad Hassidism）（Funk，1984，chap.3）。哈西迪主义发端于 18 世纪中后期的东欧，是对主流犹太教的理性主义和过度守法主义的民粹化反映。它赋予日常生活的仪式以宗教意义，把崇拜者的快乐和真诚作为信仰的标准和救赎之路，而不是其对《圣经》的了解，让那些不精通"摩西五经"（Torah）的农民和商人的虔诚得到了尊重。哈巴德–哈西迪主义与大多数哈西迪主义不同，它被重新赋以重大的意义，尽管它对经文的解释是普通群众喜闻乐见的卡巴拉主义（Kabbalistic）[1]神秘风格。事实上，这项研究在哈巴德派中获得了很高的地位，成为一种卓越的礼拜形式，在许多情况下，甚至高于实际的宗教仪式。

弗洛姆对哈巴德–哈西迪主义的接触可能过于短暂，不足以使他

1　卡巴拉主义是从基督教产生以前开始，在犹太教内部发展起来的一整套神秘主义学说。

成为真正的哈巴德教徒，但这对他有着持久的影响。尽管弗洛姆放弃了对上帝的信仰，但他从未厌倦过在拉宾科夫的陪伴下演唱许多他学会的哈西德歌曲，他一生都在冥思经文。在丰克的传记中总结的一篇题为"拉比萨尔曼·巴鲁克·拉宾科夫的回忆"（Memories of Rabbi Salman Baruch Rabinkow）的未发表片段中，弗洛姆赞扬了他的前导师，因为他将抗议的政治与传统犹太教的虔诚进行了有力而深刻的结合。根据弗洛姆的说法，他是通过把犹太传统解释为"激进的人文主义"的精神做到这点的，而弗洛姆本人也是以同样的精神走近《旧约》的（Funk，1984，pp.39-45）。

虽然弗洛姆主要被保守派和正统派的导师吸引，但他也与更多的"现代"犹太人有过接触。来自法兰克福的自由派拉比格奥尔格·萨尔茨伯格（Georg Salzberger）记得，一战刚结束时，他与弗洛姆就如何通过教育培养犹太意识进行了交谈。这次讨论的成果就是，萨尔茨伯格和这位充满渴求的青年于 1920 年 2 月在法兰克福成立了"法兰克福犹太研究协会"（Frankfurt Association for Jewish Studies）。那年夏天，弗朗茨·罗森茨威格抵达法兰克福，随后他的朋友和学生涌入法兰克福，这些人共同建立了一个新社团，即自由犹太研究所（Free Jewish Study House），致力于犹太的世俗研究。由于那时来的人大多经验丰富，而弗洛姆却很年轻，因此他在那里几乎没有什么教学机会。然而，这段经历为他结识马丁·布伯（Martin Buber）、格肖姆·肖勒姆（Gerschom Scholem）和阿格农（S. Y. Agnon）提供了机会（Funk，1984）。

尽管弗洛姆经常被认为属于盲目乐观派，但他对当代生活的评价可算尖刻。我们只需想想弗洛姆早期的榜样，就能理解他为何对当代资本主义如此疏远。神秘主义和理性主义、由衷的自发性和对学习的热爱、深刻的孤独感和对社群的热爱、激进的抗议和对传统的热爱，这些对立面在弗洛姆的性格中，与犹太人独有的神秘主义和理性主义以或多或少的比例结合在一起，这些特性也以类似比例存在于他所处的文化环境中。值得注意的是，弗洛姆青少年期的榜样反对同化，强调犹太人必须献身于自己的特殊使命；但因其开放性、独创性和同步性，他们也觉得自己是与众不同的个体。和他们一样，在各种各样的犹太人中，弗洛姆也是独一无二的。这种对与众不同的强调，以及第一次世界大战造成的对官方意识形态的严重不信任，对弗洛姆的性格及其一生的作品产生了持久的影响。

成年生活与发展

经过 18 岁到 22 岁的四年，弗洛姆获得了海德堡大学社会学博士学位。他在阿尔弗雷德·韦伯的指导下，完成了关于三个犹太派别——圣经派（Karaites）、哈西迪派和改革派的论文。他当时的老师中有卡尔·雅斯贝斯（Karl Jaspers）和海因里希·李凯尔特（Heinrich Rickert），他们对弗洛姆的同学利奥·洛文塔尔有着深远的影响（Lowenthal，1987，pp.47–48），但对弗洛姆似乎没有多大影响。弗洛姆出版的作品中没有对他们的观点进行过辩护或批评（Funk，1984，p.47）。显然，如果弗洛姆跟他们有交往的火花或有相应的兴趣，那么他可以学到很多东西，不然，他会因任性和淡漠无法充分利用他所接触到的资源（同上，pp.46–48）。

　　23 岁时，弗洛姆完成了学业，回到法兰克福，成为一家小型犹太报社的编辑。24 岁时，他通过戈尔德·金斯堡（Golde Ginsburg）（后来的利奥·洛文塔尔夫人）认识了弗里达·赖希曼（Frieda Reichmann），他的第一位分析师（后来也是他的妻子）。弗里达在法兰克福建立了一个小型疗养院。25 岁时，弗洛姆在慕尼黑与热忱的弗洛伊德学家威廉·维滕伯格（Wilhelm Wittenberg）开始了一项新分析。和维滕伯格工作一年后，弗洛姆在卡尔·兰道尔（Karl Landauer）的督导下，在法兰克福度过了一段更有成果的时期，这对他的临床观和科学观产生了重大影响（Funk，1984，pp.49–50）。

　　1927 年，弗洛姆在柏林开始和汉斯·萨克斯（Hans Sachs）、西奥多·赖克（Theodor Reik）进行分析训练。萨克斯和赖克和他一样都是非专业分析师，他们之前在维也纳没有站稳脚跟。虽然赖克推动了弗洛姆对宗教心理学的兴趣，但弗洛姆从方法论的角度批评了赖克的宗教心理学（Fromm，1930b），而且几乎从未在哪个领域公开赞扬过赖克。根据后来的回忆（Funk，1984，pp.56–57），弗洛姆发现萨克斯是一个可怜可悲的人物，他对弗洛伊德可怜的赤胆忠心几乎没有得到应有的回报。[1]

　　虽然弗洛伊德的拥护者，如萨克斯、赖克、卡尔·亚伯拉罕是柏林精神分析研究所（Berlin Psychoanalytic Institute）的领军人物——亚伯拉罕还具有很深的管理和理论资历——但该组织相对来说还是宽容、进步的，并且营造了精神分析发展史上无与伦比的充满创造性的

　　1　关于对萨克斯和赖希更为积极的评价，参见亚历山大（Alexander）、艾森施泰因（Eisenstein）和格罗特雅恩（Grotjahn）（1966）。

学术氛围（Jacoby，1983，chap.3）。它让非专业分析师担任高级职位，创办了首家免费对工薪阶层开放的综合诊所。正是在柏林，奥托·费尼谢尔举办了他著名的"青年研讨会"（Kinderseminar），这是一个代表年轻左派分析师的研究小组（Rubins，1978，chap.10；Jacoby，1983，chap.2）。正是在这里，卡伦·霍妮对弗洛伊德的女性心理学提出了疑问，威廉·赖希提醒了一代分析临床医生——包括弗洛姆——注意社会和政治状况及其对临床状况的影响。在这段短暂的时间里，在这个分析理论的黄金时代里，精神分析是魏玛文化最令人振奋和非传统的部分（Gay，1968，pp.34—37）。在咖啡馆和俱乐部里，分析师之间或分析师与候选者之间在心理学、哲学、政治和艺术方面的对话常常持续到深夜；这是在美国环境下无法想象的事情。

从 1927 年到 1932 年，弗洛姆组织了一批德国南方的分析家，包括卡尔·兰道尔、格奥尔格·格罗迪克、海因里希·梅农（Heinrich Meinong）和恩斯特·施耐德（Ernst Schneide），成立了法兰克福精神分析研究所。这只是第一次。后来弗洛姆还联合组建了纽约的威廉·阿兰森·怀特研究所（Funk，1984），并成为墨西哥城墨西哥精神分析学会（Mexican Institute of Psychoanalysis）背后的推动力。

1929 年训练结束后，弗洛姆在柏林进行个人执业、演讲和写作，并在法兰克福社会研究所通过与霍克海默和马尔库塞的联系加深了对马克思主义社会科学的了解。弗洛姆的朋友洛文塔尔介绍他去的法兰克福研究所，他很快就成为社会心理学部的负责人。

1933 年，弗洛姆来到了美国。在这之前他与第一任妻子弗里达·赖希曼分开了，然后去瑞士达沃斯度过了一年，从肺结核病中恢复了许多。分居后的致命疾病通常会引起极大的焦虑和存在主义反思，还可能带来新的人生观，但没有文献证明弗洛姆在 1932 年的想法。在霍妮的邀请下，弗洛姆前往芝加哥，在最新成立的芝加哥精神分析研究所辅助她和弗兰兹·亚历山大（Franz Alexander）。但霍妮和亚历山大在正统观念上的冲突很快就打破了这一安排，于是弗洛姆来到纽约开始个人执业，并于 1934 年恢复了他在法兰克福社会研究所社会心理学部主任的位置，该研究所在此前不久迁往了哥伦比亚大学（Jay，1973）。

弗洛姆与法兰克福社会研究所的联系在该所迁到美国后逐渐淡化，几年后不愉快地终止了。这牵扯到好几个问题。弗洛姆在母系理论及其在精神分析的应用方面做了开创性的研究，成为弗洛伊德理论中父权制基础的直言不讳的批评者（Fromm，1935a）。尽管霍克海默和瓦尔特·本雅明（Walter Benjamin）支持弗洛姆早期的社会心理学研究，但弗洛姆对弗洛伊德的批评还是造成了严重的问题。在与马丁·杰伊（Martin Jay）的访谈中，弗洛姆回忆说，霍克海默和阿多诺在他离开美国前不久发现了一个更"激进"的弗洛伊德（Jay，1974，p.101）。接着，弗洛姆和恩斯特·沙赫特尔（Ernst Schachtel）在 1930 年对德国工人的专制主义进行了一项里程碑式的研究，但霍克海默拒绝在研究所的赞助下发表这项研究。弗洛姆和阿多诺（Bonss，1984，p.2）以及弗洛姆和马尔库塞（Funk，1984，chap.6）之间也有强烈的反感。因此，弗洛姆就在 1938 年阿多诺到哥伦比亚大学之前离开了研究所。

弗洛姆是许多在美国寻求避难的说德语的移民之一。在欧洲人口外流之前，精神分析在美国只是一件微不足道又不太正式的事情。如果可能的话，美国人会去维也纳"朝圣"并接受培训，而弗洛伊德偶尔会通过偏袒某个人的行政资历来干预美国分部的组织事务（Kardiner，1977）。这方面最明显的例子是弗洛伊德任命资历相对较新的霍勒斯·弗林克（Horace Frink）接替忠诚的老员工布里尔（A. A. Brill）担任美国分部的行政主管。很显然，其结果就是在这个规模尚小但仍在不断发展的协会内部出现了许多分歧和不和，这导致抵制培训"非专业分析师"或非医学人士的人不断增加；这个不遵从主人意愿的事件深深激怒了弗洛伊德（Millet，1966，p.553；Roazen，1974，pp.378–381）。

由于许多人参军打仗，美国本土的心理分析师队伍日渐缩小，而从欧洲到美国的移民越来越多，旧时情况发生了逆转。以前，美国人去维也纳、柏林或布达佩斯接受分析训练；而现在，中欧人来到了他们身边。到了20世纪40年代初，在纽约市举行的精神分析研讨会和会议上，尽管论文是用英语提交和讨论的，但人们所说所听的语言主要是德语（Millet，1966）。随着纽约市的精神分析师越来越多，巴尔的摩、波士顿、芝加哥、底特律、洛杉矶、费城和旧金山都成立了新的协会，以适应欧洲人的涌入。因此，当美国精神病医生服完兵役归来时，他们就可以与那些在他们心目中是神是仙的人物（比如弗洛伊德的密友或受训者）交谈并一起训练了。

然而，并非所有移民都过得很好。事实上，弗洛伊德对业余分析的倡导和对弗林克的任命产生了持久的影响。弗洛伊德的优秀学生，也是弗洛姆曾经的老师西奥多·赖克，尽管在国际上享有盛名，却被美国精神分析协会拒之门外，经过多年默默无闻的奋斗，他于 1948 年成立了自己的全国精神分析心理学会（Natterson，1966）。奥托·费尼谢尔因拼命地刷新自己的医疗履历而不幸过劳死（Jacoby，1983）。即使是那些经济充裕的人也不得不面对文化冲击，最后往往导致狭隘主义加剧。1936 年到这里的马丁·格罗特雅恩（Martin Grotjahn）回忆道：

> 我从欧洲的精神分析咖啡馆搬到了美国的大型精神分析研究所。大多数欧洲人都是以研究为导向的，而美国人是以治疗或患者为导向的。这种差异造成了致命的混乱；它让许多移民分析学者成了教条式的弗洛伊德主义者，他们教授经典，但并不一定是精神分析的精神。对他们来说，精神分析象征着必须移植到新国家肥沃土壤中的旧国家精神。对他们来说，分析训练成了一种灌输，而不是一种经验学习。他们的分析形成了一套无形的框架，使精神分析治疗技术几乎保持不变。（Grotjahn，1968，p.53）

弗洛姆在 33 岁时来到美国。作为一名非专业分析师，他像赖克一样，如果没有卡伦·霍妮和她的同事的帮助以及他在法兰克福研究所的终身职位，弗洛姆在专业上可能会受到打击。但是这些关系很快就消失了。然而，弗洛姆也在进步。作为教师，他非常受欢迎。与费伦茨、格罗迪克、霍妮和赖希曼一样，弗洛姆在治疗方法上更倾向于照顾患者而不是研究，因此，与许多比他年长或比他更正统的同时代人相比，他与美国学生相处得更容易。弗洛姆还成了一位成功的作家。他在1941年出版的《逃避自由》一书引起了各方的关注、尊重和嫉妒。撇开经济上的考虑不谈，这部作品的受欢迎程度对一个步入中年的男人来说也必定是极大的鼓舞。

弗洛姆成为一个成功的作家源于几个因素。美国是移民国家，因此美国人对现代心理中的疏离感和无根感（uprootedness）的兴趣是很好理解的；弗洛姆首先将其作为精神分析理论的主题（Fromm，1941）。弗洛姆有现成的听众。马丁·格罗特雅恩这样描述欧洲精神分析学家所受到的欢迎："现代美国中被疏离的人欢迎来自欧洲的外国人，在这些欧洲人身上，他们看到处理存在问题的艺术专家的影子。"（Grotjahn，1968，p.52）在一些人看来，弗洛姆把这个角色发挥到了极致，甚至有些过分了。这种方法上的变化反映在弗洛姆接触的受众上。在欧洲，弗洛姆的受众是一群对精神分析学、社会学、政治学和母系理论感兴趣的知识分子，他们都是学者，而且大多数人都说德语；弗洛姆在美国的受众来自各行各业，当然他们都说英语。

语言的风格转换很容易确认，但在20世纪30年代末弗洛姆从德语逐渐转向英语的过程中，很难确定有什么具体的文风变化。弗洛姆的英语直接而优雅，很像他的德语风格，而且弗洛姆接触受众的方式很多。他会在合适的时候引用美国本土的思想家，如爱默生、梭罗和杜威；而且，与他的主流同事不同的是，他会提到一些对性格和文化的看法与自己一致的美国的人类学家、社会学家。弗洛姆还会在宗教研究中加入怀疑主义、人道主义和折中主义，吸引了美国人性格中某些深层次的东西。由于历史原因，这些因素在欧洲没有精确的对应物，在欧洲，它们对于高雅和低俗的情感都是冒犯。[1]

换言之，弗洛姆将外国人"处理存在问题的艺术专家"的角色变得平易近人，还融入了对美国人的思想的尊重，而这些是他的受众在许多其他移民中不可能找到的。弗洛姆以前在法兰克福研究所的同事就是一个很好的例子。他们对反犹太主义和权威主义心理学做出了贡献，对美国社会科学产生了巨大的影响，但他们却刻意保持低调（Jay, 1973）。相比之下，弗洛姆总是努力使人容易接受。因此，即使是在分析界赢得赞誉和荣光的流亡者，也很少能像弗洛姆那样在普通公众中拥有如此庞大、多样和热情的听众，爱利克·埃里克森可能是一个例外。

尽管弗洛姆努力争取平易近人，并深入地融进美国知识分子的生活，然而，他在本质上始终是欧洲人，他自己的许多情感都与欧洲的封建遗产联系在一起。用他自己的话来说：

> 封建传统除了其明显的负面特征外，还有许多人性特征，与纯粹资本主义所产生的态度相比，这些人性特征具有极大的吸引力。欧洲对美国的批评基本上基于旧时封建主义的人类价值观，这是因为它们还在。这是欧洲在借古讽今。在这方面，欧洲和美国之间的区别只是旧资本主义和新资本主义的区别，是混合着封建残余的资本主义和纯粹的资本主义之间的区别。（Fromm, 1955b, p.97）

1　也许在 1957 年有类似的转变发生，当时弗洛姆开始越来越多地用西班牙语写作（Funk, 1984, p.112）。

尽管弗洛姆一直带有欧洲的偏见，但他在美国的成功让许多批评家指责他是"精神分析美国化"的同谋（比如，Sykes，1962；Jacoby，1983；Fuller，1986）。这种几乎没有得到过足够重视的说法存在一些问题。如果说精神分析的美国化是指临床工作转向以治疗为主而非为了科研，那么弗洛姆确实罪其如所控。就如格罗特雅恩等人指出的，利用临床案例推进研究的可能性，伴随着弗洛伊德圈子中日益增长的治疗悲观主义，而弗洛姆显然不在这个圈子里。然而，弗洛姆对这个方面的观点，如弗里达、霍妮和克拉拉·汤普森的观点，遵循了德国人格罗迪克和匈牙利人费伦茨的观点（Fromm，1935a）。

如果说美国化是指精神分析日益医学化和官僚化（Jacoby，1983），那么这跟弗洛姆没有关系。事实上，多年来，有他这等声望的人没有如此强烈反对这些趋势的；而他的反对让他在美国分析主流中失去了信誉。

另一方面，如果我们所说的美国化是指通过将精神分析引入人们交往和生活的其他领域，让精神分析变得普及，那么这点评判是公正的。弗洛姆希望在教师、护士和社会工作者中传播精神分析方面的见解，并于20世纪40年代初和中期在威廉·阿兰森·怀特研究所积极开展了这项工作，尽管这项工作后来中断了，因为弗洛姆的第二任妻子生病，随后他们又一起移居去了墨西哥。[1]

最后，谈到美国化时，弗洛姆的批评者往往暗示弗洛姆与移民相

1　杰拉尔德·塞克斯（Gerald Sykes，1962）是一位倾向于积极解读"美国化"的评论家。他将弗洛姆比作沃尔特·李普曼（Walter Lippmann），沃尔特·李普曼是一位思想深邃的教育家，能够深入浅出地诠释思想，从而推动启蒙运动和公众辩论。

同（或因移民而产生）的基本态度发生了实质性的变化，将他从一个激进的学者转变为一个将老话套话巧妙地传播给容易盲目崇拜的公众的加工者（例如，Jacoby，1975）。如果他没有抛弃力比多理论或没有频繁地公开挑战弗洛伊德顽固的性别歧视，对他的指控就不会如此尖酸刻薄。

可惜的是，在放弃力比多理论的过程中，弗洛姆确实没有给予"性欲"应有的地位，忽视了它是人类发展中的形成性和破坏性力量，也无视了它是临床环境中的一个现实问题。但与主流意见相反，弗洛姆的基本观点在欧美之间或在到美国后都没有发生过根本变化。诚然，弗洛姆学会了如何接触受众，并且因为快速发迹，他又更加自恋地让自己具有"生活艺术专家"的风范。尽管如此，通过对弗洛姆的理论进展进行仔细的分析，可以发现他后来的大多数"修正主义"思想在他早期的作品中都有明确的预示。尽管弗洛姆不幸陷入了说教风格，但他一生对无数问题都能进行敏锐而深刻的思考。忽视这些就像把小孩和洗澡水一起泼了。

到目前为止，我已用有点刻意的方式讨论了弗洛姆的生活和时代，看起来他的父母和老师是他仅有的"重要的人"。但其实，弗洛姆的早期职业生涯深受他的感情生活的影响，反之亦然。他的第一次分析是与比他大十岁的弗里达·赖希曼进行的。也许是她传奇般的洞察力、奉献精神和共情能力，让年轻早熟的弗洛姆非常珍惜从她身上找到的成熟的伴侣关系。从 1918 年到 1920 年，弗里达是科特·戈德茨坦（Kurt Goldstein）的实验室助理，1922 年到 1923 年，她在埃米尔·克雷佩林（Emil Kraepelin）那里做了一次精神病学实习，之后于

1924 年与萨克斯做了对她自己的分析。在美国，弗里达因其开创性的精神分裂症疗法而闻名，她在这一领域培训了许多研究人员，包括哈罗德·F.西尔斯（Harold F. Searles）。在格奥尔格·格罗迪克的建议下，弗洛姆和弗里达在结婚 4 年后和平分手，此后还保持着密切的个人和职业联系。他们于 1940 年正式离婚。然而，弗洛姆对弗里达的好感依然存在。根据露丝·施皮格尔（Rose Spiegel）的说法，当弗里达在 1957 年 4 月去世时，弗洛姆陷入了悲痛和祈祷中（Spiegel，1981）。

弗洛姆的另一个爱人是卡伦·霍妮。和赖希曼一样，霍妮也是格奥尔格·格罗迪克的忠实朋友，而格罗迪克是除了著名的禅宗学者铃木大拙（D. T. Suzuki）之外，唯一一个激起了弗洛姆强烈崇拜的人，如同他在成年期前后对拉宾科夫的个人崇拜。霍妮比弗洛姆大 15 岁，在他们见面时，她是柏林精神分析研究所的杰出成员。弗洛姆可能很欣赏霍妮直率、朴实的品质，以及她与弗洛伊德直接又勇敢的交往。他对性别心理学的思考受到了霍妮在 20 世纪 20 年代末和 30 年代初的文章的影响，而霍妮对神经症是一种广泛文化倾向的表现形式的思考在很大程度上要得益于弗洛姆的影响（Rubins，1978，chap.18）。尽管弗洛姆还年轻，但霍妮可能把他看作一个让她带着矛盾崇拜的父亲角色。令她非常尴尬的是，她曾在向美国观众介绍弗洛姆时说成了"弗洛伊德博士"（Quinn，1987，p.366）。鉴于霍妮对弗洛伊德的矛盾心理，这个错误可能具有多重意义。我猜，其中有一种不言明的愿望，既强调弗洛姆对弗洛伊德的忠诚，这一点使弗洛姆的工作与她有所区别。

弗洛姆与霍妮的决裂，表面上是由于非专业分析的问题（Funk，

1984，p.103–105），其实是多种因素决定的。据苏珊·奎因（Susan Quinn）称，这是由于他们多年的爱情关系破裂，以及个人忠诚和职业竞争的交织（Quinn，1987，p.366）。据这一过程近距离的旁观者珍妮特·里奥奇（Janet Rioch）所说，是沙利文暗中怂恿他们闹翻，因为蓬勃发展的弗洛姆–汤普森–里奥奇集团（Fromm-Thompson-Rioch group）为他提供了员工和学生，使他创立了华盛顿精神病学院（Washington School of Psychiatry）纽约分校，以及后来的威廉·阿兰森·怀特精神病学、心理学和精神分析研究所（Eckardt，1976，p.149）。霍妮深受弗洛姆最终不愿意做出承诺所带来的伤害（Quinn，1987，chap.18），然而，这种伤害并不是单方面的。尽管他有很多次机会不得不承认她的工作和霍妮对他的影响，但弗洛姆在之后的生活中却很少赞扬霍妮。他的沉默表明，无论他怀有怎样的感激之情，都会被一种不那么积极的强烈情感所打退，被一种与她的理论保持距离的愿望所破坏。弗洛姆的第二任和第三任妻子都不是精神分析学家，也没有比他年长，这可能不是巧合。

　　1933 年弗洛姆移民美国后，关于他本人的资料很少，但霍妮的两本传记（Rubins，1978；Quinn，1987）向我们讲述了他在 20 世纪 30 和 40 年代所处的社会和知识环境。特别令人感兴趣的是所谓的"黄道俱乐部"（Zodiac Club）。这是一个非正式的讨论小组，定期举行会议，成员包括哈里·斯塔克·沙利文、卡伦·霍妮、克拉拉·汤普森、威廉·西尔弗伯格（William Silverberg），之后还有弗洛姆，他经常参加，但从未成为正式成员。整个团队加强了与艾布拉姆·卡迪纳（Abram Kardiner）、人类学家拉尔夫·林顿（Ralph Linton）、玛格丽特·米德

（Margaret Mead）和鲁斯·本尼迪克特（Ruth Benedict）等人的联系。虽然由于没有会议记录，我们无法知道他们讨论了什么，但这些友好、非正式的聚会必定在接下来的二十年中对精神病学、人类学和其他社会科学产生重大影响（Rubins，1978，p.236；Eckardt，1976，p.146）。正是通过这一熟人圈，弗洛姆认识了拉尔夫·林顿，后于1948—1949年与林顿一起在耶鲁大学任教（Fromm，1973，p.193n）。

1944年7月24日，弗洛姆与赫妮·格兰德（Henny Gurland）结婚，她是一名来自德国曼海姆的左倾犹太妇女，为逃避纳粹分子跑到了巴黎。1940年，她的丈夫被占领军监禁时，他们的婚姻已经破裂。她和17岁的儿子约瑟夫一起投奔了马赛的瓦尔特·本雅明，并陪同本雅明飞往法国。本雅明最终于1940年9月26日在西班牙边境自杀，是她安排了他的葬礼（Funk，1984，pp.109–110）。弗洛姆对赫妮怀有深厚的敬意和感情，并在他们母子于1940年底到美国后，就开始资助约瑟夫的学费。

1946年，弗洛姆被任命为威廉·阿兰森·怀特研究所的临床培训主任。这一职位他一直担任到1950年。然而，由于赫妮的类风湿性关节炎逐渐恶化，她和弗洛姆于1949年底搬到了墨西哥。在墨西哥国立自治大学（National Autonomous University of Mexico）的支持下，弗洛姆很快成立了墨西哥精神分析学院。他在那里教书教到1965年，然后成为一名名誉教授。赫妮于1952年去世，但弗洛姆一直在墨西哥住到1974年，那年他和他的第三任妻子安妮斯·弗里曼（Anis Freeman）搬到了瑞士的洛迦诺。安妮斯是阿拉巴马人，她和弗洛姆在1953年12月18日结婚（Derbez，1981；Funk，1984，chap.6）。

从 20 世纪 40 年代末到 60 年代，弗洛姆的生活有一个显著但被忽视的特点：他似乎对麦卡锡主义的蹂躏具有神奇的免疫力。尽管他直言不讳地反对冷战、核武器和越南战争，但没有公开记录表明弗洛姆遭受过麦卡锡时代及其之后其他人生活中司空见惯的官方骚扰、迫害和暗杀，也没有任何证据表明他做了什么事来对抗它。他的行为与他朋友利奥·洛文塔尔形成了鲜明对比，后者积极参与了反对麦卡锡主义的斗争（Lowenthal，1987，pp.86–91）。华盛顿和纽约的知情人透露，弗洛姆似乎从未过多考虑过自己的安全处境。

尽管弗洛姆每年有大半时间在墨西哥度过，但他仍继续在美国的大学任教，并在美国公共生活中发挥了积极作用。在他的朋友、前精神分析对象、美国社会学家大卫·里斯曼的陪伴下，弗洛姆经常与J.威廉·富布赖特（J. William Fulbright）和菲利普·哈特（Philip Hart）等著名公众人物就 20 世纪 50 年代的冷战政治问题进行讨论（Riesman，个人通信，1985 年 7 月 9 日）。直到 1974 年，弗洛姆还在参议院委员会的听证会上就国际关系缓和面临的问题和可能性发表了一篇论文（Funk，1982，chap.1）。1960 年，在麦卡锡主义最严重的过分行为开始减弱后，弗洛姆加入了美国社会党，并为那个大选年撰写了他们的党纲（Fromm，1960b）。20 世纪 60 年代，弗洛姆游历东欧，与南斯拉夫、捷克和波兰的马克思主义者建立了密切的关系，他们对弗洛姆的马克思主义人本主义烙印表现出了强烈的欣赏。《社会主义人本主义：国际研讨会》（Fromm，1965）证明了他们的合作和共同利益。除了在美国和东欧的这些活动外，弗洛姆还热情支持尼尔（A. S. Neill）富有争议的夏山（Summerhill）学校（Fromm，1960a），和两位著名的拉丁美洲教育学家伊万·伊里奇和保罗·弗莱雷（Paolo Friere）成为朋友，他们在那个激动人心的非凡时代对教育思想产生了相当大的影响。

1969 年，弗洛姆被任命为国际精神分析论坛（International Forum of Psychoanalysis）的主席。这是他参与创立的一个组织。但由于严重的心脏病发作正在瑞士休养，弗洛姆未能发表就职演讲。由于有心脏病，从 1969 年到 1973 年，弗洛姆和安妮斯都在洛迦诺度过夏天，并在之后一年搬到了那里（Funk，1984，pp.118–119）。虽然弗洛姆在北美的影响力略有减弱，但他的《占有还是存在？》（1976）在德国成为畅销书。弗洛姆在 1974 年停止了所有的临床活动，转而专心写作，偶尔接受电台或电视台的采访。他于 1980 年 3 月 18 日死于心脏病发作（同上，pp.109–110）。安妮斯·弗洛姆于 1985 年去世。他们忠实的朋友伊万·伊里奇帮忙操办了两人的葬礼。

对于阅历不足的观察者来说，弗洛姆似乎是一个矛盾的人物。他是一个对人本主义宗教价值和他成长所在的犹太传统怀有长久之爱的人，但他也是一个坚定的无神论者，他认为对个人造物主上帝的信仰是一个历史错误。然而，尽管弗洛姆缺乏个人信仰，但他却像一个充满坚定信念的真诚信徒，谴责现代许多宗教信仰是盲目崇拜和不真诚的。他还以类似的方式反对弗洛伊德的正统学说，但又以他的方式忠于弗洛伊德。他谴责那些鹦鹉学舌般地把弗洛伊德的观点当作福音，但缺乏其勇气、独创性或信仰理性的解放力量的人。

朋友们和仰慕者广泛赞赏弗洛姆深刻而自发的慷慨、他对局外人和弱者的同情，以及他对虚伪造作的坚定厌恶。当然，批评者没有那么仁慈，他们经常指责他教条，在纽约市培养了一群阿谀奉承、拉帮结派的追随者。这两种观点都包含一定程度的真实性。弗洛姆的人本主义理论和他的实际行为之间所谓的不一致，反映在关于他的不太讨人喜欢的轶事中，并不会特别令人讨厌。很少有人能在生活中始终保持理论和实践的一致。在下面的篇幅中出现的这个人，至少是一个求根究底、富有创造性、有时有远见的思想家，他一生的工作值得我们研究。

第二章 弗洛伊德-马克思主义和母系理论：早期方法论

弗洛姆的早期论文

弗洛姆的许多早期论文最适合理解为左翼知识分子对20世纪二三十年代西方马克思主义所面临的危机的一致反应。马克思曾预言在当时的情况下会有一场决定性的革命斗争，但尽管左派人士提出了紧急劝告，工人阶级还是未能起而应对。弗洛伊德是一个历史唯物主义的精明批评者，他谴责马克思主义无视社会或"大众"（mass）心理中的非理性。比如，在他的《精神分析新论》（*New Introductory Lectures on Psychoanalysis*）中，弗洛伊德注意到：

> 所谓唯物史观就犯了低估了这个因素的错误。他们把非理性抛到一边，认为人类的意识形态只不过是当代经济条件的产物和上层建筑。这是事实，但很可能不是全部的事实。人类永远不会完全活在当下。一个种族及其人民的

传统和过去，都活在超我的意识形态中，当下对它的影响
显现得很慢。（Freud，1932，p.67）

　　在其他地方，弗洛伊德对马克思主义理论的评价就没有那么客
气了。尽管他偶尔也认可马克思主义的构想蕴含着一些真理（同上，
chap.35），但他的大部分作品都与马克思主义对社会和历史发展的解
释相抵触。尽管弗洛伊德没有否认阶级社会中普遍存在的种种不公正
和贫困（Freud，1927，secs.1 and 2），但他觉得这种因果关系没有那
么重要，绝对次于阶级规则的"文明化"功能。在他的《自传研究》
（*Autobiographical Study*）中，弗洛伊德说道："人类历史事件、人性
的相互作用、文化发展和原始经验的沉淀（其中最突出的是宗教），
不过是自我、本我和超我之间动态冲突的反映，是相同的过程在更广
阔的舞台上的不断重复。"（Freud，1925，p.72）

　　弗洛伊德并不是第一个提出可以通过类比心理过程和结构来理解
社会发展和阶级冲突的人。这一思想远可追溯到柏拉图，近可至一位
叫赫尔巴特（J. F. Herbart）的倡导者，他试图根据各种思想之间的相
互促进、冲突和抑制——以求占据"支配地位"或进入意识——来模
拟社会冲突与合作（Danziger，1983，p.306）。类似地，同时代比弗
洛伊德年长，也是他非常熟悉的加布里埃尔·塔尔德（Gabriel Tarde）
和古斯塔夫·勒庞（Gustave Le Bon）也强调了"大众心理学"非理性
的一面以及对充满魅力的领袖的依赖（Moscovici，1985），他们的意
识形态议程显然是保守的。

　　然而，与许多嘲笑弗洛伊德的教条主义左派不同，弗洛伊德–马

克思主义者意识到弗洛伊德提出的挑战的规模性与严重性，也注意到马克思主义无视人类心理学中的非理性所造成的实际和理论问题。把赖希、弗洛姆、费尼谢尔和霍克海默以及其他人联合起来的，是他们都直言不讳地反对弗洛伊德通过模拟内心领域给社会历史过程、结构、冲突建模的嗜好。作为马克思主义者，他们认为个人心理源于社会结构，而不是相反。在探索社会非理性的根源时，他们对家庭、教育和宗教在灌输态度和抑制方面的作用产生了敏锐的认识，这些态度和抑制加强了人们对阶级规则的普遍遵守以及对社会变革的冷漠或敌视。在所有早期弗洛伊德-马克思主义的作品中，弗洛姆的第一篇论文作为弗洛伊德理论在社会和历史问题上的细致且深入的应用仍然很杰出。虽然在一些细节上与弗洛伊德有所出入，在方法论上也不同，但他们都试图消除弗洛伊德那些不切实际的猜想中推测的和类似虚构的内容，使精神分析社会心理学具有真正历史探究的严谨和尊严。

　　弗洛姆的第一篇重要论文是《基督的教条：宗教的社会心理功能的心理分析研究》(The Dogma of Christ: A Psychoanalytic Study of the Social Psychological Function of Religion，[1930a]1963a)。和卡尔·考茨基（Karl Kautsky）与弗里德里希·恩格斯（Friedrich Engels）一样，弗洛姆将基督教视为被奴役和被剥削的人的革命运动。但弗洛伊德和他的追随者对宗教信仰和强迫症做了详细的比较（Freud，1913），弗洛姆指出，基督教神话中象征着俄狄浦斯矛盾心理的东西实际上代表了不同时期和社会阶层的学说的融合，表达了不同的目标和世界观，而不是一个单一的心理主体的冲突和冲动（Fromm，1963a，p.84；Wallace，1983，pp.187-188）。弗洛姆分析了基督教教义的逐步发展是如何为罗马霸权维护利益，并因此对尖锐的阶级对抗进行镇压和"二次修正"的，这使这篇文章具有了独特的魅力和说服力。从当代标准来看，弗洛姆的学术已经过时，有些结论在某些情况下是错误的，但它仍是一份重要的文献，许多人（例如，Kardiner，1946；Riesman，1949；Wallace，1984）都把它作为心理学、宗教和历史社会学的先驱研究而引用。

在《分析性社会心理学的方法和功能：精神分析和历史唯物主义注释》（The Method and Function of an Analytic Social Psychology: Notes on Psychoanalysis and Historical Materialism，[1932a]1970a）中，弗洛姆更明确地阐明了"基督教教义"的方法论前提。弗洛姆指责弗洛伊德将强迫性神经症与宗教意念进行类比，实际上偏离了"正宗的"分析方法，弗洛伊德将自己环境中的父权中心心理学毫无根据地（尽管是无意识地）转移到了全人类身上。为了重新确立经济状况作为社会心理学主要决定因素的首要地位，弗洛姆宣布：

> 社会心理学现象应被理解为本能器官主动或被动地适应社会经济状况的过程。在某些基本方面，本能器官是与生俱来的；但它可以进行大幅修改。主要形成因素的作用取决于经济条件。家庭是经济状况对个人心理产生影响的基本媒介。社会心理学的任务，是从经济条件影响性欲追求的角度，解释共有的、与社会相关的心理态度和意识形态，特别是其无意识的根源。（Fromm，1970a，p.149）

　　然而，虽然弗洛姆肯定经济条件的首要地位，但他避免谈及同时代马克思主义中盛行的毫无新意的经济还原论。通过援引唤起广受诟病的性本能的可塑性，弗洛姆对弗洛伊德理论的某些方面给予了信任，这些理论以令人信服的方式解释了统治阶级的"意识形态霸权"，而且既不求助于马克思主义中过时、枯燥的内容和理性主义的迂腐，也不求助于当代结构主义派马克思主义的准解释性的、迷宫般的复杂。关于道德理想的起源和持久性——马克思主义大费唇舌的领域，年轻的弗洛姆断言：

　　　　精神分析可以证明，这些看似理想的动机实际上是本能、性欲需求的合理化表达，在任何特定时刻，主导需求的内容和范围都可以根据产生意识形态的群体结构的社会经济状况来解释。因此，精神分析有可能将非常崇高的动机降到他们世俗、性欲的核心，而不必把经济需求视为唯一的重点。（1970a，pp.156-157）

　　弗洛姆和弗洛伊德一样，也主张早期儿童性格的客体关系构成了巩固统治者和被统治者之间联系的"社会黏合剂"。尽管弗洛伊德对父母意象的理想化并不源于经济因素，但它也是为了自身利益："某些道德规则诱使穷人受苦而不做错事，并使他们相信自己的生活目的是服从统治者和履行自己的职责。这些伦理观念对社会稳定非常重要，是某些情感和关系的产物，甚至对那些创造和代表这些规范的人来说也是如此。"（同上，p.159）

在同年发表的另一篇文章《精神分析性格学及其与社会心理学的联系》（Psychoanalytic Characterology and Its Relevance for Social Psychology，[1932b]1970a）中，弗洛姆说明了早期资本主义和工业革命如何促进肛门性格特征的扩散和强化，并伴随着生殖力的萎缩和压抑。尽管从历史的角度看，这篇论文无疑是有意义的，但至少还有两个原因使它变得重要。弗洛姆与赖希一样，认为经济发展和结构有其自身的起源和动力。弗洛姆没有像费伦茨（Ferenczi，1914）和后来的诺曼·O.布朗（Norman O. Brown，1959，1966）那样，从神秘或难以理解的高涨的肛门性欲中推出资本主义心理学，而是将勤奋、清醒、自我克制和囤积带来的吝啬乐趣视为对环境的适应，只要主导生产和交换的方法与关系保持不变，这些特质就注定会占上风。弗洛姆认为，实际上，尽管资本主义植根于客观经济条件，但它利用并强化了各种各样的性器前期（pregenital）的本能能量，将其转化为推动经济发展的生产力。弗洛姆认为，早期工业资本主义的肛门性欲特征的强化剥夺了世俗的、感性的幸福目标，而在此之前其有效性是不言而喻的（Fromm，1970，p.180），这与马克斯·韦伯的"入世禁欲主义"概念相呼应。[1]

尽管弗洛姆从未对此说过这么多话，但我们可以推断，由于肛欲（anality）对生殖趋势的表达和发展构成了障碍，他已经开始关注他后来所说的"常态病理学"（见第六章）。弗洛姆对生殖力变迁和资本主

1　奥托·费尼谢尔的《积聚财富的动力》（*The Drive to Amass Wealth*，1938）受到了一些左倾弗洛伊德主义者的极大关注，实际上是对弗洛姆早期作品中出现的思想进行的拓展，但费尼谢尔没有引用。

义社会高度肛欲化的强调，要归功于同时代略早于他的威廉·赖希的理论，赖希认为对生殖期（genital）性欲的压制总是会加剧性器前期力比多的宣泄，虐待狂和肛门色情是最常见的替代行为。弗洛姆也与赖希一样警告说，"正常"生殖期的欲望长期得不到满足会导致施虐倾向的加剧（同上），从社会学的角度来看，这是不可取的。作为对赖希的回应，弗洛姆表示：

> 性行为是获得满足和快乐的最基本和最有力的来源。如果允许性行为达到人格大发展所需的最大程度，而不是出于对大众的控制而限制它，那么让这一重要来源充分发挥作用，必然会引发满足生活其他方面的强烈要求。由于这些要求必须通过物质手段来满足，所以它们本身会导致现有秩序的瓦解。限制性满足的另一个社会功能也与此密切相关。由于性愉悦本身被认为是种罪恶，而性欲总是会在每个人身上产生作用，所以道德禁止总会使人产生罪恶感，而这种罪恶感通常是无意识的，或会转移到其他事情上。
>
> 这些罪恶感具有重大的社会意义。它们解释了这样一个事实，即惩罚仅仅是因为自己的罪恶，而不会归咎于社会组织的影响。它们最终会造成情感上的恐吓，限制人们的智力，特别是限制人们的批判能力，同时让人产生对社会道德代表的情感依恋。（Fromm，[1934]1970a，p.126）

　　弗洛姆与赖希联系紧密的另一个迹象是，弗洛姆满怀热情地在《社会研究杂志》上对赖希的《强制性性道德的入侵》(*The Invasion of Compulsory Sex Morality*，[1932a]1976) 一书进行了评论 (Fromm, 1933b)。然而，这份热情并没有得到回应。在 1934 年版的《辩证唯物主义与精神分析》(*Dialectical Materialism and Psychoanalysis*) 的增篇中，赖希以"精神分析在历史研究中的运用"为题对弗洛姆发起了一场猛烈的抨击。这场论战的具体起因是《分析性社会心理学的方法和功能》([1932a] 1970a)。在这篇文章中，弗洛姆虽然赞扬了赖希，但将赖希的思想与自己的思想进行了对比，暗示赖希的工作经历了一场可喜的变化，未来可能会有更多趋同的观点。

　　赖希无视弗洛姆高度赞同的评论，愤怒地驳斥了关于他的方法论假设有所变化的说法。他把弗洛姆比作"大家熟知的某类科学杂耍演员"(Reich，1934，p.69)，这实际上是在说弗洛姆是个骗子。赖希指出，弗洛姆认为分析性社会心理学容易产生各种幻想与错误的结构和推论，是因为它没有严格地运用分析性个体心理学的方法。赖希反驳说，正统派实际上已经这样做了。赖希还指出，社会没有本我、自我或超我，也就是说，它不是一个统一的心理主体，因此，分析罢工等群体现象的"潜在内容"是一种毫无意义的误导行为。

　　事实上，弗洛姆从未像赫尔巴特和弗洛伊德一样提出过社会有本我、自我或超我，也没有说过它的结构类似于心理结构。他从没有贬低客观条件的重要性，也没有对看似非理性的群体行为的偶发事件（如大罢工）感兴趣。相比之下，这一直是勒庞和弗洛伊德及其追随者关注的社会学焦点。通过将弗洛姆与这一传统结合起来，赖希不动声色地抨击了弗洛姆作为马克思主义的资格。

为赖希说句公道话，弗洛姆确实有一个误解，认为弗洛伊德已经一劳永逸地摆脱了集体主义的神话，并用这一主张来支持他的论断，即更严格地应用个体心理学的方法可以产生有效的科学结果（Fromm，1932a）。这种争论和方法论的立场提供了一个有用的平台，可以用来指责正统派，并使他成为一名可靠的弗洛伊德"忠实反对派"的代言人，把弗洛伊德从他的门徒甚至他自己那里拯救出来。然而，事实上，弗洛姆由此而发的论断与《图腾与禁忌》（*Totem and Taboo*）中的论述明显背道而驰。弗洛伊德在这本书中说，如果没有集体心理的假设，社会心理学是不可能存在的（Freud，1913，pp.157–158）。[1]

然而，更重要的一点是，弗洛姆和赖希对于正统弗洛伊德社会心理学的意识形态特征以及"集体主体"的不真实性达成了根本性的一致。在赖希的论战中，人们找不到任何真实的、实质性的分歧，来证明他的抨击的长度和力度。鉴于他们共同强调当前的经济和政治条件、家庭在塑造符合社会要求的性格方面的作用，等等，将个体心理学的"正宗"方法"正确"地应用于社会现象是否有效的问题是次要的，是滋生哗众取宠和宗派混淆的温床。那么是什么促使赖希赋予它如此重大的意义呢？

也许是赖希在领导弗洛伊德的左翼忠实反对者时，或者说作为其左翼忠实反对者时，有很多利己的投入，这决定了他的反应的性质。

1　有关"集体心理"的更多信息，请参见第四章。

弗洛姆对赖希的《强制性性道德的入侵》的评论如此热烈，是因为赖希在布罗尼斯拉夫·马林诺夫斯基（Bronislaw Malinowski，1927）的启发下，试图将母系理论与精神分析和历史唯物主义相结合。

在巴霍芬早期工作的基础上，弗洛姆走上了一条类似的轨道，取得了辉煌但不完全相同的成果（Fromm，1933a，1934）。如果弗洛姆只是写了一个衍生疗法，而不是试图建立自己的思想阵地，赖希就不会以这种方式攻击他。相反，弗洛姆大胆地提出了一种独立的观点，而赖希担心弗洛姆会在当时或在之后抢了他的风头。因此，他将夹杂在大量赞扬中的温和批评解释为充满敌意的攻击——对这个聪明、勇敢但虚荣好胜的人来说，这是一种典型的姿态。

事后来看，这种情况有喜有悲。但我们不能掉以轻心。其中的利害关系不仅仅是个人的自我在谋求地位，也不仅仅是对优先权或个人身份的主张。除了智力上的差异和他们所珍视的竞争本能之外，赖希和弗洛姆还在间接地竞相表达他们对弗洛伊德情感深处的感激、钦佩和爱，尽管他们都对弗洛伊德进行过直言不讳的批评，都有过纠正这位导师的愿望。在赖希的例子中，正如我们看到的，对弗洛伊德的虔诚态度是关注"真实神经症"，他认为这是弗洛伊德体系革命性的核心。在弗洛姆的例子中，他声称已经发现了正宗分析方法的正确应用。

无论如何，赖希对确立自己的优先权和诋毁其他心理学构想的狂热，使弗洛姆此后在承认他们之间的相似之处时非常沉默（Jacoby，1983，p.109）。弗洛姆对施虐受虐性格的思考（Fromm，1936，1941），也就是他后来所说的"权威主义性格"，受到了赖希的影响，尽管他的阐述越来越不强调性需求优先于人类性格和动机的其他方面。

巴霍芬与弗洛伊德

在弗洛姆的早期论文中，有一篇比较突出，即《母权理论及其对社会心理学的意义》（The Theory of Mother Right and Its Relevance for Social Psychology，[1934]1970a）。它讨论的主要内容是巴霍芬的工作，以及 19 世纪末和 20 世纪初学界对母系理论的接受。弗洛姆在其中解释了这位多姿多彩的保守主义思想家对左翼和右翼理论家的吸引力，并探索巴霍芬与精神分析理论的联系。

巴霍芬（1815—1881）是一位著名的瑞士法学家，是弗里德里希·尼采（Friedrich Nietzsche）年轻时的朋友和导师，也是一位狂热的古典主义者和神话学家。巴霍芬首先是一位学者，也是丰厚家产的继承人。作为巴塞尔最重要的公民之一，他可能与巴塞尔的首席医生 C. G. 荣格（1794—1864）相熟。C. G. 荣格和他一样，也是浪漫主义哲学的铁杆支持者（Ellenberger，1970，pp.660–661），他的孙子（卡尔·荣格）在精神分析史学领域也占有重要的地位。晚年，弗洛伊德以前的弟子卡尔·荣格有一个生动的童年回忆，他看到雅各布·布克哈特（Jacob Burkhardt）陪巴霍芬穿过这座古城的街道（Jung，1963，p.111）。这段记忆——如果它是真实的——并非偶然。尽管卡尔·荣格很少在书中提到他，但他为确保巴霍芬的精神延续做了大量工作（Hogenson，1983）。

巴霍芬年轻时是弗里德里希·卡尔·冯·萨维尼（Friedrich Carl von Savigny）忠实的朋友和学生。萨维尼是历史法学派的主要代表，该派抨击了自然法理论的理性主义性质，即认为法律的存在仅源于理性，对全人类具有约束力。与启蒙思想相反，它坚持认为，某个民族的司法制度的特殊性和看似不合理之处，反映了其文化的变迁，因此是唯一适合其需求的。由此，这个勤奋好学、尚古又高度保守的学派促进了对法典发展的比较和历史研究（Bloch，1961；Gossman，1983）。

与历史法学派的精神保持一致，巴霍芬创立了母权理论，用来解释伊特鲁里亚葬礼象征主义的某些特性，以及罗马法中规避了典型父权的古老残余（archaic vestiges）。[1] 根据巴霍芬在其著作《母权论》（*Mother Right*）（[1861]1973）中的观点，远古时期的社会组织并非如许多同时代人所认为的那样依赖于父权或暴力，而是依赖于母子关系以及出生、死亡和再生的宗教仪式。在父权制被发现以及向男性为主导的生活模式转变之前，社会生活的特点是财产共有、原始民主和集体婚姻。巴霍芬推测，随着时间的推移，女性所谓天生的保守和理智促使她们发明了一夫一妻制婚姻，避免产生与多个性伴侣交往的耻辱（Ellenberger，1970，pp.218–223）。然而，母系氏族最重要的特征（就这里的讨论而言）是善于交际和缺乏约束，据说这点在社会发展的最初阶段就渗透到了所有社会关系中。用巴霍芬的话说：

> 母亲和孩子之间的关系是一切文化、一切美德，以及更高贵的存在的根源；它是充满暴力的世界中的爱、团结、和平的神圣原则……

1　在粗略的翻译中，拉丁语中的patria potestas的意思是"父权"，正如恩格斯在《私有财产、家庭和国家的起源》（1884）一书中指出的，在罗马法中，这个概念将一个人的妻子和孩子视为他的个人财产，在必要时可以将其处死。

　　母系文化对这一母性原则提出了许多种表达和司法表述。这是母系民族中常见的普遍自由和平等的基础，也是他们热情好客、厌恶各种限制的基础。它解释了罗马的弑亲（谋杀父母或亲属）的广泛意义，只是后来才将其自然的、普遍的含义转换成了个人的、有限的含义。母系文化中根深蒂固的亲属关系……几乎没有任何阻碍……涵盖了一个民族的所有成员。母系民族国家尤其以少内讧冲突而闻名。一个国家的各个地方都以同胞情谊和共同民族意识庆祝的盛大节日，最早就是在这些民族中出现的……母系民族仍有个特点——如果伤害自己的同胞甚至所养的动物将负特别的罪责……一种温柔的人性气息渗透在母系世界的文化中，即使在埃及雕像的面部表情中也能看出。

（Bachofen，1973，pp.79-81）

　　自相矛盾的是，尽管巴霍芬赞扬母系社会的温柔和同情心，但他也认为血债血偿的复仇原则（lex talionis）也是母系社会的产物，因此他认为父权社会组织的出现引入了更高的司法原则，这是精神发展总体水平的进步（Bloch，1961）。在巴霍芬看来，与母系法则相关的无拘无束的社会关系和复仇精神都来自这样一个事实，即母系法则势必与物质和平等精神（民主）相联系，而父权精神法则——一种脱离实体的精神——超越了物质的联系和约束，具有明确的等级性（Fromm，[1934]1970a，pp.114-119）。作为一名坚定的路德教徒，巴霍芬认为明确否定了报应原则的《登山宝训》（*The Sermon on the*

Mount）是父权精神的完美表达。但作为一名反动贵族，他反对任何走向经济民主和政治民主的运动，认为这是历史的倒退，因为这可能是为了恢复母系社会关系（Fromm，1934；Bloch，1961）。

无论如何，巴霍芬的母权论在很大程度上借鉴了神话和古代历史学家（如希罗多德、波利比乌斯、恺撒和塔西佗）的叙述。它似乎能解释希腊艺术和文字中难以理解的方面，特别是埃斯库罗斯的《俄瑞斯忒亚》（*Oresteia*）（Fromm，1951，pp.206-207）。在它变得相对没落之前，它赢得了历史学家、古典学者和人类学家的尊重，包括麦克莱伦（J. F. McLellan）、刘易斯·亨利·摩根（Lewis Henry Morgan）、布罗尼斯拉夫·马林诺夫斯基、罗伯特·布里法特（Robert Briffault）、戈登·柴尔德（Gordon Childe）、简·埃伦·哈里森（Jane Ellen Harrison）、康福德（F. M. Comford）和罗伯特·格雷夫斯（Robert Graves）等。巴霍芬的世界观有一个显著特点：他强调宗教在文化发展中的作用。根据巴霍芬的说法，宗教是表达的载体。萨维尼的另一个学生埃米尔·涂尔干（Emile Durkheim）以为宗教表达的是集体意识（conscience collectif），这些信仰与道德情感激励和支配着一个民族。巴霍芬认为，历史学家的任务，是从一个民族的法律、民俗和宗教仪式里无数看似不相干的表现中推断出一个文明的核心过程（或精神），这对于那些只是简单汇编知识、没有把自己社会的精神和先见放在一边的人来说是不可能的（Gossman，1983）。

弗洛伊德与巴霍芬的关系很难分析，因为弗洛伊德有意地忽视或完全否认其存在。然而，这些尝试最终都没有成功。晚年，弗洛伊德在《摩西与一神教》（*Moses and Monotheism*）中宣称：

在外部条件的影响下——这里没有必要讨论这些外部条件，我们也不甚了解——母系社会的结构被父系社会的结构所取代。这自然带来了对既有法律状态的革命。我认为，这场革命依然可以在埃斯库罗斯的《俄瑞斯忒亚》中听到回音。然而，这种从母亲到父亲的转变，首先意味着智力 [精神（geist）] 战胜了感官，也就是说，文化向前迈出了一步，因为母性是由感官的证据证明的，而父性是基于演绎和预测的推理。这一支持思维过程的宣言于是让思维超越了感官感知，成为带有严重后果的一步。（Freud, 1939, pp.145–146）

尽管弗洛伊德对巴霍芬很熟悉，在没有明确引用他的话的情况下重述了他的观点，算给了面子，但他也反驳了巴霍芬的论点，即与母亲的联系是原始的，与父亲的关系是后来历史发展的产物。1912 年5 月，在回应荣格对其乱伦情结理论的反驳时（顺便说一句，这里巴霍芬对荣格的影响是显而易见的），弗洛伊德宣称"父亲的儿子很可能是始终存在的。父亲是在性方面占有母亲（并将子女作为财产）"。（McGuire, 1971, p.504）

弗洛伊德在这里做的惊人断言仅仅是对一年后《图腾与禁忌》的一个简短暗示。根据达尔文的一些推测，弗洛伊德猜测，我们远古的祖先生活在由专制的"父亲"主宰的"原始部落"中，他们垄断了单身女性，并通过暴力恐吓年轻男性。这种残暴自私的父亲形象被人爱也被人憎，让人恐惧也被人理想化。年轻的男性发起了反抗，杀死了他，吞食了他的尸体，以此表达他们的钦佩、认同和仇恨。这样的事件多次重复发生造成的直接影响是，催生了一种新的社会组织——要求更公平地分配性资源，以及一种民法或社会契约——要求所有相关的反对者都放弃同等数量的本能满足，以换取（未明言的）保证，即他们不会篡夺男族长不受限制地接触女性的权利和他对强制力的垄断权。在每年的图腾盛宴上，人们庆祝这种（未明言的）社会契约，以及由此产生的痛苦的矛盾心理。盛宴中，人们会杀死并吃掉一只代表男族长的动物——杀戮和吃掉男族长的行为被禁止——随之而来的是大多数社会约束在一个短暂的时期内得到放松。

弗洛伊德认为，如果文化发展在这里停止了，那人类将一直停留在部落阶段。但儿子们仍然对这位老暴君怀有强烈的积极情感。这种情感古已有之，表现在他们以食人的方式与他的身体相结合，并在图腾盛宴中象征性地重现，伴随着内疚、对惩罚的害怕，以及对理想化祖先宽恕的渴望——所有这些都持续存在，并给后代营造成无意识的影响。就这样，对男族长的仇恨和渴望形成了不断变化发展的冲突的核心，宗教、法律和道德情感在这一冲突中找到了越来越精练和复杂的表达。

对弗洛伊德来说，基督教是一系列神秘宗教中最后一次也是最有雄心的一次尝试，试图解决代代相传的仇恨、深情和犯罪冲动。基督，一个光辉的儿子形象，用自己的死亡为集体的罪孽——乱伦和杀人的冲动——赎罪。他的复活以及随后与圣父的统一，以生动清晰的方式表达了俄狄浦斯这出戏的积极价值，他所获得的解脱通过圣餐被所有人间接分享。然而，根据弗洛伊德仔细思考后的说法，圣餐只是一场精练版的原始图腾盛宴，而基督与父亲充满矛盾的统一，表面上是救赎的保证，实际上意味着父亲再次被杀害、被吃掉。因此，犯罪和赎罪无休止地循环，就像伊克西翁之轮[1]一样滚动。

弗洛伊德的历史哲学有一个显著特征，在历史过程中没有女性作为主体或行动者。弗洛伊德认为，即使是向母权制的过渡也是由男性集体决定的，而不是女性。这源于他们与男族长的关系问题，而不是与原始的母性意象的关系。在走向文明的过程中，女性可能作为欲望的对象介入，但仍然无法激发敬畏与恐惧的神秘结合——荣格在鲁道夫·奥托之后称之为"神性"（numinous）。此外，由于她们具有的生物禀赋，或者说缺乏的生物禀赋，女性被认为不太能够升华文化发展所依赖的冲动。

弗洛伊德剥夺女性在文化史上所有积极作用的愿望，在他贬低女性繁育作用的倾向中有类似的表现。弗洛伊德在 1899 年 12 月 29 日创作的纪念威廉·弗里斯（Wilhelm Fliess）长子出生的诗中，发自内心地感慨：

> 欢呼吧，
> 献给在他父亲的命令下适时出现的勇敢儿子，
> 做他的助手……
> 但也要向父亲致敬，他在事件发生前的盘算中发现了
> 这一点

---

1 传说伊克西翁因为得罪了宙斯而被他绑在一个不停旋转的火轮上，急速旋转的火轮永远折磨、撕扯着他的躯体。

　　　　制约女性权力的关键

　　　　承担合法继承的责任的关键；

　　　　他不再像母亲一样依赖感官表象，他呼吁更强的力量
来申明他的权利、结论、信仰和怀疑；

　　　　因此，在开始的时候，有一个硬朗而强健，也同样会
犯错误的父亲，在他无限成熟的发展中，

　　　　愿这个盘算是正确的，并且作为劳动的遗产，从父亲
传给儿子，跨越几个世纪，

　　　　在心中聚合起被生活的沧桑撕裂的一切。

　　　　（Masson，1985，pp.393-394）

　　可以说，这首为新世纪前夕一个动情时刻而写的诗，并不能真正
代表弗洛伊德的理论观点。毕竟，它是为了讨好弗里斯而精心写作
的。弗里斯花了好些时间根据自己的生物周期理论计算新生儿准确
的出生时间和性别。然而，它确实证实了一个合理怀疑，证明了弗
洛伊德早在 1899 年撰写《梦的解析》（*The Interpretation of Dreams*，
1900）时就熟悉巴霍芬的理论。这就是说，人们很容易推测这首诗预
示着弗洛伊德后来对巴霍芬的母系假说产生的矛盾心理。一方面，正
如《摩西与一神教》（1939）所表达的，弗洛伊德表现出自己是一个
热情的父权制革命倡导者，与巴霍芬一样，他将父权制革命理解为一
场远离依赖感官表象的母性力量、走向智识的解放力量的运动。另一
方面，如《图腾与禁忌》（1913）所体现的，他否定了母亲是男婴的
情感生活的重点，暗中诋毁了母亲在孕育孩子时的生物学作用，却抬

高了弗里斯的计算，而弗里斯的计算还算迟了一两天。弗洛伊德还接着宣称，"在开始的时候，有一个硬朗而强健，也同样会犯错误的父亲……"（同上，p.394）。

尽管这不在他当时的公共议程上，弗洛伊德还是努力使父亲的法则成为一种文化构成现象，并忽略了前俄狄浦斯过程在文化发展中的作用。弗洛伊德言论的另一个显著特点，是他坚持将父权和财产这两个主题并置在一起。在对荣格的反驳中，他指出父亲是在性方面占有母亲的人，并将子女作为财产占有。在他早些时候写给弗里斯的信中，男性"承担合法继承的责任"以及他对智力或"更高权力"的使用，都与"限制女性权力"的必要性相联系（Freud，1913，p.394）。显然，对于弗洛伊德来说，父亲身份不仅意味着智力或抽象思维，还意味着对人的所有权和使用权——或者其次，对物的所有权和使用权。正如弗洛伊德对荣格所宣称的那样，"古往今来都有父亲的儿子"，这就意味着财产关系在远古时代就已经渗透在人类的集体生活中。

相比之下，对于巴霍芬来说，遥远的史前时代的特点是产品共有和集体婚姻，直到女性天生的保守和理智促使她们发明了一夫一妻制。在这一阶段，财产关系尚未由父系血统决定，女性要么占主导地位，要么与男性平起平坐；而女神在异教万神殿中至高无上。在弗洛伊德的理论中，持续不断的冲突是我们从早期原始人类向文明过渡的特征，巴霍芬将这种冲突推迟到后来好战的父权制时期。尽管巴霍芬接受父权制是一个进步，但在人类进化的最初阶段，女性绝不是被动的无足轻重的群体；相反，她们是旗手。正如弗洛姆后来指出的

（Fromm，1934），巴霍芬理论的这一特征抓住了恩格斯和奥古斯特·倍倍尔（August Bebel）的想象力，他们对巴霍芬的理论进行了修改和专门的社会主义解释，从而使其吸引了更广泛的受众。因此，阿尔弗雷德·阿德勒追随了资深的左翼前辈，引用巴霍芬的理论证明了女性可能是与男性平等的伴侣，而女性精神病理学的某些特征是由她们的历史从属地位直接导致的，这一点应该被废除（Adler，1927）。虽然阿德勒的观点值得称赞，但他在心理研究层面对巴霍芬理论的运用却相当老套和平淡。巴霍芬对人类发展理论的深层含义留给了其他人去探索。

荣格、兰克、弗洛姆和萨蒂

与弗洛伊德和阿德勒相反，荣格很早就强调了母亲的临床意义。讽刺的是，巴霍芬影响的第一个暗示是荣格的论文《父亲在个人命运中的意义》（The Significance of the Father in the Destiny of the Individual，1909）。在这篇文章中，他在神经质的父亲综合征（neurotic father-syndromes）和历史趋势之间找出了一些惊人的相似之处，弗洛伊德后来将这些相似之处为自己所用。但与弗洛伊德不同的是，荣格对父亲在心理发展中的作用进行了限定，指出父亲的优越性是一种近期的历史现象，而不是一种文化构成的现象。

不久之后，精神分裂症的意念和神话主题之间的一些惊人的趋同促使荣格在《转化的象征》（*Symbols of Transformation*，1913）中提出一个假设，即存在着一种原始的退行冲动。荣格将这种退行的趋势称为"乱伦性欲"。弗洛伊德的力比多——无论是乱伦还是其他——

是在快乐原则的程序上减少紧张，而荣格的乱伦性欲寻求的是恢复子宫内的存在，即与母亲重聚，这被体验为对共生自我的威胁，因此，产生了补偿性的弑母幻想，以阻止人进一步陷入疯狂，促进个体化和回归外部现实。

　　有一种原始力量的存在，促使人们回归子宫，从意识的角度来看，回归一种未分化或二元的统一体，是浪漫主义尤其是晚期浪漫主义哲学的支柱。尼采从巴霍芬那里借用了"酒神精神"（Dionysian）一词来描述这一现象，并借用了"日神精神"（Apollonian）一词来描述相反的个体化趋势（Nietzsche，1871；Ellenberger，1970，pp.218–223）。对巴霍芬和荣格来说，将自己从与母亲共生融合的倒退诱惑中解放出来的斗争是所有人类发展的第一个问题，在某种意义上也是最重要的一个问题。在这个问题上，父亲更多的是一个积极的盟友，而不是一个敌对的竞争者（Hogenson，1983，pp.59，85）。荣格只是将这一理念从历史哲学转移到了临床情境中。

　　到 20 世纪 20 年代中期，弗洛伊德的另一个分道扬镳的弟子奥托·兰克对个体化的过程表现出了类似的欣赏。《出生创伤》（The Trauma of Birth，1924）是第一部明确的历史哲学的精神分析著作。在这本书中，兰克引用巴霍芬和弗洛伊德一样多，这一事实使巴霍芬对兰克的理论贡献显而易见。此外，在兰克的新历史观中，神经症以及文化和历史发展的主要引擎不再是恋母情结的竞争，而是与母亲分离的创伤及其多方面的影响。1924 年，兰克对他与弗洛伊德及其圈子之间出现的巨大差异毫无准备，一度认为他的作品只是对弗洛伊德自身见解的一贯应用。然而，多年后，兰克写道：

> 从瑞士学者巴霍芬独特的研究中，我们了解了……曾
> 经广泛存在的（社会组织形式），其中父亲的作用尚未得到
> 承认，母亲在作为家族男性首领的兄弟的支持下，统治着
> 氏族。这种习俗在一些原始的岛民中仍然存在……以这种
> 习俗为主要特点的社会组织就是巴霍芬所称的母系制度。
> 由此可知，我们所知道的家庭在人类历史上出现得非常晚。
> （Rank，1941，p.120）

可兰克还说：

> 人类学家和社会学家，甚至我们的现代心理学家……
> 都默认家庭单元从一开始就存在……而且，由于他们在过
> 去的历史中找不到如此令人满意的"场面"（tableau），所以
> 天真地将自己的想法投射到其中。当弗洛伊德不得不通过
> 人格发展的社会方面来补充他的个人心理学理论时，他甚
> 至根据我们今天的家庭组织来重新解释原始人类学的内容。
> 在他对希腊俄狄浦斯传奇的耸人听闻的解读中，我们发现
> 了集体神话的社会意义，而这个神话是用关于现代神经症
> 患者的高度个体化的心理学来解释的。（同上，pp.121-122）

尽管兰克对出生创伤的思考越来越充满隐喻，但他还是将弗洛伊
德用强迫症来解释的图腾仪式解释为前俄狄浦斯或共生冲突的戏剧
化。随着他与弗洛伊德的恋母情结一元论的斗争升级，兰克对巴霍芬

的依赖迅速加深。例如，在《超越心理学》（*Beyond Psychology*）一书中，兰克大胆地提出：

> 在古罗马父权制统治的鼎盛时期，父亲被赋予了一种权力，这种权力源于英雄的神奇自我，在这种英雄形象中，公民的父亲身份被塑造成为一种社会身份。自相矛盾的是，弗洛伊德所谓的"父亲的原始统治"，即对"一群兄弟"的暴虐统治，似乎只存在于政治上高度组织化且处于权力巅峰的罗马国家中。有鉴于此，以父亲心理学为中心的精神分析，就成了摇摇欲坠的父权制意识形态的最后一站，在第一次世界大战中和帝国主义一起走向崩溃。有一段时间，残存的父亲原则在一种个人主义心理学中找到了避难所，这种心理学以同一家庭中两个人的个人竞争，更具体地说是以性竞争为基础解释了父子关系。基于其父权制意识形态，精神分析学不得不用十诫来解释俄狄浦斯的故事，从而成为抵抗中产家庭结构垮塌的最后堡垒，因为它是从罗马法律中社会化的父权发展而来的。（同上，pp.126-127）

虽然巴霍芬在这里没有被明确引用，但这些观点完全是他的。他也曾将罗马社会视为古代父权制精神的缩影，而且他自己可能也会这样回应弗洛伊德。类似地，兰克谴责了弗洛伊德从个体心理学推导出社会心理学，而不是相反，还指责他不尊重神话和寓言的具体历史性。但在这方面，兰克既不是唯一的一个，甚至也不是第一个。第一批按此思路提出批评的人是同样熟悉母系理论的弗洛伊德-马克思主义者。在表达分析界正在形成的左翼共识时，弗洛姆在 1932 年抱怨道：

> 精神分析学把重点放在资产阶级社会的结构和作为正常情形存在的父权家庭……这必然导致放弃真实的分析方法。由于他们没有考虑到生活经验的多样性，也没有考虑到其他社会类型的社会经济结构，因此也没有试图解释由社会结构决定的心理结构，他们必然开始类比而不是分析。他们将人类或特定社会视为个体，将在当代个体中发现的特定机制移植到每一种可能的社会类型中，并通过类比他们自己社会中人类特有的某些现象（通常是神经质的）来"解释"这些社会的心理结构。
>
> 在这样做的过程中，他们忽略了一个对精神分析个体心理学来说是基础的观点。他们忘了神经症……来源于异常个体……没有正确地适应他周围的现实；社会中的大多数人，即"健康"的人，确实具备这种适应能力。因此，社会（或大众）心理学研究的现象不能通过类比神经症现象来解释。它们应该被理解为本能器官适应社会现实的结果。
>
> 这一过程最显著的例子是俄狄浦斯情结的绝对化，它被制造成一种普遍的人类机制……俄狄浦斯情结的绝对化导致弗洛伊德把人类的整个发展建立在仇父机制和由此产生的反应之上，而不考虑所研究群体的物质条件。
>
> （Fromm，1970a，pp.146-147）

尽管弗洛姆在 20 世纪 30 年代也受到了巴霍芬的影响，但他还是与荣格和兰克不同，他仍认为自己是一位弗洛伊德主义者，而且还没有证据表明他认识到了原始退行冲动的致病潜力。但弗洛姆对巴霍芬的研究确实促使他对两种心理类型进行了区分，认为它们在历史上与某些宗教和政治意识形态有选择性的亲缘关系。"父权的"或"以父亲为中心"的类型是一种与父亲的关系比其他情感牵连更强烈的类型。它的特点是依赖父亲的权威，包括内疚、焦虑、爱与恨、对侵略者的认同，以及以责任高于幸福为原则的超我。与之相反的是以母性为中心的类型，在这种类型中，与母亲的关系处于优先地位，典型的情绪是对生活更乐观，内疚感较少，超我较弱，获得亲密和感官愉悦的能力受损较少。弗洛姆补充说，除了这些特点外，还有民主倾向和一种带有母性关怀的自我理想，即对弱者和无助者的怜悯（Fromm，1970，pp.125-135）。所以毫不奇怪，弗洛姆会得出结论：马克思主义社会纲领的精神基础是以母性为中心的。

从地理位置上讲，与弗洛姆相隔遥远的是伊恩·萨蒂，他是在伦敦塔维斯托克诊所（Tavistock Clinic，1935）的苏格兰精神病医生。萨蒂的《爱与恨的起源》（*The Origins of Love and Hate*）一书以罗伯特·布里法特的工作为基础。布里法特是英国著名的人类学家，也是弗洛姆非常喜欢的母系理论的倡导者（Fromm，1933a）。和弗洛姆一样，萨蒂对弗洛伊德的厌女情绪感到恼火，并主张按照桑德尔·费伦茨（Suttie，1935，chap.14；Fromm，1935a）提出的思路改进技术。这些相似之处令人印象深刻，而其他相似之处几乎可以说是不可思议。与弗洛姆一样，萨蒂用"母权主义"（matrist）和"父权主义"（patrist）的情感冲突来解释西欧从基督教诞生到现代早期的神学和政治史，这些术语与弗洛姆的母性中心和父性中心的取向一致（比较Fromm，[1934]1970a，pp.131-135; Suttie，1935，chap.9）。与后来的弗洛姆（Fromm，1943，1951）一样，萨蒂认为女性的"阴茎嫉妒"是一种文化产物；对父权制心理的深入探索，揭示了"最根本的嫉妒是男性对女性生殖和哺乳能力的嫉妒。事实上，父权文化和性格本身在很大程度上是这种嫉妒的表现，而不是自然优势的表现"（Suttie，1935，p.180）。

然而，乳房和子宫嫉妒的概念并非源于萨蒂。在《逃离女性身份》（The Flight from Womanhood，[1926]1967）一文中，卡伦·霍妮已经指出了在临床上乳房和子宫嫉妒的出现次数，并推测男性的创造性冲动通常是对这种无意识感受的补偿的升华表达。霍妮对阴茎嫉妒理论体现的性别歧视表示惊讶，该理论忽略了女性在生物学上的所有令人羡慕的天生特性。对此，她有一段现在非常出名的话：

> 在这一点上，我，作为一个女人，惊讶地问，母性意味着什么？在自己体内孕育新生命的幸福意识呢？因为这个新生命的出现，期望一天天增加所带来的不可言喻的幸福呢？当它最终出现，人们把它抱在怀里时的喜悦呢？还有在哺乳过程中产生的深层愉悦和满足感，以及在婴儿需要她照顾的整个时期的幸福感呢？（Horney，1967，p.60）

然而，就像后来的梅兰妮·克莱因和琼·里维埃（Joan Rivière）一样，霍妮将阴茎嫉妒和子宫嫉妒视为生理上的必然，这是我们天生的双性恋倾向的逻辑延伸（Klein and Rivière，1937，pp.30–36）。引人注意的是，萨蒂和弗洛姆没有利用双性恋来恢复性别和文化讨论的平衡和对称，而是采取了更激进的立场，将子宫嫉妒放在首位，而将阴茎嫉妒放在次要的或人为的位置。事实上，他们（而不是相应的女性学者）采用了这种关于父权制心理学的观点，这使得他们在知识上的联系更加耐人寻味。

由于弗洛姆和萨蒂之间有着广泛的相似之处，所以当发现两人都不知道对方的作品时，人们很费解。阿什利·蒙塔古是布里法特的朋友和弟子，也是萨蒂的崇拜者，他跟我保证，除了弗洛姆在纽约出席温纳–格兰人类学研究基金会的精神分析人类学讲座时，以及其后零散而友好的接触外，弗洛姆从未提及过萨蒂。此外，蒙塔古惊讶地获悉，弗洛姆在《社会研究杂志》（Fromm，1933a）中对布里法特的作品给予了极大认同，而弗洛姆也从未和人聊起过布里法特（个人通信，1983 年 4 月 23 日）。萨蒂的书于 1935 年出版，他也于当年去世，而当时弗洛姆正定居在美国，因此弗洛姆有可能知道萨蒂的作品，只是不讨论，但这种可能性不大。更合理的假设是，这是历史学家所说的时代精神的一个例子，不同的理论家由于沉浸在同一主题中而同时得出了平行的表述。

然而，弗洛姆与荣格和兰克的关系却并非如此。弗洛姆很了解他们的工作，并且随着时间的推移，还为他们的观点提供了确凿的证据。但在 1934 年，弗洛姆似乎没有将共生融合的退行诱惑作为一种显著的临床现象加以把握。这一点随着《逃避自由》（1941）的出版而改变，当时弗洛姆首次讨论了共生依恋和个体化的问题，尽管他竟然几乎没有明确提及有关母亲意象的幻想，而这些幻想在荣格、兰克和克莱因那里都有提及。然而，弗洛姆在《健全的社会》中又对巴霍芬做了一些评论（Fromm，1955a，pp.47–51），他认为巴霍芬对"乱伦情结"的理解比弗洛伊德更深刻，但没有提到荣格或兰克，虽然他们在几年前就得出了类似的结论。很难想象这种疏忽不是故意的。

再一次提到巴霍芬的是《被遗忘的语言》（*The Forgotten Language*）（Fromm，1957，pp.196–231）。在书中，弗洛姆再次对于弗洛伊德对乱伦情结的解读提出异议，并根据巴霍芬对《俄瑞斯忒亚》的解读来理解俄狄浦斯神话，也再一次居然没有提到荣格和兰克。当然，到目前为止，弗洛姆已经对荣格和兰克提出了一些严重的批评，在许多问题上将他们与弗洛伊德进行了不利的比较。我们看到，弗洛姆对荣格和兰克确实进行了全面的主观的批评（1939a；1947，introduction），但不清楚为什么弗洛姆直到很久以后（例如，1964，p.100n）才承认两者之间确实存在相似之处。

与弗洛姆一样，荣格和兰克都否认了弗洛伊德的假设，即宗教必然是弑父母的罪恶感未得到消除的表现。对他们来说，精神上的渴望和价值本身就是合法存在的。作为弗洛伊德深度心理学的分支，荣格和兰克的学派对意识的内容有许多批判，但通过强调心理的综合和自我实现的方面、临床精神病理学中伦理考量的作用，以及文化和历史对人类性格和动机的普遍影响，他们重新汇入了更古老的、前达尔文学派的哲学人类学。尽管作为弗洛伊德–马克思主义者，弗洛姆也及时加入进来。

最后，正如迪特·怀斯（Dieter Wyss）所观察到的，弗洛姆与荣格和兰克相似，将神经症从根本上视为个体化的失败（Wyss，1973，p.273）。除此之外，我们只能补充一点，他关于乱伦情结和发展的概念，大概是从巴霍芬的文化和历史发展哲学中转移到临床领域的，正如他在《健全的社会》中所说的一样（Fromm，1955a，chap.2 and 3）。这将弗洛姆与霍妮、沙利文和其他新弗洛伊德主义者区分开来，对他们来说，巴霍芬完全是个次要人物。有趣的是，在与理查德·埃文斯的对话中，弗洛姆不是通过参考巴霍芬、荣格或兰克，而是参考弗洛伊德本人来区分他自己的立场："也许不同之处在于，我觉得自己比霍妮或沙利文更接近弗洛伊德，多年来我一直试图将弗洛伊德放在哲学范畴，在我看来，这样更符合最近的哲学和社会学思维模式。"（Evans，1966，p.59）

显然，弗洛姆感觉自己被迫疏远荣格和兰克——无论是有意还是无意的——因为所有弗洛伊德-马克思主义者都有一种独特的弗洛伊德虔诚，他们与阿德勒、荣格和兰克不同，后者声称已经超越了弗洛伊德，并且完全超越了他的参照系。

因此，弗洛姆经常被当作新阿德勒主义者，这既令人悲哀又有些诡异（例如，Wittels，1939；Jacoby，1975）。说它诡异是因为，在大多数方面，阿德勒对巴霍芬理论的更深层次的心理含义都不关注，因此他是弗洛姆最不相似的"持不同政见者"。说它悲哀是因为，在提出这一说法时，弗洛姆希望自己被归入弗洛伊德的忠实反对派、学生和"翻译者"之列的愿望经常因似是而非或夸大的理由而落空。而阿德勒是一个有天赋有善意的人，他对女权问题的同情，虽然按当代标准是不合时宜的，但总体来说方向是正确的，在他那个时代非常值得称赞。那些将他的名字当做贬损和辱骂之词的行为，只是弗洛伊德学派狂热者热衷于党同伐异的表现，有良知的历史学家不会对其太认真。

第三章　弗洛姆的临床贡献

如果仅仅凭借弗洛姆发表的成果对其临床方向进行概述，很快就会遇到麻烦。弗洛姆最优秀的临床成果大多分散在对社会、历史、哲学和神学等主题的零散分析中，而这些主题和一般的临床医生都没什么明显交集。弗洛姆从未将其有效的临床假设和方法从人文学术中分离出来，他一生的大部分工作都是人文学术，而他在1970年承诺要写的关于分析技术的书也没有完成。此外，随着客体关系理论和自我心理学在北美的广泛传播，比起减少神经症的病因，对亲属关系和完整自我的需求优先级更高，这样的想法听起来几乎司空见惯。人们很容易忘记，当弗洛姆第一次提出这些想法时，这些想法是多么独特，更不会去想为什么他的名字很少与它们联系在一起，以及为什么它们进入主流的途径与众不同。

尽管传统上弗洛姆被归类为新弗洛伊德主义者，但他显然不喜欢这个称呼。将弗洛姆的临床方向与弗洛伊德、赖希和客体关系理论家的临床方向进行对比更为有用。弗洛姆、霍妮、沙利文、汤普森的比较在精神分析文献中比比皆是，但现在要么已经过时，要么被过度理解，几乎没有什么新的见解了。此外，这些比较本身并不总是像想象的那样恰当或有启发性，原因将在下文中点明。

历史语境中的弗洛伊德

与后来的法国哲学家保罗·利科（Paul Ricoeur）一样，弗洛姆将现代深度心理学的起源追溯到斯宾诺莎哲学（Fromm，1964，chap.6；Fromm and Xirau，1968，pp.140–151；Ricoeur，1970，pp.452–458）。然而，尽管斯宾诺莎关于非理性激情的思想可以从无意识动机的角度进行解释，但无意识心理过程的概念始于比斯宾诺莎年轻的同时代的莱布尼茨（Leibniz）。洛克认为人类的知识主要是通过被动地记录冲击有机体的外部刺激而出现的，莱布尼茨不同意洛克的观点。事实上，莱布尼茨认为，有意识的思维和感知是由记忆、习惯和注意力以及传入刺激的新颖性和强度决定的，因此许多作用于有机体的感官刺激———一些小感知——从未被有意识地理解到（Fromm and Xirau，1968，pp.155–158；Burston，1986a）。更重要的是，莱布尼茨对德国教育家赫尔巴特产生了巨大的影响，赫尔巴特是康德、费希特（Fichte）和黑格尔的同代人，至于他后来的阐释者古斯塔夫·林德纳（Gustav Lindner），弗洛伊德读预科时曾研究过他。（Ricoeur，1970，pp.72–73，452–458）。

换句话说，尽管弗洛伊德创造了神话，但无意识心理学在弗洛伊德时代已经相当先进了。19世纪早期，在《癔症研究》（*Studies on Hysteria*）（Freud，1895）出版的几十年前，赫尔巴特就提出，在跨越意识门槛的斗争中，具有不同能量的思想之间可能会相互促进或抑制；在任何给定的时间，大部分精神"内容"都被排除或压抑（verdrangungen）。然而，赫尔巴特对正确教导的原则更感兴趣，而不是他很少关注的精神错乱的奥秘。结果，他研究了压抑的机制，但没有解决压抑的动机，并避开了有动机的无知或虚假意识的现象，而这种现象的消除，大概是分析过程的核心。到19世纪90年代，让–马丁·沙可（Jean-Martin Charcot）、皮埃尔·让内（Pierre Janet）和其他人提出被压抑的致病性记忆是导致癔症的一个因素，而维也纳医生莫里茨·本尼迪克特（Moritz Benedikt）也在弗洛伊德之前就独立提出了癔症的性病因学（Ellenberger，1976，chap.5）。此外，还有阿瑟·叔本华（Arthur Schopenhauer）挥之不去的影响。19世纪中叶，叔本华用了许多篇幅反思性在人类活动中的作用，在他看来：

> 性确实是所有行动和行为的中心无形的点，尽管各式各样的面纱都罩在它上面，它还是到处可见。它是战争的起因，是和平的终结，是严肃的基础，是玩笑的目的，是智慧的不竭源泉，是典故的钥匙，是所有神秘暗示的意义，是所有不言而喻的提议和眼神，是年轻人的，也常常是老年人的日常冥想，是不纯洁的人每时每分的思考，甚至是违背他们意愿的、不断反复出现的想象。（1844，pp.106-107）

在这种文化和知识氛围中，弗洛伊德声称自己的独创性在于他关于压抑动机的理论，以及症状的具体特点和复杂性，通过这些症状，痛苦的人的冲突需求和意图得以体现或表达。弗洛伊德关于癔症和强迫症症状学的病因学假说很快就与一种新的性心理发展理论结合起来，在这一理论中，成人精神病理学被解释为：性停滞或生活不可避免的不幸导致旧有冲突和性欲被重新激活。这些理论反过来又被整合成宗教心理学、社会心理学和整个以父亲为中心的历史哲学；这是一项颇有雄心的事业。然而，在这里，临床领域是我们唯一关心的问题。

在弗洛伊德的理论中，症状的形成是一件复杂的事情，弗洛伊德观点的深度和微妙之处不可能用任何简短的陈述表达出来。可以说，对于弗洛伊德来说，癔症或强迫性症状是被压抑的冲动和使冲动远离意识的力量之间的一种妥协形式。此外，它代表了对被压抑冲动的部分和替代性的满足，以及一种代码或交流，使患者能够在不担心报复或经历内疚与羞耻的情况下，向他人传达那些为社会所禁忌的感觉或情绪（例如，Freud，1895、1901、1905）。尽管患者遭受了很多痛苦，但也有隐藏的好处。例如，患有神秘疾病的人可能会强迫别人尊重和关注他们，而这是他们本不该要求的，却补偿了他们无法忍受的无力感或被剥夺感，满足了一种无意识的权力意志。[1]

根据弗洛伊德的说法，做出分析结论——对症状的解析——常遇到的一个障碍是一种特殊的抵抗，被称为移情。在移情现象中，病人与分析者一起对其他重要的人产生未解决的和无意识的感觉，同时把

1　阿尔弗雷德·阿德勒与近期出现的美国精神病医生埃里克·贝姆（Eric Beme）和杰伊·哈雷（Jay Haley）的病因学理论特别关注临床症状学中表达的权力意志。这个问题虽然在某些情况下很重要，但通常只是构成明显症状的复杂动态结构中的一个部分。

这种特殊的移情当作当下的现实去经历（Freud，1915）。在大多数移情中，特别是在涉及强迫症障碍的案例中，弗洛伊德发现了一种强烈的面对分析者的矛盾心理。虽然这种心理最初被认为是一种恋母情结（Freud，1913，chap.4），并被归因于一种系统发育或"古老的遗传"，这种主要的矛盾心理被卡尔·亚伯拉罕认为是植根于口腔性欲的变迁。大概是在正常的发展过程中，父母形象的内化和对禁忌冲动的内疚产生了超我，它符合那些逃避自我清醒时审视的本我的表现，并根据与父母的理想和告诫相关的标准对它们进行判断或谴责。

即使在正常情况和没有明显干扰的情况下，弗洛伊德也坚持认为我们从遥远的史前时代继承的超我很重要。在正统文献中，这种对超我的反复强调是可以理解的，因为弗洛伊德坚信，我们的社交能力和善意、我们对工作的喜爱、对真理的热爱等等，是其他更难对付的冲动的二次转化，是一种叠加在反社会核心之上的第二天性。巴霍芬认为母系社会具有的深厚、自发的团结感和相对没有约束的感觉，在弗洛伊德的心理学中没有一席之地。时至今日，我们本能禀赋本质上反社会的特征是正统分析学的信条，将"真正的信徒"与那些堕落为叛徒的人区分开来。

赖希的临床方向

威廉·赖希属于最早一批挑战弗洛伊德人性模型的人。与弗洛姆一样，赖希通过恩格斯和奥古斯特·倍倍尔想到了母系理论，但他忽视了巴霍芬和布里法特，且依赖于布罗尼斯拉夫·马林诺夫斯基（Cattier，1971）最近的著作。就像弗洛伊德在年轻时出版的《文明的性道德和现代人的神经症》(*Civilized Sexual Morality and Modern Nervousness*, 1908) 一书中所说的那样，赖希对缺乏可靠的避孕措施和盛行的性习俗导致精神障碍的流行感到震惊。他要求青少年的性解放，这点甚至让他的共产主义同僚都感到不舒服。弗洛伊德认为20岁以上的男性禁欲严重 (Freud, 1908)，但他认为青少年禁欲是发展出目标抑制和升华的社会纽带的一个重要先决条件，这种社会纽带可能会约束和引导我们天生的好斗之心，使之成为对社会有益的追求 (Freud, 1933, chap.5)。赖希不认同这点。他认为社交是与生俱来的本能，而破坏性是父权制文明的产物。在其经典著作《法西斯主义大众心理学》(*The Mass Psychology of Fascism*) 第三版的序言中，赖希宣称：

> 通过对人类性格进行的大量艰苦的治疗工作，我得出一个结论：这是一项规则，我们有三层生物心理结构……性格……的这些层次是社会发展的积淀，具有自主性。从性格的表面层上看，普通人是保守、礼貌、富有同情心、负责任和认真的。如果人的这一层人格与深层自然核心相连通，就不会有社会悲剧……不幸的是，情况并非如此。表层没有与自我的深层生物核心接触；它还有个中间层，完全由残忍、虐待、淫荡和嫉妒的冲动组成。它代表弗洛伊德的"无意识"或"被压抑的东西"。
>
> （我的工作）使理解弗洛伊德的无意识成为可能，即人类的反社会性，是压抑原始生物冲动的伴生结果。如果

有人穿过第二层……就一定会发现第三层，也就是最深的一层，我们（也就是赖希一派）称之为生物核心。在这一核心中，在良好的条件下，人本质上是诚实、勤劳、合作、有爱心的，如果有动机的话，也是能产生理性憎恶的动物。

（Reich，1970，pp.xii-xv）

赖希的临床信条很明确。人是天生善于交际的动物。我们的第二天性并非像弗洛伊德想象的那样文明，相反，它残酷且变态。它的表面——如荣格的人格面具——有对社会适应的所有特征。除了关于驱力和防御之间关系的具体表述外，赖希认为弗洛伊德的错误在于将第二层即中间层作为了生物核心，而不是深入到人类人格的更深层。在《性格分析》（*Character Analysis*，1932）发表之后，赖希越来越把病理学视为与真实自我或生物核心不同强度不同方式的疏离，并试图通过化解嵌入肌肉组织的"性格盔甲"（或抵抗力）来纠正这些失调，恢复并强化健康（但受到抑制）的人格。赖希认为没有比通过性高潮获得人格的生物核心更好的方法了；因此，他花在自己一直很擅长的抵抗分析上的时间越来越少，而是专注于实现"性潜能"。这个方向一旦建立起来，就可能有一种更健康、更令人满意的与世界相连的模式自动出现；而这种希望很少被临床经验证实。

弗洛伊德和赖希在性格形成理论上的差异最为明显。弗洛伊德认为性格的形成是有机压抑、升华和对原始先天性驱动力的反应形成过程的结果。根据二次转换的程度，一个动态的反抗可以有各种不同的表达方式。例如，在其最原始的时期，肛门性欲表现为对肛门的情欲，除了明显的性含义外，它还表现为对个人外表和清洁的懒散与漠不关心的态度。在肛欲阶段，污垢或排泄物在外观或气味上都还未被视为危险或恶心的东西。然而，随着时间的推移，通过厕所训练和社会化推动的升华、反应—形成等过程，肛门性欲表现为严格的清洁和守时标准，以及勤奋努力、有条不紊、完美主义的工作习惯。收集石头、昆虫、标本和制定清单，多种强迫症或强迫性行为，这些行为可能是适应性的，也可能不是适应性的，这取决于一个人对现实的适应程度（Ferenczi，1914）。类似地，根据弗洛伊德的合作者卡尔·亚伯拉罕的说法，口头上的同类相残倾向可能表现为贪婪和不耐烦，在更为倒退的个体中，表现为对被他人迫害、吞没的偏执的恐惧，在这种恐惧中，他们自己的无意识内容投射到了外部世界。[1]

　　相比之下，在赖希的思想中，性格结构也可能源于肛欲或口欲的挣扎，以及或多或少在明显的行为层面上否定或升华它们的巧妙方法。然而，赖希认为，性格还起到了其他作用，即通过限制情感体验的范围和强度，使个体远离自然健康的生物脉动（biological pulsations），而这种生物脉动往往会建立健康和成熟的心理和人际平衡。由此产生的神经质平衡，就像弗洛伊德提出的对应概念一样都是冲突和妥协的产物，不同的是，被压抑的东西包含许多健康和亲社会的倾向。在赖希看来，性格作为一种约束性变量，不仅是对本能的二次转化的"文明化"影响，而且是一种畸形的结构，其内化使人与真正的人类可能性渐渐疏离（Reich，1932b）。

　　1　有关亚伯拉罕和费伦茨思想的简短但富有启发性的讨论，请参见弗洛姆（Fromm，[1932b]1970a）。

弗洛姆、赖希与客体关系理论

与弗洛伊德和赖希不同，弗洛姆从未投入太多精力和注意力通过文章解读神经症症状学的各种含义和历史层次。然而，和赖希一样，弗洛姆否认恶意的破坏性——与理性仇恨或被动仇恨相反——是人类的本能，并在其他文化和史前史中寻找证据证实他的信念。在临床上，弗洛姆（和霍妮）与赖希相似，都强调重新发现和强化在错误或过度社会化下隐藏的真实自我，而不是对症状本身的分析。他们也同赖希一样，关注与患者健康活跃的核心建立且保持联系，并在它出现问题前加强和巩固它（Thompson，1950，p.210）。然而，即使在他完全停止使用口头解释之后，赖希仍认为患者的核心和对自我的疏离从根本上根植于驱力和抵抗的身体过程。尽管弗洛姆并不否认生物僵化或身体功能异化的重要性，但他很快抛弃了动机和性格发展的驱力减弱理论，认为对关系的需要高于对组织需求的满足。

弗洛姆临床方向的发展表明了某种内在逻辑，这种逻辑可以根据20世纪30年代弗洛伊德–马克思主义界的争论进行最佳重构。然而，从这一时期弗洛伊德–马克思主义文献中看不出临床理论和社会心理学之间有明确的界限。事实上，它们与这类文献紧密交织，即使是在20世纪20年代和30年代弗洛伊德本人的作品中也一样。

赖希强调了压抑生殖在人格扭曲中所起的作用，并指出专制的父权制家庭是为了维护阶级统治而承担此任务的社会化的主要机构。因此，一个必然存在的假设是，不受约束的生殖性行为的广泛扩散以及施虐受虐的扭曲和衍生行为的相应萎缩，将推进广大民众的革命和民主情绪，确保一个社会主义的未来。尽管弗洛姆赞同赖希对家庭的评价，但他在强调自我保存或自我本能高于性冲动方面与赖希有所不同。弗洛姆从来没有表示过自我本能在性格形成中的作用大于性本能，但在两种本能发生冲突时，自我保存优先，因为性欲和性目标几乎可以无限期地推迟、升华或压抑，或者通过幻想获得满足，而不会对实际生存造成任何威胁。相比之下，自我本能需要真实和即时的满足以维持生命，它们可不像性本能那样灵活（Fromm，1932a）。

弗洛姆赞同赖希关于性压抑的有害影响的观点，并警告说，"正常"生殖期的欲望长期得不到满足会加剧虐待狂的倾向，因此从社会学角度来看是不可取的（Fromm，1932a）。但他没有围绕性高潮和弗洛伊德的实际神经症理论，对临床理论做出重新定位。相反，弗洛姆对古典弗洛伊德主义的第一次背离，以及对赖希与分析主流所共有的驱力/防御取向的背离，包含了对客体关系的一些前瞻性的反思。例如，在1932年，弗洛姆表示：

> 弗洛伊德建立了性欲和"性感区"（erogenous zones）之间的密切联系，并假设性欲是通过刺激这些性感区而产生的。在生命的最初阶段，口腔及其相关功能区……是性的中心……然后，从三岁到五岁，生殖区的重要性增加。弗洛伊德将这种生殖期性欲的初露锋芒称为"生殖器阶段"（phallic phase)，因为他认为，对于两性而言，只有阳具（或有过性经验的阴蒂）起作用，并有强烈入侵和破坏的倾向。

然而，弗洛姆还说：

> 区分……性欲吸引和一个人的客体关系很重要。后者是一个人对自己和他人（爱或恨）的态度。
>
> 这些客体关系可以说与性感区有着非常密切的联系。如果考虑到特定的客体关系开始发展是与特定的性感区相关，并且这些关联都并非偶然，这种联系就好理解了。在这一点上，我真的不想提出这样一个问题，即这种联系是否真的像精神分析文献所说的那样紧密；我也不想考虑特定的性感区对应的典型客体关系是否也可以，以及在何种程度上独立于该特定区域而发展。（[1932b]1970a，pp.166-167）

然而，在两年后发表的一篇关于巴霍芬的论文的脚注中，弗洛姆就是这样做的。他在注释中写道：

> 基于性器前期特征结构的类型学与以母系为中心和以父系为中心的类型学之间有着根本的区别。前者表示希望停留在口欲或肛欲水平，基本上拒绝成熟的"生殖期性格"。后者酝酿自占主导的客体关系，并不拒绝生殖期特征。以母系为中心的类型可以是口欲型性格；在这种情况下，此人或多或少是被动、有依赖的，需要他人的帮助。但母系中心型也可以是生殖期性格，即心理成熟、活跃、不神经质也不引人注目。

这里，我们不能进行精神分析范畴的全面讨论……
但我坚信，基于客体关系而不是基于性感区或临床症状
学的类型学，为社会研究提供了成果丰富的可能性……
（[1934]1970a，p.131）

尽管有这样一个大胆的开端，但弗洛姆从未发展过这种天才般的直觉。它只是作为一个孤立的论断，与承诺和深思产生共鸣，但本质上没有实现。虽然这些对客体关系和性感区之间假定联系的深思熟虑没有得出结论，但它们预见了与弗洛姆同时代的苏格兰学者费尔贝恩的理论中心。在 1941 年的一篇关于精神分裂症的著名论文中，费尔贝恩提出，客体关系确实经历了一定程度的独立于其原初躯体固着的自主发展。他表示，在神经症的病因学中，对关联的需求优先于驱力的变迁；这一观点在他著名的论点中得到了精辟的表达，即性欲追求客体，而非追求享乐。与弗洛姆一样，费尔贝恩将追求原始驱动力的满足视为人际关系的严重恶化（Fairbairn，1941；Fromm，1941）。像弗洛姆一样，他这样看待精神病理学：因为在接受、吸收、囊括和拥有"好客体"或精神营养方面存在大量尚未解决的问题，以及由于歇斯底里，表现出对自我奉献、深刻感受等的强烈关注，而这些都只是对真实关系的模仿，其实掩盖了内心深处的疏离感，最终无法与他人保持开放、信任和给予的关系。综上所述，费尔贝恩的最终理论观点是，恐惧症、强迫症、暴露狂和恋母情结本身的动因都代表了对共生融合的退行诱惑和个体团契的渐进解决之间的不同妥协形式（Fairbairn，1951）；这一立场实质上与弗洛姆在 1938 年之后对临床精

神病理学的观点相差无几。

回想起来，弗洛姆和费尔贝恩之间的相似之处似乎很明显，但和哈利·冈特里普（Harry Guntrip）相比就不那么明显了。尽管冈特里普赞扬弗洛姆和霍妮因认识到驱力理论站不住脚而放弃了它，但他也谴责他们对内心结构的认识毫无贡献，以及对在英国发展显然缺乏兴趣（Guntrip，1961，chap.8）。和费尔贝恩一样，冈特里普试图从驱力理论中解开弗洛伊德和克莱因的客体关系理论，认为驱力理论在临床上是多余的（1961）。但冈特里普也谈到了在语言中恢复自我关联的能力，这让人猛然想起弗洛姆所谓的"核心到核心的关联"（1968）。[1]

如果冈特里普的老师费尔贝恩对美国精神分析学感兴趣的话，冈特里普对弗洛姆和霍妮的批评可能会更平衡。然而，事实上，弗洛姆和费尔贝恩都是在相对孤立的环境下工作的，而弗洛姆只在1975年接受德国电台采访时（1986，p.82）勉强承认了他与那家英国中学之间的深厚关系。除了竞争、狭隘或纯粹的冷漠的可能性——这在精神分析史上永远无法避免——两人在思想和风格上存在着明显差异，这或许可以解释为什么除了大卫·谢克特（David Schechter，1973）之外，没有人评论过他们俩在临床方向惊人的相似性。

他们之间有一个明显的区别，费尔贝恩继梅兰妮·克莱因之后，从无意识幻想的角度探索了强迫症、癔症、精神分裂症和恐惧症症状

1　例如，费尔贝恩对退化到共生融合诱惑的强调相对较晚，这使得他的客体关系理论与梅勒妮·克莱因的不同。克莱因的作品虽然充满了关于乳房和母体意象幻想的猜测，但受到弗洛伊德死亡本能概念的影响。讽刺的是，制定这一概念原本是为了避免首先假设一种与母亲共生融合的原初退行冲动的必要性。有关这一点的更多信息，请参见第八章。

的特征冲突，以及这些特征如何塑造了我们的感觉、恐惧、期望以及我们对人和事件（有意识和无意识）的体验。虽然无意识幻想的概念已经隐含在弗洛伊德的移情概念中，但当自我心理学在美国占据中心舞台时，它还只是一个边缘问题。英国人给这一领域的分析调查带来了改进的机会，但弗洛姆发现很难接受这种方式。伯纳德·兰迪斯指出，在一次关于无意识幻想的谈话中，弗洛姆强烈反对分裂的概念，即内化的客体与患者话语的"临床现象学"是相抵触的（个人通信，1988 年 11 月）。（弗洛姆从未与精神病患者工作过。）道格拉斯·卡迈克尔（Douglas Carmichael）用稍有不同的方式强调了弗洛姆和费尔贝恩在技术问题上的重大差异，费尔贝恩是古典风格（Guntrip，1975），而弗洛姆则比较积极且富有同理心（个人通信，1983 年 5 月）。

因此，出于一些无需说明的原因，我对将弗洛姆在后弗洛伊德主义方面的努力描述为客体关系理论的体现感到犹豫。但是，尽管重点和术语发生了变化，弗洛姆早期的客体关系取向和后来的临床表述在内核上有着惊人的连续性。例如，在《人心及其善恶本性》（The Heart of Man，1964）中，当弗洛姆发现，对于弗洛伊德及其追随者来说，病理的程度或严重性取决于进入生殖期的过程和特征在时间（或顺序）上有多接近，他就恢复了一系列早期的思路。弗洛姆指出，按照这种推理方式，阳具的暴露癖和侵入性反而没有口欲期固结那么病态。然而，弗洛姆坚持认为，早期的、前矛盾期的口欲取向的特点是对世界更加开放和信任，施虐较少。因此，弗洛姆表示：

　　　　这个问题不能通过早期的取向是更病态的取向的根

　　源这种进化的假设来解决。在我看来，每个取向本身都有
　　不同程度的退化，从正常的到最古老的……因此，我建议
　　不要根据性欲发展水平的区别来确定病理学，而是根据
　　每个取向的退化程度来确定病理学……（Fromm，1964，
　　pp.112-113）

　　换句话说，在 1964 年，弗洛姆似乎还勉强承认弗洛伊德所描述的个体发育顺序基本上是正确的，在这个框架内进行适当的修改还是有可能产生一个可行的诊断系统的。然而在 1966 年，在与理查德·埃文斯的对话中，弗洛姆又怀疑是否存在个体发育序列（Evans，1966）。我们无法确定弗洛姆是否意识到了这种模糊性，如果是的话，他对这种模糊性的重视程度如何。然而，无可争议的是，弗洛姆在作品中强调的巨大负担表明，弗洛伊德所描述的各种性欲立场并不是普遍的个体发育后遗症，而只是满足我们（身体和情感）需求的不同方式或策略，具有与世界相关联的特征模式（Fromm，1947，chap.3；Fromm and Maccoby，1970，pp.11-16）。费尔贝恩从根本上也相信是如此。

　　最后，弗洛姆关于性格结构的想法和费尔贝恩的无意识幻想概念是高度一致的，尽管在发展脉络上有所不同。弗洛姆的性格结构思想虽然是由他早期对客体关系的思考所得，但主要还是受到了弗洛伊德和赖希的影响，并在存在主义人文主义的精神下得到了修正。费尔贝恩和他的同事在克莱因身边工作，他们对缺陷超我或惩罚性超我中的原始融合的概念，以及"分裂"的作用印象更深刻。然而，事实仍

然是，性格结构和无意识幻想表面上都导致了不同的同化和社会化模式，以及不同的希望、恐惧和期望，这些都塑造了深深植根于无意识的行为。

　　然后，费尔贝恩和弗洛姆一样，开始将他所描述的各种综合征和过程视为关联性问题的解决方案，而不是跟随表现遗传预先设置好的成熟理性路线，该路线在展开过程的某个点上"卡住"（对比Fairbairn，1946；Fromm and Maccoby，1970，chap.4）。和弗洛姆一样，他认为的性格系统比弗洛伊德认为的更开放，在青少年时期，甚至在整个人生中，随着条件的改善或恶化，性格都会发生变化。和弗洛姆一样，他强烈反对将伦理或哲学问题简化为被压抑的婴儿性行为或被压抑的致病性冲突的核心的附带现象（Fairbairn，1956）。

　　但分歧依然存在。尽管费尔贝恩反对弗洛伊德对哲学和伦理学的探索，但他很少提及宗教、哲学或历史观念。与弗洛姆不同的是，费尔贝恩只为临床医生而写。无论是在风格上还是在实质上，他对古典理论的修正都代表了一种内在的批判，其连续的阶段和基本原理都被用心地记录了下来，并且还带有保持精神分析和自然科学之间的联系的意图。它们的这个联系由弗洛伊德打造，赖希试图向另一个方向深化，但大部分是徒劳。相比之下，弗洛姆对自然科学没有任何喜好，他所有的出版作品都自由地涉猎了哲学和社会科学，尽管像他之前的赖希和费尔贝恩一样，他认为自己也在追随弗洛伊德的脚步。

　　弗洛姆和费尔贝恩之间的任何对话都会因为他们对马克思不可调和的态度而没法进行下去。费尔贝恩自己也承认，经济条件在塑造社会心理方面的作用意义不大。从马克思主义的观点来看，他重视的是一种朴素和物化的家庭概念，将家庭视为一个跨历史的常量，而不是一个由阶级分化和不断变化的物质条件塑造的实体（Fairbairn，1935）。他的家庭观念非常保守，但又和历史没什么关系。

相比之下，弗洛姆在放弃力比多理论很久之后，将家庭视为社会化的一个中介，能对当前经济环境不断变化的要求做出敏锐的反应。在这一重要方面，他后期的工作与他早期的想法完全一致。然而，由于弗洛姆放弃了力比多理论，他认为性压抑作为当代生活中社会控制的工具的意义越来越小。例如，在《弗洛伊德思想的伟大与局限》中，有一处提到了赖希：

> 他认为对性的抑制会创造出反革命的性格，而性自由会创造出革命性的性格……当然，正如后来的事态发展所示，赖希完全错了。这种性解放在很大程度上是日益增长的消费主义的一部分……毕竟，它是所有消费中最简单、最便宜的。赖希被误导了，因为在他那个时代，保守派有严格的性道德，他由此得出结论，性解放将导致一种反保守的革命的态度。历史发展表明，性解放有助于消费主义的发展，并显示了有什么削弱了政治激进主义。可惜，赖希对马克思知之甚少，也不了解，可以说他是个"性无政府主义者"。（Fromm，1980，p.135）

这是弗洛姆最轻率、最具争议的地方。这段话显然有双重目的：掩盖他曾经在这方面（有资格）与赖希一样抱有希望的事实，并成为一段有争议的关系的最终表达，在这段关系中，他失去了同志关系或者说真正的合作关系。更糟的是，性解放在促进消费主义的同时也削弱了政治激进主义的说法，让人不禁想起了赖希曾经受到诋毁的言论。此外，弗洛姆觉得，赖希会全心全意支持 20 世纪 60 年代和 70 年代的所谓性革命，认为性解放本质上是消费主义和反革命的，这是一种荒谬的捏造、半真半假和错误的归因。尽管如此，联系到赖希后期投入与弗洛伊德-马克思主义相去甚远的生物神秘主义的探索之旅，就更容易理解弗洛姆为什么说赖希不理解马克思。在弗洛姆的作品中，马克思的持续性影响更为明显。弗洛姆早期的共同力比多结构概念——他后来称之为社会性格的前身——是以自我保护的驱动力为前提的，其对满足的压倒性要求取决于工作领域及其变迁，并间接取决于马克思所称的普遍的"生产方式"及其伴随的社会关系（Fromm，1932a）。弗洛姆对本能的使命感注定不会持续下去，但他继续将家庭视为满足社会适应客观要求的中介。

弗洛姆关于性格和本能的思想在 20 世纪 40 年代发生了变化。他指出，作为一般规则，动物物种的大脑皮层发育与其对周围环境的本能适应程度成反比；人类拥有的大脑皮层较发达，所以可能因此这方面的本能硬件较少。这并不意味着先天倾向不影响个体发展。事实上，弗洛姆认为，我们生来就有一种先天的气质（temperament），这种气质对我们的整体人格有着切实的贡献，并且或多或少是固定不变的。相比之下，性格是经验和环境的产物，而不是遗传的禀赋。人格是气质和性格的综合（Fromm，1947，chap.3）。

尽管弗洛姆承认各种气质理论是有用的［例如希波克拉底、荣格、恩斯特·克雷奇默（Ernst Kretschmer）和威廉·谢尔顿（William Sheldon）的理论］，但他的临床兴趣集中在性格上，性格是可以改变的。弗洛姆认为，性格可以从两个维度来理解，即同化模式和关联或社会化模式。前者是指我们关注身体需求的特有方式，后者是指我们与他人相处的方式。尽管弗洛姆倾向于将同化和社会化模式看作离散的实体，但稍作反思就会发现它们并非如此。在相互依赖程度日益上升的生产、分配和交换系统中，从婴儿早期到成年生活，人际关系调节了生物需求满足的方式，这表明同化和社会化之间的界限尽管在理论上是成立的，但在实践中是不稳定的，皮亚杰认知理论中类似的同化和适应过程就是这样（Gruber and Voneche，1977，preface）。

弗洛姆认为，在没有预设对环境的本能取向的情况下，性格使我们能够对环境突发事件和人际关系状况做出反应，而不必进行反思，并且无需通过复杂的审议、评估等过程来调节我们的活动。如果仅仅是因为这个原因，那么性格的真正根源是深深的无意识的，而且很难改变。虽然弗洛姆直到1964年才讨论社会化模式，但他早在1947年就阐述了同化模式，列举了他所称的接受、剥削、囤积和市场取向等各种积极和消极的表现。前三个对应于弗洛伊德性心理纲要中的口欲接受、口欲攻击和肛欲阶段。相比之下，市场性格在弗洛伊德的思想中没有相似的概念，在我们的身体结构中也没有固定的性感区。它应该得到比目前更多的关注，在第五章我们会进行仔细的讨论。

弗洛姆关于破坏性和共生性的概念

除了对性格取向或同化模式的分析外，《为自己的人》（*Man for*

Himself)（Fromm，1947）还对攻击性和破坏性的发病机制进行了深入的分析。该分析可以追溯到1939年的一篇论文，其中弗洛姆与弗洛伊德的分歧已经十分明显。在《自私与自爱》一书中，弗洛姆区分了被动的或理性的仇恨和性格条件下的仇恨：前者是对（真实或想象的）生活威胁的生物条件性反应，后者是一种持久的品质，而不是对有害刺激的短暂反应。弗洛姆指责了弗洛伊德基于本能的假设，即认为破坏性是一种（或多或少）固定的本能能量，这种能量在生物体内不断运作，就像力比多一样，要么对内要么对外。与之相反，弗洛姆坚持认为，病态仇恨的恶意和强度因人而异，也因文化而异，因此不是固定不变的。自我仇恨和对他人的仇恨不是相互的替代品，而是一直相伴而行的（同上，chap.4，sec.5）。此外，他还声称，与"理性仇恨"相反，破坏性本身代表着人类心理的第二种潜力，只有在生长和发展的主要潜力被不利的环境条件破坏后才会显现出来。用他自己的话来说：

> 破坏性的程度与人施展能力时受阻的程度成正比。我这里指的不是这个或那个欲望偶尔受到的挫折，而是人类感官、情感、身体和智力能力……的自发表达受阻。如果生命成长、生存的倾向受到阻碍，那么被阻止的能量将经历一个变化过程，转化为破坏生命的能量。破坏性是由"未实现的人生"（unlived life）而产生的。那些限制生命进一步发展能量的个人和社会条件产生了破坏性，而破坏性又是各种邪恶表现产生的根源。（同上，p.218）

1955 年，弗洛姆对破坏性采取了一种稍有不同的方法，这预示着他的哲学人类学的出现。当时他倾向于将破坏性描述为：一个残废、扭曲的人对"被抛感"（Geworfenheit）这个存在问题和人生的意外、偶然性的反应。弗洛姆说：

> 人在没有经过他同意也没有意愿的情况下被扔到这个自己一无所知的世界上，又在没经过他同意或没有意愿的情况下，再次从这个世界上被移除。在这方面，他与动物、植物或无机物没有什么不同。但由于被赋予了理性和想象力，他不能满足于做一个被动的生物，不能满足于做杯子里被掷的骰子。在这种驱使下，他要成为一个"创造者"，超越生物性、存在的偶然性和被动性。
>
> 人可以创造生命。这是一种神奇的品质，他与众生都有。但不同的是，只有他自己意识到被创造和成为创造者这回事。在创造的过程中，人超越了作为一个生物的自己，超越了存在的被动性和偶然性，进入了目的性和自由的国度。
>
> 要创造就要活动和关心，它预设创造者会爱自己的创造。如果人不能创造，如果人不能爱，那么他如何解决超越自己的问题呢？对于这种超越的需要还有另一个答案：虽然我不能创造生命，但我可以摧毁它。摧毁生命也能让我实现超越。事实上，能够毁灭生命和创造生命一样是神奇的事情，因为生命本身就是奇迹，是无法解释的。在毁灭

的行为中，人类将自己置于生命之上；他超越了自己的生物性。因此，由于要超越自己，人类的最终选择，是创造或毁灭，是爱或恨……创造与毁灭，爱与恨，不是两种独立存在的本能。它们都是对同样的超越需求的回答，当创造的意志无法满足时，毁灭的意志必然增强。然而，满足创造的需求会带来幸福；而毁灭，会给毁灭者自己带来最大的痛苦。（Fromm，1955b，pp.41-42）

这是对破坏性的另一种解释，不是反驳，而是一个补充。"弗洛姆派"（Frommian）认为这个观点的独特之处不是在别处有大量先例的思想本身，而是它们出现在所谓的精神分析疗法中。邪恶作为消极的超越，作为对无法爱、无法关心、无法创造，或者仅仅是宣称自己的存在、无法被倾听和欣赏所造成的无能和孤立的补偿，是戏剧和文学的主题词，用来诠释莎士比亚的《理查三世》、弥尔顿的《失乐园》、玛丽·雪莱的《弗兰肯斯坦》和歌德的《浮士德》等作品中"人性化"的恶棍和弃儿。事实上，精神分析思想的所有矛盾，如力比多的进化与退化之间的冲突，生与死的驱力之间的冲突，意识逐渐从无意识本能生命领域中出现，对恢复被非理性权威和习俗所埋葬或扭曲的"真实自我"的追寻——与十九世纪关于意识、个性和个人命运的文学和哲学思考相呼应（Burston，1989）。这可能就是为什么弗洛伊德和荣格在文学中发现了那么多证明临床推测的生动实例，以及为什么他们在介绍自己的理论时能非常巧妙地运用文学技巧。他们的思想，用本能和原型的语言表达出来，又由弗洛姆加入了更开放的文学性和哲学性，这显然让艾布拉姆·卡迪纳感到恼火（Kardiner，1961）。

无论如何，病理上的破坏性只是弗洛姆提出与弗洛伊德的假设相冲突的一个领域。例如，《健全的社会》（Fromm，1955b）也因其在临床精神病理学中对前俄狄浦斯动力学的讨论及其与历史和社会心理现象的联系而引人注目。书的前几章从乱伦共生或性器前期对母亲的依恋引出集体精神病理学（例如部落主义、民族主义、"偶像崇拜"），这部分内容更多地来自荣格和兰克，而不是弗洛伊德（例如Jung，1913、1935、1943），尽管书里只提到了巴霍芬。毕竟，在《逃避自由》出版之前，弗洛姆就已经熟悉了他们（例如，Fromm，1935b）。但是，尽管弗洛姆努力掩饰或有意无意地尽量减少他与荣格的相似性，我还是怀疑他那些更正统的同僚们闻到了异端邪说的味道，于是把他开除了。弗洛姆的临床想法越是被加到（或嵌入）社会、政治和哲学问题的讨论中，他这个外行的名声就越大。

弗洛姆与荣格

除了对个人和群体自恋的一些思考（Fromm，1964，chap.3），从这时起，弗洛姆作为临床理论家关注的两个焦点依然是破坏性和乱伦（或共生）的固恋。《人心及其善恶本性》加深并扩展了弗洛姆对这些主题的思考。弗洛姆在《健全的社会》（1955b）和《爱的艺术》（1956a）中，都断言人的生存会出现问题，各种各样的精神病或多或少代表了对这个问题的失败应对。弗洛姆认为，由于我们缺乏对周围环境的适应本能，所以我们要与他人交流，从而减轻毁灭性的孤立感和无助感。这种孤独感和无助感如果得不到缓解，就会导致疯狂；

这是弗洛姆一次又一次谈到的主题（例如，1960d；1962，chap.12；1968，p.95）。

然而，如果孤独是一个问题，那么我们如何克服它就成了关键问题。根据弗洛姆的估计，个人设计的各种解决方案实际上可以分解为两种基本选择，弗洛姆在《健全的社会》中概述了这两种选择，并在《人心及其善恶本性》中进行了更详细的讨论。它们是倒退式和渐进式的解决方案。在倒退式的解决方案中，陷入偶像崇拜的个体无法发展她或他作为人的爱和理性的力量，因此，与另一个人的核心对核心的关系间接构成了逃避孤独的最长久的避难所。相反，渐进式的解决方案是基于不断寻求与人类和自然的交流，通过发展人的爱和理性的力量，克服自恋和共生的努力，这些努力是我们对"偶像"的依恋，阻碍我们作为人的发展。

弗洛姆并不是第一个将现实的注意力放在退化、共生和"进步精神"取向之间的对比上的人。

早在1913年，在《转化的象征》（*Symbols of Transformation*）一书中，荣格显然就已倾向巴霍芬的酒神/日神二分法，区分了力比多的倒退和渐进的部署，只是这是一种去性别化、一元论的力比多，弗洛姆本人也赞同（Fromm，1964，p.100n）。然而，在这一点上，弗洛姆和荣格有几个不同的特征。荣格在其心理类型理论（Jung，1935）中强调了与外部现实的特定关联模式，但交流和人际维度在其思想中所起的作用尚不清楚。例如，在自己的回忆录所附的《向死者的七次布道》（Seven Sermons to the Dead）中，荣格采纳了诺斯替教的巴西里德斯（Basilides）的权威声音，将所有形式的宗教团体或社区解释为对真实个性的逃离；充其量是一种必要的邪恶（Jung，1963，pp.386-388）。与荣格相反，弗洛姆将个性化视为建立真正关联的先决条件，他在自由犹太研究所的前同事马丁·布伯也是如此（Buber，1965，chap.2）。[1]

最后，对于荣格来说，性欲的倒退方向或内向性并不一定是一种病理现象。荣格认为，通过将更深层次的无意识幻想纳入主流，内向会延伸到自我之下的"集体领域"，并挖掘通用符号的系谱遗传，即"集体无意识"，在疯狂或精神重生中出现（Jung，1943）。尽管弗洛姆并不反对通用符号的存在，但他更强调塑造性格和无意识的现时的社会和文化决定因素，这在他社会性格和"社会无意识"的理论中得到了证明（Fromm，1962，chap.9）。这使他的思想有了更大程度的历史特殊性。因此，无论它有什么缺点，它都不会陷入荣格的神秘蒙昧主义（同上，p.114）。

然而，重要的相似之处仍然存在。与荣格一样，弗洛姆认为治疗的目的不仅仅是减轻症状。分析疗法最初是为了减轻目标症状（例如恐惧症、强迫症、转换症状和精神性阳痿）和解除对父母的固恋。但弗洛姆认为，它的最终目标在于恢复和逐步消除经验模式，而这种模式通常被社会控制所禁止（Fromm，1960d）。这些模式包括认知和情感功能以往的和更复杂的分化维度，而不是通常观念可以接受的维度。要达到这些新的经验层次，不仅仅要拆除一个纯粹个人或内在的

1　正如艾伦伯格指出的（Ellenberger，1970，p.732），荣格在这个问题上与一位亲密的弟子瑞士精神病学家汉斯·特鲁布（Hans Trub）决裂，因为特鲁布对心理治疗的观点越来越受到布伯的哲学人类学的影响。

基于性和攻击性的精神审查机制，还要解构选择性地屏蔽心理活动的"更高"和"更低"维度的"社会过滤器"。只有当我们穿透戴着传统有色眼镜看现实的社会化的自我，才能体验到我们的普遍或共同的人性，它涵盖了全部的人类体验，从最古老和堕落的激情到最崇高和伟大的情感。在学会认识自己内心的罪人和圣人、疯子和孩子、杀人犯和受害者的过程中，人们获得了与整个人类物种的更深层次的团结感，产生了一种精神或存在的重生（Fromm，1960d）。他将无意识看作被个人审查制度扭曲的、压抑的致病物质的总和，还认为分析有超越性的功能，作为通向普遍人性的桥梁。这种倾向非常像荣格，尽管是在强调关系必要性的存在主义或激进人道主义的背景下提出的。

弗洛姆的恋尸癖理论

1961 年后的某个时候，弗洛姆用"生长和衰退综合征"重新阐述了他所称的人类生存的渐进式和倒退式解决方案，并将恋生欲和恋尸癖的概念引入了他的临床词汇表（Fromm，1964）。尽管弗洛姆对这些概念给予了相当的重视，但这些概念与其说是一种真正的概念创新，不如说是一种术语或强调的变化，而这种变化对他来说具有重要的主观功能。更重要的是，弗洛姆把这种表面上对思想的深化和澄清看作对弗洛伊德的回归。因为尽管弗洛姆坚决反对直觉主义，但他晚年的思想在求生和促死的力量之间变得两极分化，在许多方面与弗洛伊德相似。

然而，在介绍恋尸癖的概念时，弗洛姆不得不详细说明并重新思考他早期对破坏性起源的一些见解。其结论从几个角度来看都很有趣。一方面，这些结论敦促我们引入丰富、具有启发性和直观说服力的新思想，对病理性攻击的不同形式和来源进行区分；另一方面，从逻辑和方法论的角度来看，它们是很有问题的。

在《为自己的人》（*Man for Himself*, 1947）一书中，弗洛姆区分了理性的攻击和破坏性，前者是为生命服务的，是生物学上的条件，后者是"未实现的人生"的结果，是对成长和发展的主要努力的扭曲和压制。同样，在《健全的社会》（1955b）中，弗洛姆将破坏性视为一种消极超越的模式，与克服我们的生物性、人生的偶然性和意外性的需求相联系，这与动物的生存不同，因为我们能敏锐地意识到这一事实。

然而，《人心及其善恶本性》（1964）对弗洛姆的概念范畴进行了微妙的重新排序。弗洛姆不再仅仅把理性（或适应性）的攻击性与破坏性对立起来，而是推测攻击性有几种来源，它们都在不同程度上为生命服务，包括反应性/防御性攻击，由挫折、羡慕或嫉妒引起的攻击，报复性暴力，补偿性暴力，古老的嗜血症，其根植于一种强烈的欲望，即要回归到个体化之前、与自然共生的结合状态。因此，超越人的生物性的需求，以及因其受挫而产生的扭曲的激情，不再被解释为破坏性的主要来源，而是被归入补偿性暴力，并与一个新的类别——恋尸癖——形成对比。对于这个明显（且可能影响深远）的重点转移，弗洛姆没有给出解释。

根据弗洛姆的说法，各种形式的"良性入侵"，特别是虐待狂和杀戮狂，默默地潜入了恋尸癖领域。但恋尸的人的真正特征是对生命怀有根深蒂固的漠视或敌视，而对所有死亡和机械的事物有巨大的热情。这种斗争可能表现为公开的性变态（这是罕见的），或者表现为更为普遍和符合社会传统的方式，如官僚主义倾向将人物化——这一倾向是西方工业社会"进步"的特征，并在纳粹集中营中达到了可怕的顶峰。此外，弗洛姆现在认为，恋尸倾向通常与强烈的自恋和共生倒退（乱伦）倾向有关，这共同形成了他所称的"退化综合征"。

如果弗洛姆就此罢休，也许我们会认为，十年前他所接受的作为恶性攻击主要来源的消极超越的概念，现在已经被一种更具洞察力的框架所取代。毕竟，弗洛姆对退化综合征的新描述——对死亡、衰败和新技术的深层的自恋病态迷恋的汇合——与我们所知道的法西斯主义历史和心理学完全一致。莫德里斯·埃克斯坦（Modris Eksteins）的新书《春之祭》（*The Rites of Spring*，1989）从文化历史学家的角度探讨了法西斯主义的心理，充分证实了弗洛姆的基本直觉。但在1973年，弗洛姆提出了另一套分类和解释性假设，只是敷衍地道歉，没有解释导致这些最新变化的讨论。"恶意攻击"以前等同于恋尸癖，现在包括以前被称为"良性"的攻击形式（如报复性攻击、虐待狂），未被满足的创造的需求（也就是说，和消极超越一样不好），陷入了一种概念上的边缘。

还有更多。在《人心及其善恶本性》（1964）、《人的破坏性剖析》（1973）、《弗洛伊德思想的伟大与局限》（1980）中，弗洛姆为他的恋尸癖理论增加了一个新的维度，这与恶性攻击——与之相对的是适应性或良性攻击——是人类所独有的非本能现象这一前提明显不一致。在这里，弗洛姆推测，肛欲动力（强化形式导致恋尸癖）是建立在一种要重新退化到远古人、四足状态的基础之上，是一种被描述为"肛门—嗅觉—厌恶"的心态，与进化中的"生殖器—视觉—爱"取向特征形成鲜明对比。弗洛姆在酝酿回归到早期种族阶段的可能性时，他似乎想起了弗洛伊德的机体性压抑的概念，援引了肛欲性、虐待狂和嗜粪的本能之间的明显联系。弗洛伊德在 1897 年 11 月写给弗里斯的一封信中说："我经常怀疑某种有机的东西在压抑中起了作用……（这个概念与嗅觉的角色改变有关：直立行走后，鼻子从地面上抬起来，同时，附着在地上的一些以前有趣的感觉变得令人排斥——不过这个过程我还不清楚。）"（Masson，1985，p.279）同样，弗洛姆表示：

> 如果你想思考一个生物学的推测，你可能会把肛门性欲与嗅觉定向是所有四足哺乳动物的特征联系起来。而直立的姿势意味着嗅觉定向转变为视觉定向。以前的嗅脑功能也会产生相应的同方向的变化。鉴于此，人们可能会认为肛门性格构成生物发展的退化阶段，甚至有可能存在天生的基因的基础。婴儿的肛门性欲可以被认为是在向完全发育的人类功能过渡的过程中，生物学早期阶段的进化重复。（Fromm，1980，p.124）

但即使人类的虐待狂、嗜粪癖和肛门性格之间存在临床相关性，从进化的角度来看，虐待狂和嗅觉之间的联系似乎是对许多灵长类动物和四足哺乳动物的无端污蔑，它们广泛依赖嗅觉生存，但其典型的物种行为使人的相对社会性蒙羞。此外，它从根本上与弗洛姆在其他地方引用的观点不一致，即压迫的根源主要来自社会，可追溯到对孤立的恐惧（Fromm，1935，1962；Fromm and Maccoby，1970）。

由于缺乏内在的一致性，弗洛姆恋尸癖的概念虽然有时在直觉上和描述上相当令人信服，但却无法满足真正科学理论的最基本要求。这并不意味着弗洛姆对弗洛伊德的批判必然不可靠，它的好坏取决于它自身的价值。这并不意味着不存在被生命中的恐惧、厌恶以及对腐烂、死亡或机械的相应吸引力所折磨的人，也不意味着他们对生活的反常态度与强烈的自恋和共生病理无关，或这种态度没有流行到得到一个特殊的诊断标签——在这种情况下，"恋尸癖"就是一个和其他术语一样正常的术语。然而它确实意味着，弗洛姆所谓的对弗洛伊德生物先天破坏性理论的替代是非常矛盾的，因此不是真正的替代。[1] 现实地说，这里没有理论，我们仍然需要以一种更有说服力的方式来解释弗洛姆所描述的现象，而不是再次陷入对恶意破坏的本能主义解释（这是弗洛姆想要避免的）。

内心认同与忠诚的反对者

鉴于弗洛姆的恋尸癖概念在理论上存在问题，于是产生了一个问题，为什么一个花费了如此大段职业生涯来驳斥死亡本能的人——而且总体而言，他还做得挺有效——突然间破坏了他的论点的前提。在

1　在 1984 年 6 月 14 日写给我的一封信中，弗洛姆的崇拜者阿什利·蒙塔古表达了类似的担忧。尽管赞同弗洛姆的中心论点，即恶意破坏是一种特殊的人类现象，随着文明的发展，这种现象一般会增加而不是减少，但他还是发现《人的破坏性剖析》缺乏"对洛伦兹和阿德里要求动物世界证据的非常必要的批评"，这意味着弗洛姆未能从行为学的角度为他的理论提出真正令人信服的理由。

对弗洛姆的思想和感情缺乏详细了解的情况下，我们只能推测。弗洛姆晚期对心理生物学的探索非常具有启发性，可能对人类有相当大的启示。

像 20 世纪五六十年代许多处理社会和心理问题的作家一样，弗洛姆拒绝接受心理学家作为自然科学家的立场，而是支持其作为社会科学家或存在主义哲学家的立场。这一做法使弗洛姆在他的作品中引入了两个他与荣格和兰克共有的主题，即当前（相对于婴儿期）冲突的作用及其伦理含义，更加强调治疗师的个性和反移情，以及心理上综合的、自我实现的维度，例如在宗教象征中表达的。

然而，在同一时期，弗洛姆还建议处理棘手症状的实习人员放弃对性格分析的普遍重视，去实施弗洛伊德疗法的"经典技巧"，该疗法可追溯到 1915—1917 年（Wolstein，1981）。弗洛姆所说的"经典技巧"，可能是指弗洛伊德历史案例中所体现的方法，这些方法通过梦和自由联想来解释各种个体症状的含义和根源，但很少注意性格阻抗或健康的防御机制。讽刺的是，这种技术方法是在本能和遗传假设的理论框架内演变而来的，这与弗洛姆从宗教、哲学和社会学背景中融入进来的观点大相径庭。弗洛姆似乎一直在无意识地试图调和一些有深刻矛盾的想法和投入。正是在这时——就在 1960 年之后，他提出了恋尸癖理论。

由于弗洛姆、荣格和兰克之间有明显的相似性，这威胁到弗洛姆作为弗洛伊德的"学生和译者"的身份，"回归弗洛伊德"的想法一定吸引了这位上了年纪的弗洛伊德-马克思主义者，使他能够重申自己的核心身份，并以批判的、有条不紊的但却富有同情心的方式履行自己的承诺，赞美弗洛伊德的才华。弗洛姆和赫伯特·马尔库塞（Herbert Marcuse）之间的激烈争论（Marcuse，1955，1956；Fromm，1956，1970a）可能促使了弗洛姆更仔细地重新考虑死亡本能。这时他没有直接拒绝这个观点，而是认为这个观点虽有缺陷，却是超越弗洛伊德在其早期探索中所阐述的机械唯物主义的重要一步。他从思辨进化的角度推导出的肛门性欲和恋尸癖可能也证明了一种令人不安的感觉，即弗洛伊德终究是对某些事情有所了解的。

无论如何，弗洛姆迟来的生物逻辑和他忠诚于弗洛伊德的声明表明，他希望作为"精神分析兄弟会"的忠实成员被铭记（亦将自己视为此组织成员），哪怕只是忠实的反对者。弗洛姆的朋友兼同事大卫·里斯曼对这种解释表示怀疑（个人通信，1985 年 7 月 9 日）。里斯曼注意到一些情况，包括弗洛姆曾尖锐地批评埃里克森为了被主流接受而坚持弗洛伊德的个体发生图式，因此他推断弗洛姆太骄傲了，不会希望通过成为分析圈的一员来获得集体认同。作为证明，里斯曼引用了弗洛姆对"作为革命思想家，作为将军，作为流亡者"的托洛茨基的持久钦佩。

除了合理地解释弗洛姆的意识态度外，里斯曼对于弗洛姆对托洛茨基的感情的观察，照亮了他内心身份感的各个方面，这些方面从未被批判性地分析过。托洛茨基将自己视为——也被许多人视为——真正马克思主义的代表。托洛茨基在 20 世纪 20 年代和 30 年代的噩梦中传播真理，在流亡中发挥了历史作用。考虑到弗洛姆确实钦佩并认同托洛茨基的可能性，我们似乎有理由认为，与托洛茨基一样，他实际上接受了自己持不同政见者的身份，对自己广泛的历史职能有着崇高的认知。事实上，有证据证明这一点。弗洛姆在写作时常常认为，他那公认的修正主义精神分析理论保留了弗洛伊德体系的精髓，但清除了阻碍新科学自由发展的偶然性和历史条件造成的特点，如弗洛伊德的性别偏见和机械唯物主义（Fromm，1970a）。

弗洛姆的态度与我们对其他弗洛伊德-马克思主义者的了解是一致的。虽然他们与弗洛伊德有很大的不同——在我们与生俱来的社会性、病理破坏性的性质和起源、社会和经济条件的作用等方面——他们个人身份的一个核心部分是反复验证他们对弗洛伊德的虔诚，从而表达他们对弗洛伊德的忠诚和感激。例如，1934 年弗洛伊德将威廉·赖希从国际精神分析协会开除时，他就被压垮了，但这并没有阻止他将弗洛伊德发现的核心发展为最终的逻辑结论。

从过去的表现来看，弗洛伊德-马克思主义者并不渴望被精神分析主流接受。他们视自己为忠诚的反对派。但他们也认为不加批判地接受弗洛伊德是一种不忠，等同于实质的背叛。他们忠诚于他们所认为的弗洛伊德的本质，这种忠诚感在面对没有同情心的观众或嘲笑的人群时提供了安慰、道德正直感和内在力量。如果他们不被接受、得不到广泛的认可，那么他们的认同就是被坚决地孤立，或给殉道者（像赖希的例子）的一份苦乐参半的慰藉。

然而，弗洛伊德-马克思主义者很少表现出团结的意识。每个人都自诩为信仰的真正捍卫者，并试图将那些观点与自己不同的人逐出。他们的门徒和阐释者登上相同的平台，进行类似的谴责，有力地延续了旧的分裂。在这一悲伤、滑稽、令人略带反感的场面中，弗洛姆比这块难对付的飞地的任何其他成员都更容易受到攻击。除了他与马尔库塞的论战（以其又长又难著称）以及他死后出版的对威廉·赖希的反驳（与赖希最初的发难一样狭隘和令人困惑）之外，弗洛姆很少在个人层面上回应他所受到的诸多侮辱。总的来说，我相信，弗洛姆比其他许多弗洛伊德－马克思主义者对他兄弟般的对手表现出更多的仁慈、宽容和良好的判断力。与他们中的许多喜欢模仿正统的人不同，弗洛姆从不以贬损的态度提及阿德勒、荣格和兰克的名字及思想，就像他们一直很疏远。他还一直把弗洛伊德放在一个完全不同的、更高的范畴里。

鉴于他开始是弗洛伊德－马克思主义者，中年时又抛弃了弗洛伊德本能理论，晚年又去摆弄恶意破坏性的生物学解释，这些可能反映了一种感觉，即他自己的方法不够用，必须从生物学的角度加以补充。他短暂的思辨之旅和他对死亡本能的思考可能代表了他对弗洛伊德的一种敬意，也代表了他试图证明自己是在弗洛伊德的精神下工作的，尽管他自己对恶意攻击的态度已和多年前的完全不同了。

归根结底，我们对弗洛姆假定的内在身份的任何同情都必须取决于他在精神分析运动中的实际角色是否符合他自我选择的职业，它是否在现实中扎根和得到履行。弗洛姆在很多方面都可以说不是一个真正的弗洛伊德主义者。

首先，正如前面所讨论的，弗洛伊德的进化与退化、生与死之间的矛盾，以及意识从无意识精神生活的前个体化矩阵中出现，都是典型的 19 世纪的思想。弗洛伊德的独创性在于用本能主义者的语言重申了这些观点，并将所有临床精神病理学置于一个假设的发展轨迹上，以"生殖至上"（genital primacy）告终。弗洛伊德模型的生物学基础在当时非常具有独创性，而放到现在就完全过时了（Sulloway，1979）。但是，即使有理由拒绝弗洛伊德在其中封存了浪漫主义哲学人类学的机械唯物主义，正如弗洛姆所做的那样（见第八章），也没有理由取消弗洛伊德引入到精神疾病研究的整个发展维度。弗洛姆对这一方法的承诺显然是前后矛盾的：他的一些言论表明他是认真对待的，另一些则体现出他只是口头上说说而已。

此外，尽管弗洛姆有时支持"经典技巧"，但大部分数据表明，弗洛姆的治疗方法与经典弗洛伊德主义不一致。弗洛姆的分歧及其影响——他在技术上的改变是否产生了明显的治疗效果——是本章最后考虑的问题。

弗洛姆的治疗态度

在弗洛姆关于治疗的著作中，一直有着三个主题：过度思考的危险，治疗师和患者之间核心对核心关系的需要，当今冲突和社会经济因素及其塑造或影响患者生活的愿望的重要性，包括它们在无意识动机中的作用。弗洛姆认为分析中立这个概念不切实际或者没有效果（Fromm，1935a；1962，pp.151–152），但他坚持认为治疗师要对患者抱有关注、尊重和无私奉献（Thompson，1950，p.210）。弗洛姆抨击基于先验理论预期的、抽象的、理性主义的解释（Fromm，1980，pp.16–21），认为为了解决患者的无意识问题并有效"解释"它，也就是说，把它带入意识，治疗师必须首先感受到它在他或她自己心理内部的共鸣（Landis，1981）。

鉴于弗洛姆经常敦促他的学生一读再读哲学、宗教、戏剧和文学方面的经典著作，很少有人敢说他是反知识分子。然而，弗洛姆一再警告抽象思维代替直接经验的危险；他坚持认为，人们必须在身体的"内脏层面"上体验自己的内心冲突、压抑的需求和感受。1974 年，在瑞士洛迦诺与分析师一起举办的培训研讨会上，弗洛姆用冥想实践中的一个例子说明了思考和意识之间的区别：

> 感受你的呼吸并不意味着思考你的呼吸。一旦你思考你的呼吸，你就感觉不到它了。我这么说是为了强调思维和意识之间的区别……你的身体意识到你的呼吸，这不是一种思考……几乎所有的经验都是如此。一旦你思考它们，你就不再体验它们……意识不仅仅是智力的问题——就像今天人们所相信的。意识是一个人的整个身体清楚地感觉到某件事物，但它本身并不作为一种思想出现。

同样，在分析师的案例中，重要的是要记住，主要治疗因素不是一种解释，解释是将患者描述为具有各种缺陷的对象，并解释其成因，但治疗是一种直观的把握。它首先发生在分析师身上，然后，如果分析成功，就发生在患者身上。这种把握是突然的；它是一种直觉行为，可以通过理智的洞察力来准备，但却永远无法被它们所取代（Fromm，1959a，p.200）。

今天，这些想法中的许多内容被归入移情的概念中。弗洛姆强调积极参与和对个人主观困境核心的直觉感知，这呼应了格奥尔格·格罗迪克、弗里达·弗洛姆·赖希曼和哈里·斯塔克·沙利文的早期建议，也得到了海因茨·科胡特的建议的呼应。尽管如此，求助于同理心和对患者情况的直觉洞察仍然存在危险。这需要治疗的"精湛技艺"。尽管中立的概念被不同程度地滥用，但它最初的目的是确保让自我发现和自我披露达到最佳的程度，并尽量减少对分析师的依赖，将其作为一个人自身困境及困惑的解决方案或"智慧"的来源。尽管有时会墨守成规（Fromm，1935a），但分析中立在一定程度上出于民主精神，鼓励合作探索真理，最终促进自力更生（Maccoby，1983）。对技术的修改，因治疗师的不同而不同，因学校的不同而不同，也应该是本着这种精神进行的。根据赫伯特·施皮格尔和迈克尔·麦科比的说法，弗洛姆作为一名治疗师的最大缺点是，他对病人的话语中倾向于证实他自己的理论和先入为主的想法的方面很关注，但对他们的经验和自我陈述（或"自我报告"）中那些与他对他们的问题和情况的"直觉"不一致的方面则不关注、不耐烦甚至不屑一顾（Maccoby，个人通信，1985年5月14日；Spiegel，个人通信，1987年11月24日）。在将患者的"核心"问题表述到自己满意的程度后，他通常会采取说教式的、带着命令语气的态度，并将相互冲突的证词（无论多么令人信服）解释为"阻抗"。在这方面，麦科比认为，弗洛姆背离了弗洛伊德的分析过程模型，即从一种旨在耐心揭示真相的合作组织，转向了治疗互动的师徒模式。在这种模式中，治疗师成为一个理想化的角色模型，就像禅宗大师或中世纪的神秘主义者。可惜，正如麦科比指出的：

> 对于早期冲动被压抑又有宏大理想的患者来说，这样

的治疗既可以增加移情抵抗，也可以增加对自己不值得、没
出息和有依赖性的内疚感。患者不是通过回忆或体验孩子般
的冲动、羞辱、愤怒和恐惧来控制它们，而是试图通过成为
一个理想的人，就像它们的主人一样来解决冲突。这样做，
他可以再次服从权威，抑制对抗父母的性冲动或愤怒冲动。
因此，一些"弗洛姆派"的患者认同主人，并自以为是地将
他们的非理性情绪指向他人。（Maccoby, 1983, p.79）

因此，尽管有许多患者将弗洛姆视为一个具有深刻同理心的人，
并从他的治疗干预中获益匪浅，但其他患者的治疗效果却很差。讽刺
的是，弗洛姆关于技术的零散表述意在纠正对中立的墨守成规和残酷
滥用，他极精确地指出了这一点（Fromm, 1935a），但它们可能产生
相反的效果。在实践中，而非理论上，如果"弗洛姆派"分析者落入
了虚假理想化和虚假真实性（false idealization and pseudo-authenticity）
的陷阱，那么他们就会像弗洛伊德派的分析者一样专制。

简言之，弗洛姆在内心将自己视为弗洛伊德的忠实反对者，或将
自己视为精神分析运动中的托洛茨基，这在临床领域是不合理的。弗
洛姆在他的著作中没有强化弗洛伊德技术方法的积极方面，而且完
全忽略了弗洛伊德中立和"修通"（working through）概念中的民主因
素。最终的结果，尽管强调的点显著不同，但可能并不比正统方法更
好或更坏。因为除了解释了弗洛姆所称的帮助患者（病人也帮助他）
实现的许多重大突破和转变外，这还使他不必将治疗失败归为他自己
过度了解和规范性方法的表现。

第四章　弗洛姆的存在主义

推理、归纳和人的处境

　　弗洛姆对心理学的主要贡献之一是他的"生存需要"概念。在这里，他的方法类似于亚里士多德或斯宾诺莎，因为他也是从人性的概念开始（Fromm，1962，p.174）。与新弗洛伊德主义者一样，弗洛姆敏锐地意识到社会条件和性别角色对性格发展的影响（1943），以及对特定社会中合作或竞争等特征的普遍影响（1973）。但他也相信，有一种普遍的人性或"本质"，可以与构成个人存在的各种"意外事件"的所有特殊性区别开来。从他在各种背景下的言论判断，这些"意外"可能包括先天气质、体质和智力、种族和宗教信仰，以及其他影响我们性格和个人命运的社会历史矛盾（例如，1949a，p.112；1968a）。弗洛姆喜欢引用泰伦斯（Terence）的话（也是马克思最喜欢的格言）："我是一个人——人有的东西我都有。"也就是说，除了生物结构一致之外，我们还与其他人共同拥有一些"东西"，这使我们能够感觉到他们存在的核心。这并不意味着别人对我们来说永远是完全透明的，但是，尽管人际的理解存在着诸多障碍，弗洛姆还是认为，既然我们都是人，我们就能用推理揭示把我们联系在一起的"东西"是什么。弗洛姆的"推理"不是复杂而优雅的逻辑推理和证明，他常常无法提供专业哲学家所需要的那种证据；而且，他的方法也不是纯粹的"直觉"。弗洛姆的推理的概念有逻辑学家所称的"归纳推理"的某些性质，即根据各种具体情况，推理出一种可以解释各种现象的基本一致性；这种一致性可以从各种角度描述为一种本质、一种规律，或者，通俗地说，是一种经验概括。

显然，弗洛姆确定人性本质的方法与大多数心理学家都不同。当使用归纳推理时，实证派的心理学家只收集与他们的专业研究领域相关的数据，如感知、认知或临床精神病理学，所以也相应地限制了他们理论成果的范围和领域。相比之下，弗洛姆在解释人性时回到了哲学人文主义的传统，即以人性为对象（Fromm and Xirau, 1968）。普通的临床医生或实验心理学家给治疗对象用的方法不涉及历史过往，他们会回避弗洛姆的方法中看似无纪律的做法。不过，不将跨历史的有效性归因于当代条件下产生的人类行为特征，是有充分的科学依据的，也有充分的理由将历史和所有人文科学的信息用作观察、推测和理论构建的材料。正如弗洛姆在 20 世纪 30 年代所指出的那样，任何基于当代社会特征及其相应的神经官能症而普遍化的人性理论，无论在人性上还是在科学上都是不充分的。这种批评对于正统的弗洛伊德社会心理学尤其具有说服力，因为后者就是通过在自己的环境中类比神经症患者，构建了过去时代或不同文化中"正常"人的心理学（Fromm, 1932a）。

　　然而，可能与我们期望的相反，弗洛姆并没有想找出保持不变的、超越变幻莫测的文化和历史环境并为全人类所共有的特征或属性。他主张孤立或列举跨历史的特征或过程，例如，作为社会动物的智人（亚里士多德的"政治动物"），作为会制造工具的动物的智人（homo faber）或作为能创造符号的动物的智人（Cassirer）——尽管有用，但无法深入人类生存的核心问题（Fromm and Xirau，1968，pp.3–7）。借用海德格尔的一个术语，人类的本质在于我们的"被抛感"（Geworfenheit）——我们在这个世界上的存在有不稳定性和偶然性，人类的自我意识又让这种不稳定性和偶然性更加严重。正如弗洛姆所说："人在一个偶然的地点和时间被无意地抛入世界，又在违背自己意愿的情况下被带走，这是他在自然中的存在过程；而同时人又要在缺乏本能素质，以及他对自己、他人、过去和现在有意识的情况下超越自然。这两者存在着矛盾，而人的本质就在这个矛盾中。"（引自 Funk，1982，p.57）。

　　弗洛姆认为，由于有"被抛感"和人类特有的自我意识，我们有一些特定的心理需求，尽管它们是由特别复杂的大脑皮层和长期进化发展带来的结果，但不能将其归结为身体需求或性满足。因为我们有自我意识，意识到我们的分离，并且能够想象我们的死亡或不存在，我们的存在（和潜在的不存在）出了问题。我们被迫去创造某种存在感，超越我们的有限感、孤立感和无助感。这些需求是自我意识的结果，即使它们并不总是有意识的。然后，问题就变成了我们如何让生活变得有意义，如何实现超越，比如，通过提升理性和爱的力量，加强个人化的友谊和交流，或者通过循规蹈矩或倒退式的解决方案，在这些解决方案中，自我意识在试图退回到婴儿的、子宫内的或动物般的存在的过程中，变得迟钝或消失了（Fromm，1956a，chap.2；1964）。

在弗洛姆的作品中，与人类本质的可确定性密切相关的是对与错的普遍准则，或对人类存在问题的充分与不充分的回答（Fromm，1947，chap.2）。因为尽管有各种途径可以体验一体性和超越孤立性，但并非所有的途径都同样对我们有益。任何损害个人自主判断、爱和推理能力的挣扎或行为规范，不管它在多大程度上得到了共识的确认，在客观上都是错误的。因此，"调整"过的心理健康的平衡因文化而异，将健康变成了一个相对的概念，剥夺了健康的实质性内容，使之受制于环境，不受理性评价的影响（Fromm，1955b，chap.4）。

弗洛姆对社会缺陷的"常态病理学"的讨论，以及在以下章节中考察的其他主题的讨论，在逻辑上预设了不同于文化原型的人类发展和行为规范。由于人类发展没有明显的普遍准则，批判性思维失去了方向和参照点。如果没有一些概念，无论多含蓄，都无从谈起主体的变形，也就无从谈起一个扭曲的主体是什么样子。

尽管赫伯特·马尔库塞（Marcuse，1955）、马丁·比恩巴赫（Martin Birnbach，1961）等人反对，弗洛姆的普遍主义及其在心理学中的应用的不足，并不是他去寻求具有或应该具有跨文化效用的人类行为和福祉的规则。他是以天真和教条的精神来完成这项任务的。因为与主流文化模式相对的人类发展规范本身就是一种文化和历史产物，而且通常是以前一个时代或其他文化的理想化为模式的（例如，Maccoby，1983）。这一事实未必会完全否定这种理想结构的客观或跨历史的有效性，因为某些文化可能以更有利于理性社会发展的方式塑造行为。但这确实需要相当谨慎。原则上，我们必须确立并协调一套特定理想的历史特性及其所谓的普遍适用性。

此外，如弗洛姆所做的那样，引用宗教导师或"生活大师"发表的对自己有利的话，最多只能是似是而非的客气话。它只不过是对权威或共识的另一种呼吁。即使是以赛亚、赫拉克利特、苏格拉底、佛陀、埃克哈特大师（Meister Eckhart）和斯宾诺莎的崇拜者，也会认识到这种方法的弱点。诉诸权威和共识在科学论述中仍然司空见惯，但自培根和笛卡儿以来的哲学家原则上无论如何都力求通过经验证据或逻辑推理来确定真理。弗洛姆诉诸元老大师们是出于不太常规的学者或犹太教徒的态度，而不是为了提高他的可信度。

存在的需要

弗洛姆提出的"生存需要"的概念尽管有一些局限，但仍是一项重要贡献。弗洛姆列举了直接来自人类处境的各种需求，首先是定向和奉献的框架性需求（Fromm, 1950），最后包括了对关联、超越、根源、身份感、方向和奉献框架、戏剧和仪式、有效、统一、激励和刺激的需求（1955b, chap.3–5; 1973, chap.10）。经过反思，弗洛姆提到生存需求中有三项是基本的：（1）方向和奉献的框架，（2）扎根感，（3）超越感。它们类似于对宇宙连贯性、本体论基础和超越性的寻求，这些努力植根于我们的被抛感，或缺乏与周围环境的本能统一性。然而，这种重新分类并不是直接的削减；弗洛姆的几个需求可以同时符合两个（或全部）新分类。例如，对方向和奉献框架的需求可以分为对宇宙连贯性（方向）的需求和对本体论基础（奉献）的需求。这里重要的不是这些术语是否完全等同，而是作为存在主义和深度心理学的一个整体维度的存在需求这一概念。

首先，对宇宙连贯性的需求包含了对方向和奉献的框架、扎根感、身份感以及戏剧和仪式的需求。具体而言，它包含了人类在面对痛苦、孤独和死亡时，对可理解性、意义和生存目的的特别需求。弗洛伊德本人也承认，可理解性是万物有灵论思想背后最重要的力量，通过创造想象的实体，人们能理解自然的奥秘，这些想象的实体的安抚有助于克服无助感和受害感。在《一个幻觉的未来》（*The Future of an Illusion*）中，弗洛伊德表示：

> 缺乏人情味的力量和命运不可接近，他们永远保持着距离。但是，如果这些元素的激情像在我们自己的灵魂中一样肆虐，如果死亡本身不是自发的，而是邪恶意志的暴力行为，如果自然界中到处都有的某种生物都是我们自己社会中已知的，那么我们可以自由地呼吸，可以在神秘中感到自在，可以通过心理手段处理我们无意义的焦虑。也许我们仍然毫无防备，但我们不再无力；我们至少可以做出反应。也许，事实上，我们甚至不是毫无防备的。我们可以用我们在自己的社会中使用的方法来对付这些暴力超人；我们可以试着用我们在自己的社会中使用的同样的方法来说服他们，安抚他们，贿赂他们；通过影响他们，我们可能可以剥夺他们的一部分权力。（Freud, 1927, pp.16–17）

然而，可理解性或连贯性虽然很重要，但还不够。人们还需要一种目的感，一种在更广泛的事物体系中体验自己的位置或角色的感受，以便在一个荒谬而随意的宇宙中赋予存在以某种意义的假象。没有人比马克斯·韦伯更清楚地看到这一点。他注意到宗教史上存在着大量不同的信仰体系，他表示：

> 人会希望从政治和社会奴役中解脱出来，在这个世界的未来上升到救世主的境界。人会希望免于被不洁所玷污，并渴望精神和身体存在的纯粹美。人们会希望逃避一个不纯洁的身体的禁锢，并希望有一个纯粹的精神存在。人会希望从人类永恒的、毫无意义的激情游戏中被拯救出来，并得到神圣的纯粹注视的宁静……人会希望在占星学中的星座下被拯救出来，渴望自由的尊严、分享隐藏的神的实质……人会希望对过去的行为进行补偿，带着对永恒的安息的希望，从轮回中被拯救出来……当然，还有更多种类的信仰存在。在它们背后，总有一种对现实世界中被认为是特别"无意义"的事物的立场。因此，需求就体现了出来；世界秩序在其整体上是，可能并且应该是一个有意义的"宇宙"。（Weber，1923，pp.280-281）

从韦伯的评论和弗洛姆的作品类似的思考中，我们可以推断，魔法、宗教和形而上学系统解决了类似或相关的需求，但不一定提供了统一的答案。换言之，需求是普遍的，解决方案却各不相同。但正如弗洛姆经常说的那样，对现实的知识结构无论多么深刻，都具有试探性、临时性的特征，并注定会随着时间的推移而被取代（Fromm，1980，chap.1）。从存在主义的角度讲，可行的解决方案与其说是一个我们相信什么的问题，不如说是我们如何把自己与世界联系起来的问题。

与宇宙连贯性的需要相关的是本体论基础的需要。弗洛姆关于扎根感、关联和身份感的需求的理念都包含在这里。然而，尽管对宇宙连贯性的追求特色鲜明地表现为对某些信仰体系的发展或坚持，但作为一个理智的——虽然不仅仅是理智的——回应，对本体论基础的需要可以不用有意识地推理，而是表现为基于现实的联系感的前反思。事实上，这样的本体论基础的需求，比对宇宙连贯性的需要更为根本，因为只要与世界的关系不因痛苦或死亡而受损，许多人在没有提出宗教、形而上学或生存论问题的情况下也能令人钦佩地活着。在这些情况下，对本体论基础的需要绕过了反思性的思考领域，直接通过生养孩子、每天工作或发挥我们的创造能力等方式表达了自己。

与本体论基础紧密相连的是对超越的需要，弗洛姆用了"超越"一词的三个意义。也许，最重要的是，超越的需要意味着我们需要通过自己成为创造者、通过促进或产生生命来超越我们的被抛感或被创造感（Fromm，1955b，p.41）。从这个意义上讲，超越与精神分析学家所说的从被动到主动的转变或者说对掌握的需要密切相关。但区分这种需求的健康表现和病理表现是很重要的。正如弗洛姆提醒我们的那样，生活是"那个奇迹，无法解释的"（1955b，p.42），不受约束的破坏者享受的那种力量感和喜悦感，与创造者所感受到的，即使类别不同，在强度上也差不多。这种超越的途径是对健全人类能力的反常和扭曲的表达———一种内心痛苦的产物，而不是快乐的产物。

在其他语境中，弗洛姆超越的理念意味着一种超越自我界限和局限的能力。弗洛姆的词汇中对自我的超越与让·皮亚杰（Jean Piaget）所说的去中心化（decentration）或恩斯特·沙赫特尔所说的异中心知觉（allocentric perception）相似，只是其中涉及的不仅仅是认知和感知的品质。对弗洛姆来说，提高认知、知觉或人际功能的客观性是减少贪婪、恐惧和压抑的前提（Fromm，1976）。在人际关系上，自我的超越需要通过爱积极渗透他人的世界，这产生了以任何其他方式都无法获得或体验的对他人的认识。从这个意义上说，了解另一个人与拥有关于此人多少的事实"信息"不是一回事（Fromm，1956a）。

弗洛姆对超越的第三个密切相关的运用，是用它走出常规、世俗的关注范围，体验一种有品质和意义的生活，而这品质和意义在受限圈层之上、之外。除了肯定宇宙连贯性之外，宗教仪式——当它不仅仅是例行公事时——还具有将个人奉献给一个超越单纯的获取和消费的精神目标的功能。在犹太教中，安息日仪式就是这种需求及其象征性满足的典型例子（Fromm，1951，chap.7，sec.4；Heschel，1951）。

弗洛姆、布伯和马克思的关系与自我肯定

弗洛姆认为，在不同的社会和历史环境中，人的生存问题的许多解决方案基本上可以分为两类：一类能够促进个人爱和理性力量的逐步成长和展现，另一类是抑制它们的。弗洛姆所称的"成长综合征"（Fromm，1964）是基于理性和爱，植根于对整个物种的团结感，这

超越了民族或种族中心主义的连接和观点。然而，如果我们最深层的自我利益与对适应性的约束不一致，那么朝着这一方向发展可能会产生极大的问题。对适应性的约束要求削弱某些天生的力量和潜力，或者让它在生存的斗争中萎缩。与此同时，如果真正的自我实现受到阻碍，那么解决被抛感的问题的补偿和替代机制，例如宇宙连贯性、本体论基础，或者通过集体认同或共生或顺从的解决方案获得的超越感，将很快出现。但是，不管这些一开始看起来多么真实、多么令人满意，它们最终都会变得不真实，变成对我们人类有破坏性的关系和经验，因为它们并不是植根于我们自身——不是我们潜在社交能力的自动发展。

与这一观点密切相关的是弗洛姆的另一个要素——他相信对自己的爱和对他人的爱是互补的，而不是对立的，这点正如弗洛伊德所想（Fromm，1939a；1947，chap.4，sec.5；1956a，chap.3，sec.d）。古典弗洛伊德主义与海德格尔和萨特的存在主义都认为，自我的肯定和他人的肯定（或爱）（即真实性和关联性）往往会相互抵消。根据弗洛伊德的说法，个体把自己的能量给了"抵抗或者至少没有自己的意志"的人类，而对象欲力（objectlibido）的出现耗尽了我们储备的自恋能量（Freud，1914，p.14）。根据萨特的说法，"他人即地狱"（hell is other people），行使自己的自由必然会侵犯或削弱他人的自由（Marcuse，1948）。

相比之下，弗洛姆与马丁·布伯相似，他认为建立在相互确认和个人友谊基础上的关系不仅是可能的，而且事实上还是真正自我出现的前提。布伯的观点植根于对个人创造者上帝的信仰，上帝非常关

心我们的精神幸福，通过圣约和他在人类历史上的行为来对待人类
（Buber，1965）。弗洛姆的思想虽然受到宗教价值观的影响，但却是
世俗的，沉浸在德国启蒙运动的人文主义和黑格尔的左翼思想中。根
据弗洛姆的估计，马克思站在这一传统的顶点，他在其无差别的劳动
概念中表达了对相互肯定关系可能存在的信念。在《1844年经济学哲
学手稿》（*The Economic and Philosophic Manuscripts of 1844*）中，马
克思写道：

> 假设我们生产的是人；每个人在他的作品中都会加倍
> 肯定自己和自己的同胞。我会：（1）在我的作品中客观化我
> 的个性，因此……愉快地认识到我的个性是客观的……（2）
> 在你的享受中……会有一种直接的享受，因为意识到"我满
> 足了人类的需要"……（3）我本来是你和人类之间的调解人，
> 因此承认……你是你自己的一部分……（4）在表现我的生
> 命时，我会……意识到我自己的本质，我的人性，共同的
> 本质。（McLellan，1977，p.25）

简言之，对马克思来说，个人的相互确认，无论是在劳动中还是
在"感官享受"中，都是建立在通过与其他人的联系发现了自己身上
的独特的个人力量，以及在彼此身上认识到基本的物种特征的基础
上。对于马克思和布伯来说，除了与他人的关系之外，没有真正持久
的自我发现。但对马克思——或者至少是年轻的马克思来说，工作是
有意识的、自由的活动，具有几乎神圣的性质。马克思并不是因为致

力于工人阶级的解放，才强调工作是我们自我实现的主要方式。毕竟，如果人们不以这种方式将工作视为人类幸福的必要条件，那么解放只会涉及财富和业余时间更公平的分配。这只是马克思的目标之一，而且不是他的首要目标（Fromm，1961b）。1844 年，马克思坚持认为，在普遍存在的异化劳动制度下，强制增加工资"只会给奴隶带来更高的报酬，而不会恢复工人或工作的人文意义和价值"（同上，p.107）。

为了理解弗洛姆，我们来思考一下弗洛伊德和马克思在工作心理学上的强烈对比。按弗洛伊德的评估，我们天生厌恶工作，而文明帮助我们克服这种厌恶（Freud，1927，chap.1）。只有蛮横的必要性和惊人的升华能力才能使工作成为可能。但是，在促使我们工作的动机中，马克思考虑的是朝着相互承认和自我物化的方向发展的，这在今天被称为自我需要，一种对关联（object-relatedness）或自我实现的需要。对马克思来说，对工作或整个社会的反感是社会环境异化的产物，而不是来自生物禀赋。同时还有一条类似的概念来自海因茨·科胡特的"自我心理"（Kohut，1984），其中对"本能满足"的放肆追求就是一种由无法实现"自我的核心计划"（nuclear program of the self）导致的"崩溃的产品"。但是，对于科胡特来说，追求原始本能的快乐是一种崩溃的产物，这种崩溃是由"移情镜像"或早期人际关系的失败而对自我造成的伤害引起的（Kohut，1971，1984）。对马克思来说，"动物功能"的片面满足，即弗洛伊德说的"驱力满足"，不是由不受约束的本能引起的，而是由一种非社会化的劳动和报酬分工以及劳动过程的异化引起的。弗洛姆在科胡特和马克思之间进行了调和，因为他坚持认为，幼儿社会化的模式往往是为在成人世界中发挥作用做准备的，并为当时的经济条件服务。毕竟，如果"自我失调"（self-disorders）不是我们这个时代特有的常态特征的潜在病态指示（或其夸大版本），那么就很难解释它们在我们这个自恋时代的明显扩散。

弗洛姆的哲学人类学与他对《旧约》的解读紧密相连。与他之前的许多德国思想家一样，弗洛姆强调，异化、自我意识的诞生，以及与自然、自身和同胞的联合或统一的追求，都是丧失了与宇宙的本能的、前反思的一体性的结果（Abrams，1971，pp.181-182）。在《和平的先知概念》（*The Prophetic Concept of Peace*）中，弗洛姆说道：

> 人必须有做世界的陌生人的体验，与自己和自然疏远，以便能够与自己、同伴、自然重新融为一体。他必须经历作为主体的自己和作为客体的世界之间的分裂，这样才具备克服这种分裂的条件。他的第一宗罪，不服从，是第一个自由的行为；这是人类历史的开始。它在人类发展、进化和兴起的历史中。他发展了自己的理性和爱的能力。他在历史进程中创造了自己，这个历史始于自己首次的不服从，即违抗、说"不"的自由。（Fromm，[1960c] 1963a，p.205）

说到"违抗的自由"，弗洛姆指的是夏娃和亚当违背上帝的明确命令，去吃了智慧树的果实。弗洛姆认为这象征着走向成长和解放的一步。他对"堕落"（the fall）本质上还算积极的解读（Fromm，

1966，chap.4）在拉比文学中找不到相似之处——后者将不服从上帝的行为消极地解释为"罪"（Schechter，1961，chap.14; Block，1968）。但这与席勒（Schiller）、勃姆（Boehme）、弥尔顿以及圣安布罗斯(Saint Ambrose)所表达的情感产生了共鸣，安布罗斯关于幸运的堕落（felix culpa）的学说表明，堕落使人类有希望获得比堕落前更大的幸福，因此它是一个伟大的有天意的设计（Abrams，1971，p.208）。[1]与黑格尔一样但与马克思不同的是，弗洛姆认为异化不仅仅是一种社会历史现象或社会环境的产物，那些注定要被彻底克服或废除；对弗洛姆来说，某种程度的异化感植根于人的存在之中，是我们个人全面发展的先决条件：

> 只有当我能区分外在的世界和我自己，也就是说，只有当世界变成一个客体时，我才能抓住它，使它成为我的世界，再次与它融为一体。对婴儿来说，世界还不是一个"客体"，他也不能用自己的理性抓住它，再与它融合。为了克服理性活动中的这种分裂，人必须接受异化。（Fromm，1962，p.57）

1　幸运的堕落（felix culpa）的教义，虽然不是许多基督教神学的核心，但在很长时间里，它充斥着流行的基督教虔诚，并在传统的圣周六祈祷中得到了完美的表达，当复活节的蜡烛点燃时："哦，亚当真正必要的罪，基督之死已经抹去了它。哦，幸福的堕落，值得如此巨大的补偿。"由于诺斯替主义和新柏拉图主义的影响，卡巴拉与犹太教拉比的文本不同，它还提到了堕落，作为救赎的必要前奏和宇宙再生计划。

同样，赫尔德（J. G. Herder）、莱辛（Gotthold Lessing）、歌德、康德、费希特和谢林（Friedrich Schelling）把《圣经》中的堕落与救赎的情节解释为人类历史进程的隐喻，人类从无差别的统一和无意识，通过进化，最终达到一种以差异性和我们能力的充分发展为前提的更高的共融（Fromm，1966，p.15；Abrams，1971，chap.4）。

总之，马克思和弗洛姆的人性模型的区别如下。马克思认为异化是由于我们的本质与我们存在的实际条件之间的差异而产生的，这个差异是阶级统治和剥削造成的。当我们的本质成为我们存在的一种手段，而不是其中所体现和表达的东西时，我们会感到被外来力量所支配，并长期与我们自己、自然、人类物种疏远。与马克思一样，弗洛姆期待着一个我们能够改变社会关系的时代，这样我们才能最终充分、不受阻碍地发挥我们潜在的社会性和生产力。但与马克思不同的是，弗洛姆坚持认为，我们的本质是在我们存在的条件下产生的，是一种被抛弃或无家可归的状态，这种状态是由意识从动物与自然环境的二元、无意识的结合中产生的。其含义很明确，即使在没有压迫或贫困的情况下，我们仍然会在充满努力和痛苦的生活中为自己和宇宙的新统一而奋斗。在这里，弗洛姆发出了一种悲伤而冷静的声音，这在年轻的马克思肆无忌惮的乌托邦主义中是完全没有的。

但是，如果疏离和痛苦来源于人类，并且在我们的社会、政治和经济条件发生变化的情况下仍将持续存在，那么为什么要特别重视经济条件呢？如果痛苦会持续下去，为什么还要费心改变社会呢？它怎么可能不同于或优于目前的情况呢？

弗洛姆对这些问题的回答分为两个方面。首先，如果没有谎言和幻想，基于剥削的社会秩序就不可能存在。在某种程度上，我们在一个有压迫或不公正的社会中拥护或迎合主流意识形态，我们串通起来保持社会中的道德盲目性和自欺欺人，并且无法带着批判和同情去思考我们周围的现实（Fromm，1962）。阶级社会还有一个使人类精神扭曲的特征，即我们不断地受到制约，使我们与弗洛姆所说的存在模式逐渐疏远，我们被贪婪或占有模式所消耗，正如弗洛姆所解释的，在资本主义社会中，占有模式给人类经验的各个方面都增添了色彩（1961a，1976）。那些嘲笑弗洛姆试图将马克思的政治经济学批判与《旧约》中的偶像崇拜思想（1961a，1962）和《新约》（1976）中的价值观联系起来的人忘记了，"历史唯物主义"一词指的是一种分析方法，而不是价值体系本身。例如，马克思在其早期手稿中，将资本有条不紊的积累描述为人类本质的异化，这是以一种剥削和支配的方式，表达人类生活的凝固和静态。在弗洛姆喜欢引用的《1844年经济学哲学手稿》的一段话中，马克思宣称：

　　　　因此，政治经济学，即财富的科学，同时也是放弃、匮乏和储蓄的科学……这门关于一个奇妙的行业的科学，同时也是禁欲主义的科学。它真正的理想型是禁欲又放高利贷的守财奴和禁欲又多产的奴隶……你吃得喝得越少，买的书越少，去剧场、舞会或者公共场所的次数越少，你思考、爱、推理、犹豫的次数越少，你就越能省下钱来，你的财富——你的资本就越多，它还不会被虫蛀，也不会生锈。你拥有的越少，你表达的生活就越少，你拥有的越多，你的生活就被异化得越多，你被异化的部分也就越多。
（Fromm，1961b，p.144）

　　到下一章，你会发现一个有趣的点，马克思说的"禁欲又放高利贷的守财奴"结合了弗洛姆认为的 19 世纪社会的主要特征：囤积和剥削。那句讽刺的"不会被虫蛀，也不会生锈"的财富——以及耶稣要你放弃世俗的财富以进入上帝的国度——表明在资本主义的支持下，贪婪取代了福音书的内容，成为社会上真正的宗教，尽管教士们发表了声明。在描述一个多世纪后的"拥有"模式时，弗洛姆只是将马克思关于对物质财富的贪婪的思想概括为所有不利于我们与其他人团结的贪欲，例如对权力、威望、知识或亲密关系的异化追求（1976）。事实上，特定社会约束人们满足其物质需求的方式改变了人类互动的所有领域，并且这些约束与他们的人性或生存需求不一致，这个观点是弗洛姆作品中的永恒主题，也是他社会性格理念的核心。

第五章　社会性格研究

理论和历史观点

弗洛姆对社会和政治心理学的研究跨越了将近五十年，从《基督教义分析》（*The Dogma of Christ*，1930）开始，到《占有还是存在？》（1976）为止。他的大部分作品都是以理论和历史为导向的，他自己曾说，这都是基于马克斯·韦伯、维尔纳·桑巴特（Werner Sombart）、斐迪南·滕尼斯（Ferdinand Tonnies）、W. H. 塔尼（W. H. Tawney）等人的思想；当然，还有马克思和弗洛伊德（Fromm，1941，pp.68–70；1962；1973，p.236）。在《基督教义分析》中，弗洛姆讨论了公元后的前四个世纪里地中海地区的社会性格的发展。《逃避自由》（1941）与纳粹主义的心理学有关。在其他著作中，弗洛姆提出了社会性格的基本理论（1962），或者说他专注于战后工业社会的社会性格（例如，1955b，1968b，1973，1976）。

弗洛姆后来对社会性格的研究与他对当时流行的社会"力比多结构"的早期研究之间有着惊人的连续性，这比美国关于文化和个性的精神分析出版物早了好几年。这件事很少在文献中得到承认，因为当弗洛姆抵达美国时，人类学和精神分析之间的激烈对话已经开始，后来还催生了美国的理论。尽管弗洛姆对这场运动做出了不小的贡献，但他自己的想法却有完全不同的背景来源。

弗洛姆的精神分析社会心理学一开始就断言，如果持续运用个人精神分析探究法，就可以不用类比社会和心理过程。这将对所讨论群体的历史和生活状况进行彻底研究，并从社会结构推出心理结构，而不是相反（1932a）。此外，弗洛姆坚持认为，任何特定社会中的正常个体都有个特征，他们的心理机制（或多或少）能够适应所处的生存环境，因此，把现代神经症患者的心理过程与生活在截然不同的环境下的正常人的心理过程做类比是一个双重误导。弗洛姆没有对乱伦禁忌的普遍性提出异议，但拒绝将其置于首要地位。他认为，弗洛伊德普遍化的对父亲的矛盾心理是一种社会产物，而不是生物学上的，并且在临床研究中，性格的领域对社会心理学来说更为重要（1932b）。

弗洛姆与其他两位精神分析研究者，艾布拉姆·卡迪纳和爱利克·埃里克森，大体上都有相同的看法，他们基本是同时朝着类似的方向发展的。在《我和弗洛伊德一起做分析》（*My Analysis with Freud*）中，卡迪纳讲述了在人类学家拉尔夫·林顿和柯拉·杜波依斯（Cora du Bois）的影响下，他的思想是如何发生变化的：

> 1938 年，我真的……意识到精神分析理论一定有某些创新。力比多理论认为，大多数人类的发展是由某些天生的能量推动的，并且是在某种预定的顺序下发生的，而这

个过程并不灵活，无法为社会过程研究产生新信息。我们需要的是一种个体发生的实证研究方法，特别是在变化很大的条件下……研讨会上林顿的材料让我有机会观察社会制度对人类思维和性格形成的影响。我觉得我路走对了，因为性格决定了社会中人类互动的本质。如果这种互动都是在主要的合作中进行的，那么社会就会团结在一起。然而，如果社会制度变化过快或在个人之间造成过多的紧张，那么合作的情感——将社会团结在一起的黏合剂——可能会瓦解，社会也会解体。（Kardiner，1977，p.113）

弗洛姆同样对拉尔夫·林顿表示了感谢，他于 1948—1949 年与之一同在耶鲁大学任教（Fromm，1973，p.193n）。然而，无论弗洛姆从与林顿的合作中收集到的见解是什么，它们都在弗洛姆对这些问题有了自己的看法之后。在 20 世纪 30 年代初，弗洛姆提出了他独特的社会心理理论，之后放弃了力比多理论及其相应的命名法。

如前所述，弗洛姆早期的论文明确拒绝了"集体主体"（collective subject）的概念。事实上，早在 1929 年，他就提出：

精神分析学家必须强调，社会学的主题，社会，实际上是由离散的个体构成的，是这些人——而不是抽象的"社会"——他们的行为、思想和情感是社会学要研究的领域。这些人以个体行动时，他们没有能发挥作用的个人心理；而当他们的个体行为是集体的一部分时，他们也不具有模糊的相邻但独立的集体心理，比如集体情感、团结、大众本能等能起作用的心理……人的心里并非有两个灵魂，人只有一个灵魂，其中有相同的机制和规律。（引自 Funk，1984，pp.73-74；my translation）

弗洛姆拒绝集体思想的观念，尽管这显然是对埃米尔·涂尔干（Emile Durkheim）的社会学的一个间接反驳，但与哲学家莫里茨·拉撒路（Moritz Lazarus）和海曼·斯泰因塔尔（Heymann Steinthal）以及社会学家格奥尔格·齐美尔（Georg Simmel）和阿尔弗雷德·韦伯的观点有着明显的相似之处。例如，齐美尔强调个体是不可再分割的，就本体论而言是真实的，但由于他们与他人建立关系是为了在文化预设的情境下满足他们的需要，文化，这个本来是一致的个人意志的产物，它的限制和可能性反过来又成为一种决定性的影响因素（Simmel，1908a，1908b）。同样，尽管弗洛姆反对集体思想本身，但他辩称道，社会上广泛存在的社会态度、认知模板和审美感受是"客观的"，因此它们是科学探究的合法主题，即使它们只存在于个体受试者的心理活动中并通过心理活动存在（Fromm，1962，chaps.8 and 9）。拉撒路和斯泰因塔尔以及后来的威廉·狄尔泰（Wilhelm Dilthey）在他们的社会心理学讨论中做了很多相同的工作（Makkreel，1975，chap.8；Danziger，1983）。

考虑到弗洛姆作品中的德国犹太人背景，以及加布里埃尔·塔尔德和古斯塔夫·勒庞对弗洛伊德的影响，在世纪之交，来源于德语的"精神科学"（Geisteswissenschaften）和法语里"群体心理学"之间的差异已经很大。尽管拉撒路和斯泰因塔尔、狄尔泰、齐美尔和阿尔弗雷德·韦伯都否定了集体精神这个概念本身，但他们都强调了个体的根必然在集体生活中，还表示，那些在今天被认为是非理性和不合时宜的集体行为模式和信仰，可能已经被巧妙地适应了人类早期生活中的窘迫情况，因此它们在其原始环境中是"理性的"。从他们的角度来看，塔尔德和勒庞对暗示在政治生活和社会动荡（如总罢工和政治示威）中的作用的反思，排除了宗教和法规以及语言、美术和音乐等形式，不必要地缩小了研究范围，严重诋毁了集体生活。他们强烈反对大众心理学家将社会群体描述为情绪不稳定的个体的松散集合体，这些个体因其服从魅力权威的非理性欲望而联系在一起，而弗洛伊德完全地接受了这个想法。

但是，精神科学的自由派和左倾支持者还拥护一个立场，它不同于反动的非理性主义的民族精神（Volkgeist）的概念，这个概念在 19 世纪初就已经融入了反犹思想，似乎是对纳粹意识形态的预期。拉撒路和斯泰因塔尔、狄尔泰、齐美尔和阿尔弗雷德·韦伯认为，无论其差异有多大，个人都是植根于文化生活中的。但他们也将文化本身视为一个历史时期中个体能动性协调一致的产物，而不是存在于个体之前的某种神秘的、本体的本质，个体必须有意识地潜入其中，发现自己真正的生活使命。

然而，在政治领域，法国关于非理性人群的理论，与非理性主义者对本能和群体（正在德国集聚力量）至上的强调，形成了一种奇怪的互补性。群体心理学是高贵的、精英主义的，名义上是理性主义的；集体行为是"低级的"，因为它是非理性的（Moscovici, 1985）。

相比之下，浪漫主义者倾向于高举非理性和集体情绪而放弃话语理性，他们认为话语理性不仅不够血性还有悖人类价值观。这些反动的民粹主义者，在法国人认为是可鄙的软弱迹象中看到了力量的源泉。然而，精英理性主义和保守民粹主义本质上都是反民主的。因此，希特勒，作为一个拥护神秘概念"人民"（das Volk）的人，也研究了勒庞对集体思想的描述，以成为更有力的领导者和宣传者，更好地争取反动贵族的支持，为他的军国主义和反民主计划提供资金（Fromm，1941，chap.7；Moscovici，1985，pp.63-64）。

　　总的来说，拉撒路和斯泰因塔尔、狄尔泰、齐美尔和阿尔弗雷德·韦伯反对这两项计划。他们关于个人关系和文化背景的前提可以追溯到赫尔德和詹巴蒂斯塔·维柯（Giambattista Vico）。目前，关于弗洛姆在大学的研究没有足够的信息，但通过一些粗略的手稿和课堂讲稿，我们可以了解这些理论家在什么时候或者是怎么影响他的。不过，弗洛姆在海德堡大学学习社会学时，很可能读过拉撒路、斯泰因塔尔和齐美尔的著作，因为他们也是犹太人，且也都反对种族主义集体主义的"雅利安"意识形态（Kalmar，1987）。或者，在他十几岁的时候，他可能在自由犹太研究所遇到过他们，在那里，他们的工作无疑被讨论过。

　　弗洛姆的社会性格理论不仅受到巴霍芬、马克思和弗洛伊德的启发，而且还受到19世纪精神科学（Geisteswissenschaften）和社会学的诠释（Verstehende）法的支持者的启发。这一事实及其对理论的多方面影响在他的美国受众中消失了，因此二手文献中充满了误解。弗洛姆第一次发表的关于刻画一个社会的"共同的性欲的、基本上是无意识的态度"的研究著作《基督教义分析》（1930a）直到1963年才被翻译成英语，而他在20世纪20年代末和30年代初的实证研究在去世后才发表。因此，弗洛姆在美国的大部分专业受众只是通过《逃避自由》（1941）来认识他，并将这些基本思想归功于卡迪纳或埃里克森等理论家（例如Hall and Lindzey，1954）。由于卡迪纳和埃里克森继续维系着他们与弗洛伊德学派的关系，许多弗洛姆的批评者发现进行不公平的比较渐渐成了一种潮流，暗示弗洛姆（和霍妮）为了迎合美国公众，淡化了弗洛伊德学派教学的真正核心。事实上，弗洛姆和霍妮确实广受欢迎，"因为他们的观点（比弗洛伊德的）更符合（在美国）占主导地位的社会心理学思想"（Hall and Lindzey，1954，p.174）。但是，正如许多人所说，暗示弗洛姆是机会主义者或不是原创者，暗示他将自己的作品包装成适合美国人的口味，就是否认弗洛姆早期和后期努力之间重要的连续性。

因此，尽管弗洛姆的作品很受欢迎，但其起源于欧洲的理论基本方面，却未能在美国对话者和批评家中得到体现。例如，心理学家威廉·萨哈基安（William Sahakian）指出："除了个人性格外，弗洛姆还假设人具有社会性格，其特征是他所在群体的大多数人所共有的。"（1974，p.174）

这一评价有两个方面的错误。首先，性格——甚至社会性格——不是一个人"拥有"的、让自己与众不同的东西。它就是这个人。其次，弗洛姆早在1929年就否定了这样一种观点，即社会性格是在个人特征和特点之外，一个人"拥有"的东西。认为弗洛姆的"社会性格"是独立于个人性格或与个人性格并存的东西，这一观点并不少见，为方便说明，我们将其视为两个独立的个体来讨论。

但这也提出了一个不可避免的问题，即什么是社会性格？如果它不存在于个体身上，在他们的个人特性之外，那么在哪里可以找到它，如何研究它？继后来的弗洛姆之后，根据当时的经济条件和文化历史因素，我们可以将社会性格定义为特定社会中同化和社会化的主导模式（例如，Fromm，1941，附录；1955b）。然而，由此推断社会性格独立于构成社会的个体或与构成社会的个体并存，就是陷入了物化，或是陷入了具体性误置之谬。实际上，社会性格是个抽象概念。它不具有与岩石、树木或人类个体相同的本体论地位，它也不是在空间和时间上具有延展性和持续性的具体存在。与组成一个社会或一个阶级的实际个人不同，社会性格并不是存在于观察者的外部的现象学世界中的一个自然物品，正如无理数和对数，或者我们通过法律、惯例或集体协议创建的法律和国家实体一样。相反，就像马克斯·韦伯的"理想类型"（ideal type）一样，社会性格是一种理念，它使我们能够把握社会行为的多种细节之间潜在的一致性，而这种一致性本身是无法直接被观察到的。

然而，虽然恰当地说，社会性格是一个抽象概念，但它并不是一个统计抽象概念。社会性格的主流统计方法会试图以弗洛姆认为的具有根本误导性的方式发现所有"特征"及其分布，还有它们在给定人群中的各种相关性。按弗洛姆的理解，社会性格虽然可能容易受到实证研究的影响，但它阐明了广泛的性格特征的功能及其在社会发展过程中的历史（1941，1955b）。功能和历史的概念化能根据它们所嵌入的系统的要求来解释普遍的态度和行为，其次才是作为统计调查的对象。

这就给我们带来了一个问题，它关系到所有精神分析社会心理学的方法论基础，即寻找定义人类处境的结构性不变因素。对弗洛伊德来说，所有社会共有的价值中，这个不变特征就是乱伦禁忌，他将其追溯到一种"核心情结"（core complex），从遥远的史前持续到现在，这种情结一直存在，很少变化。弗洛伊德对一个结构性因素高度重视，他还鲁莽地把结果扩大到从今到古，这虽使得他的理论非常连贯，但也导致他普遍对物质和历史因素漠不关心。相比之下，在弗洛姆的理论中，与阐明社会行为相关的制约因素和可能性是变化的，这个变化的背景，就是马克思所称的"生产方式"，即基本商品和服务的生产、分配和交换的普遍方法，以及由此产生的法律、政治和艺术观　念（Fromm，1961b，chap.8；Fromm and Maccoby，1970，chap.1；Maccoby，1983）。这些系统唯一不变的特性是，它们为人类的需求——身体的、情感的和智力的需求——做了一些准备。社会性格的功能让人尽量顺利地适应当前的社会条件，"以这样的方式塑造社会成员的能量，使他们的行为不是有意识地决定是否遵循社会模式，而是希望按照他们必需的方式行事，同时在按照文化的要求行事的过程中找到满足感"（Fromm，1955b，p.77）。

据推测，在这一过程中，各种社会化机构的步调一致，如家庭、学校和大众媒体。弗洛姆认识到社会化是一个不断适应周围环境的过程，而不是在幼儿时期就解决的问题，这与卡迪纳有所不同，卡迪纳强调育儿是社会化的主要工具。此外，弗洛姆还认为，社会性格能最大限度地减少内心摩擦，使人们乐于做他们实际必须做的事情。这一观点引入了一个因素，即使不是外来的，但在基调和重点上也与埃里克森和自我心理学中普遍存在的大不相同（Fromm and Maccoby，1970）。显然，弗洛姆将创造（或多或少）适应周围条件的"无冲突的自我运作领域"的功能赋予了社会化，而不是个体发展。因此，从他的观点来看，一个无冲突的自我运作领域，或者一个与个人角色性格相适应的身份，不一定是健康的象征。正如迈克尔·麦科比所说，"社会角色本身可能是异化的，因为对生存和理智的需求与源于人的本性的需求相冲突，而人的本性是对人类团结、理性和创造性才能的发展的内在需求"（Maccoby，1983，p.75）[1]。

在这种情况下，"无冲突的自我运作领域"可能表明了"社会模式的缺陷"，而不是真正的健康，而神经症可能表示与非人性化环境的斗争（Fromm，1941，pp.159–161）。

权威性格与经验社会研究

1929 到 1930 年，在法兰克福社会研究所的支持下，弗洛姆主持了一项对德国蓝领工人的性格和态度的研究，在心理学史上产生了重大影响。该项目预估了《权威人格》（*The Authoritarian Personality*）里的许多特征（Adorno et al., 1950）。根据玛丽·雅霍达（Marie Jahoda）的说法，弗洛姆为他研究设计的调查问卷

与为在加州的研究设计的问卷有惊人的相似点和不同

---

1 另见弗洛姆和麦科比（Fromm and Maccoby，1970，p.15）中关于埃里克森的评论。

点（如阿多诺等）。就内容来说，它包含了 30 多个问题，接近我们现在所说的 PEC（政治和经济保守主义）量表；以及大约 40 个关于世界观的问题，对应于 F（法西斯主义）量表里的项目。此外，它还包含许多关于现实家庭关系的问题，希望从中推出支配和服从的模式，即家庭的权力结构，以及比《权威人格》中的数据所揭示的更详细的受访者的实际生活状况。（Christie and Jahoda，1954，pp.13-14）

除了计划的规模和范围外，弗洛姆研究的主题、理论基础和方法使其在社会心理学史上具有里程碑式的地位。这是一次开创性的尝试，用于确定"权威主义"或亲法西斯主义倾向在各个群体、各个地区的流行程度。权威性格的概念虽然现在大家都比较熟悉，但在当时是相当生僻的。正如拉塞尔·雅各比（Russell Jacoby）指出的，父权权威性格的概念可以追溯到保罗·费德恩（Paul Federn）1919 年的论文《论革命心理学：无父社会》（On the Psychology of Revolution:The Fatherless Society）中，费德恩将等级社会秩序中以父亲为中心的服从权威的心态与"兄弟会"（band of brothers）进行了对比，认为后者具有原始（母系）社会的民主特征，认为前者虽不利于社会主义，但由于习俗、教育及其通过父权制家庭的传播，它可能注定要占上风（Jacoby，1975，pp.84-85）。

费德恩没有沿着这一思路走，但弗洛姆和威廉·赖希对这一想法产生了浓厚的兴趣。他们认为，人们普遍倾向于顺从、认同并理想化权威、沉浸于内疚和施虐受虐——弗洛伊德将其归因于遗传性内疚感的"古老遗传"，这些都植根于父权制家庭特有的动力，因此是社会产物，而不是由基因决定的。

尽管精神分析学为弗洛姆的研究提供了题材，但它几乎没有提供经验研究方法。这次研究中，弗洛姆利用了他受的社会学训练，合作者希尔德·韦斯（Hilde Weiss）、阿道夫·莱文施泰因（Adolph Levenstein）和恩斯特·沙赫特尔积极参与，做了设计。[保罗·拉扎斯菲尔德（Paul Lazarsfeld）任统计顾问；安娜·哈托克（Anna Hartoch）和赫尔塔·赫佐格（Herta Herzog）分发和收回问卷]。韦斯和莱文施泰因熟悉经验社会心理学的研究方法——该方法由马克斯·韦伯在十多年前首创，用以协助社会政策的制定。正如沃尔夫冈·邦斯（Wolfgang Bonss）所指出的，19世纪对德国工人生活条件、态度和愿望的研究一直存在偏见，因为当时普遍的做法是向雇主、教师、神职人员和医生等第三方获取有关对象的信息。1908年，马克斯·韦伯设计了一项调查，最终终止了这种家长式的做法，取而代之的是由工人和调查员在面对面访谈中共同填写有27道题的问卷；虽然韦斯和莱文施泰因明显不熟悉精神分析，但对韦伯的方案有着丰富的经验（Bonss，1984，pp.11–12）。

但弗洛姆研究的基本逻辑与韦伯的有所不同。在韦伯社会学中，经验研究的唯一目标是告知、纠正和丰富理论概念，而不是在大量实证数据中抹杀理论。这一目标与弗洛姆的目标完全一致。然而，韦伯研究的目的是确定（1）大规模工业对工人个人性格和非职业生活方式的影响，更重要的是，（2）由于传统和恶劣的生活条件，工人中普遍存在的信仰和性格如何限制大型工业的发展。重点是精简生产，提高利润。相比之下，弗洛姆的研究根本没有考虑到它对大企业的实用价值。他的目标是阐明普遍解放的前景和先决条件，而不是维持或扩大公司利益的霸权。

弗洛姆采用了一个惊人的新方法，他将韦伯研究的特点与精神分析理论的思想结合起来，形成了"解释性问卷"。弗洛姆和他的合作者没有像韦伯那样带着一系列预设的问题进行面对面访谈，也没有用无法进行可靠量化和标准化的全面分析性访谈，而是让受访者书面回答一份有 271 个开放式问题的问卷。根据弗洛姆和沙赫特尔的说法，对某些关于妇女问题、堕胎、体罚、政治领导、友谊、金钱、娱乐以及品位和衣着问题的自发回应具有"相面的"（physiognomic）特征，表明应该对纯政治性话题的其他回答给予何种重视，如选民偏好、对右倾的态度、司法机构，还有国家权力，因为很容易在其中的左倾样本中听到套话或"政党话语"（Fromm, 1930b, chap.1）。因此，人们在主体有意识的想法或名义上的偏好与他或她真实的基本态度之间寻找细微的差异，这些都是根据"相面的"反应和文风特点来衡量的，包括模糊或省略的回答，或避免某些具体内容只能根据整个问卷来确定的项目（Fromm and Maccoby, 1970, pp.24–29; Bonss, 1984）。[1]

弗洛姆和沙赫特尔试图为社会研究设计一种精神分析工具，这与他们对以往的人格评估方法的深刻觉醒有关。1937 年，沙赫特尔认为整个人格研究领域是一维的，已经被工业心理学、管理层的利益，以

1　托马斯和扎内基（Thomas and Zanecki,1918）对波兰农民态度和愿望的研究包括对生活条件和文学作品（如信件、日记）风格特质的详细调查，但没有区分其显性和隐性内容。尽管有一些有意思的相似之处，但弗洛姆只提到过一次他们的作品（Fromm and Maccoby, 1970, p.149）。

及顺畅的官僚行政的要求据为己有。更早些的时候，在概述魏玛研究目标的一节中，弗洛姆讨论了只能选"是/否"或"分级"选项的问题的局限性：

> 态度测量和性格测试引申出一套用来算分的测量表，一定的分数对应一个答案。这种测试需要先设置一些会被选到的答案……限制答案的范围让人们能够给每个答案一个标准值，还可以通过去掉相互矛盾的答案或制定指标来进一步细化。将所有答案的得分相加，得出以分数表示的结果，这意味着个人回答的价值大幅缩水。两个被调查者可能有相同的总分，而他们的回答可能完全不同。当从原始上下文中抽离出来并变成数字时，这些答案就失去了原来的意义。测量的内容最终仍不清楚也不确定，态度或个性的个体结构丢失了。将答案限制在几个固定选项中的另一个局限是，预设的列表很难包含所有可能的答案。这样调查者所说的话只是他从一堆选项中选出的相对喜欢，而他自己可能从来没有想到过的。（Fromm，1930b，pp.46-47）

自 1930 年以来，统计推断和研究方法发展迅速。但根据一些人（例如，Lamiell，1981、1986）的说法，这种方法没有发生本质变化。这表明弗洛姆的疑虑仍然存在。"性格特征"如抑郁、攻击性和内向/外向性的分值，往往具有误导性，即使是最精细的统计检查和平衡也无法纠正。虚假的、误导性的或肤浅的数据，由于失去了特定反应的主观和语境决定因素而在源头就受到污染，无法提供受试者状态的准确图像。[1]

除了弗洛姆在主流人格研究中就问题的回答和评分提出的议题外，这些问题本身也存在明显的问题。在大多数调查问卷和测量表中，问题都是老生常谈又模棱两可的，并且对"正常"回答的构成假设狭隘或带有偏见，没有考虑文化、种族和个人发展的变迁如何塑造一个人的情绪性格。一个人的成长环境或当前生活的世界可能会导出一些态度，体现在这样的论述里："人们只是为了自己"，"我的父亲（母亲）软弱，不诚实，不关心我"，或"警察的主要功能是骚扰穷人和少数民族，保护富人和特权"，还甚至有"有时生活太苦了，不值得活着"。平时对他人表现出坚强和敏感的人，在临床或人格测试中可能偶尔会说出或赞同这样的说法。假设这样的反应说明有精神异常或抽象的人格"特征"，而不是由于环境因素、坦率的性格，或者由于健康问题，那这就只是一个假设，除非或直到它被个人生活史的细节所证实。从理论上讲，这些可能构成回答的说法对应的问题，往往揭示了设计这类测试的人和他们的调查主体一样多。[2]

以当代的标准来看，无论它有什么缺陷，弗洛姆和沙赫特尔采用

---

[1]　康斯坦茨大学的格奥尔格·利德（Georg Lind）在 1988 年所发表的一篇发人深省的论文中提出了类似的心理测量范式。

[2]　这里我主要是指在临床环境中使用人格评估方法。然而，拉米尔（Lamiell，1981）、罗尔（Rorer）和维迪格（Widiger）（1983）对今天的人格研究提出了类似的反对意见，认为用主流方法得出的各种特征的统计相关性纯粹是指总体上的人，在这个基础上，不能做出任何关于个体差异或人格结构的有效推论。大卫·巴肯（David Bakan）在 1966 年非常有力地提出了同样的观点。

的修正的精神分析方法都有助于打破一些普遍存在的误解。许多弗洛伊德-马克思主义者认为，与中产阶级或上层阶级相比，工人的社会状况会在他们中间产生更多的革命性或生殖型特征。社会主义的未来大概是要依靠他们的。然而，事实上，弗洛姆和他的同事们发现，有很高比例的工人投票给左翼，只是出于习惯或惯例，因此，在紧急情况下，他们不温不火的同情很容易因墨守成规和狭隘主义而被削弱，因此很难产生真要对抗法西斯主义的意愿。更糟糕的是，大约10%的左翼受访者表现出强烈的施虐受虐倾向，因此可能会积极地支持一个专制的、施虐的政权。那些仅仅基于选民的自觉偏好和观点的同期研究，弱化了法西斯主义的威胁，因为左翼在选民中的历史人气没有立即减弱的迹象。相比之下，弗洛姆不情愿地预测了希特勒的上台，理由是反对意见不充分（Fromm，1986，pp.117-133）。

弗洛姆关于工人性格的结论很可能阻碍了而不是促进了它们的发表。在评论马克斯·霍克海默不愿意出版这项研究时，赫伯特·马尔库塞回忆了研究所工作人员的担忧，即弗洛姆的分析会因为意识形态的问题而被扭曲，会被认为他在说工人之所以成为纳粹是因为他们是社会主义者（Bonss，1984，p.29）。在1974年德国广播电台的一次采访中，弗洛姆故意回避整个事件（Fromm，1986，pp.125-132），但他相信，如果他的研究能及时发表，应该会有助于动员抵抗希特勒的力量。

但无论其政治反响如何，弗洛姆的研究直到他死后才发表这一事实具有重要的科学影响。因为尽管有斯大林主义带来的影响，内维特·桑福德（Nevitt Sanford）和丹尼尔·列文森（Daniel Levenson）设计用来衡量法西斯主义倾向的"F量表"都要维持一方面是右倾同情和权威主义，另一方面是左倾观点和"民主"倾向的平衡，忽略了"左派的权威主义"（Shils，1954；Kirscht and Dillehy，1967）。尽管我们可以理解阻碍弗洛姆的研究初次发表的动机和美国人对它的无视，但霍克海默和阿多诺显然不能或拒绝承认弗洛姆关于左派权威主义的发现，提醒他们的同事据此设计他们的研究和工具，这很奇怪，也应该受到谴责。[1]

显然，法兰克福研究所不发表或不宣传弗洛姆的研究还涉及其他问题。雷纳·丰克说，尽管霍克海默及其同事不具备评估这种问卷的分析经验，但他们仍怀疑这一解释性问卷的可靠性（Funk，1984，p.95）。这里的假设可能是，如果他们有适当的临床经验，他们会相信弗洛姆的方法。但这似乎不太可能。毕竟，与几位经验丰富的临床医生合作，阿多诺及其同事广泛使用了《权威人格》（1950）中的深度访谈数据。更有可能的是，霍克海默和他的同事对弗洛姆数据的有效性和可靠性表示严重怀疑，因为弗洛姆既不依赖临床访谈也不依赖心理测试来支持他对受访者性格或心理过程的推断。相比之下，在20世纪40年代末的加州反犹太主义研究中，霍克海默、恩斯特·齐美尔及其合作者采取了明智的（也是历史性的）预防措施，对所有受

1　正如桑福德（Sanford, 1956）指出的，霍克海默和阿多诺等人可能没有设计检测左倾极权主义的工具，但他们实际取得的成果不会因此无效。然而，贬低弗洛姆的贡献、忽视他提出的问题，这种倾向仍然存在。最近，德国和美国准备将F量表用于高中生，这一（非常刺激的）尝试忽视了左倾极权主义的问题（Lederer，1983，p.45），并将阿多诺方法论的核心灵感归于弗洛姆以外的来源（同上，chaps.1 and 2）。

试者进行主题统觉测试和罗夏测验（Thematic Apperception Tests and Rorschachs）（Simmel，1946，chap.6）。类似地，《权威人格》的结论基于广泛的测试数据、深度访谈和问卷调查——弗洛姆早期的研究显然无法提供这一点。也许早在 1938 年，霍克海默就拒绝发表弗洛姆的研究成果，因为他相信该研究所可以做得更好，并希望用测试数据支持心理动力学解释。霍克海默及其同事的批评也可能不完全坦率，因为他们的未来计划不包括弗洛姆。这可能是他们在这个问题上明显沉默的原因，也是弗洛姆反驳时会愤怒又迟疑的原因。

无论如何，弗洛姆从《权威人格》中吸取了宝贵的教训（Adorno et al.，1950）。他再次尝试经验社会研究，是 1957 年至 1963 年对墨西哥一个村庄进行的大规模多维度研究，其中包括他 1930 年问卷的修改版，以及对大多数村民进行的面对面深度历史访谈和心理测试数据（Fromm and Maccoby，1970）。弗洛姆甚至试图在研究的严谨性和彻底性上超越霍克海默和阿多诺；除了这些控制，弗洛姆还收集了162 户相关家庭的详细人口、历史和人类学数据，并让众多研究人员作为参与者观察农民的日常生活，同时尽量减少对村庄日常生活节奏的干扰。达里奥·乌尔达皮耶塔（Dario Urdapilleta）博士曾说，弗洛姆甚至在开始这项大规模的工作前，与洛雷特·塞努尔内（Lorette Cenourne）博士和几位墨西哥前哥伦布文化人类学分析员举办了两次为期一年的研究生研讨会，以熟悉土著文化。

除了来自美国和墨西哥的心理学家和精神病学家外，弗洛姆在该领域的同事还包括教师、公共卫生官员和人类学家。他们长期与奇孔夸克（Chiconcuac）村交流，这为他们提供了长期观察的机会，使这项实验成为社会心理学史上最有意义的实验之一，尽管文献中很少提及（Fromm and Maccoby，1970）。[1]

然而，不管弗洛姆从中学到了什么，《权威人格》似乎并没有给弗洛姆留下深刻印象。他曾对迈克尔·麦科比说，其研究方法粗浅且"有实证性"，未能区分传统主义和权威主义或施虐受虐倾向，并指出霍克海默和阿多诺对他自己的社会心理学方法知之甚少（个人通信，1985 年 5 月 14 日）。当然，阿多诺确实区分了"保守派"和"伪保守派"两种类型，从表面上看，这些类型的区别中可能存在某种关联。这一苛刻的评估是否公正？

首先，我们回顾一下，阿多诺及其同僚曾强调美国保守派对资本主义竞争价值观非常坚定执着，还强调了不稳定的经济是社会进步的引擎，将是否存在民族优越感和种族敌意作为区分保守派和伪保守派的标准（Adorno et al.，1950，pp.181-182）。这一逻辑自然源自他们反犹太主义的初心（Simmel，1946；Jay，1973）。相比之下，弗洛姆的类型学反映了他所处的农业背景。在这种情况下，传统主义者，或者弗洛姆和麦科比所谓的"传统权威主义者"，围绕着传统的态度和活动组织自己的生活。在前资本主义的环境中，工作要么被视为保证

1　弗洛姆和麦科比最初没有说出他们研究的村庄的名字，但这个地点现在已经是众所周知的了。这项历史性的研究在 1969 年至 1975 年的《精神分析与心理疾病评论》（*Revista de Psicoanalisis，psiquiatria y psicologia*）上为精神分析社会心理学的理论和实践提供了大量有价值的文献。除了弗洛姆和麦科比之外，亚历杭德罗·哥多华、萨尔瓦多·米兰（Salvador Millan）、索尼娅·米兰–戈曼（Sonia Millan-Gojman）和罗兰多·韦斯曼都是重要人物。对弗洛姆创办的这本引人注意的杂志做出贡献的人还包括亨利·埃（Henry Ey）、伊万·伊里奇、哈罗德·西尔斯和安东尼·斯托尔（Anthony Storr）。

生存的必要之恶，并暗示着赋予生命尊严和意义的精神或休闲追求；要么被视为自我表达和自我发展的手段，或一种完善自己产品的手段。弗洛姆还指出，在传统环境中，生产和交换主要是为了使用和享受，而不是为了利润本身（Fromm，1941，chap.2）。以任何可能的方式尽可能多地生产物质财富，通过"击败竞争对手"让一个人的物质财富超过其传统或世袭地位应该拥有的量，这种想法被认为是愚蠢或唯利是图的。即使人们习惯认为工作只不过是一种必要的罪恶，资本主义生产的机械化和非人性化方法对传统主义者来说还是有损人格或不合理的。[1]

弗洛姆自己承认，他对前资本主义环境下的工作的描述源自马克思、马克斯·韦伯和W.H.塔尼。然而，这也与斐迪南·滕尼斯对"礼俗社会"（Gemeinschaft）和"法理社会"（Gesellschaft）即社区社会和契约型社会的关键区分，以及卡尔·波兰尼（Karl Polanyi，1944，1968）等实体主义经济学家的发现非常吻合。从这个意义上说，弗洛姆指责阿多诺及其同僚在他们对保守派的描述中忽视了传统主义者，这是非常正确的；因为在对美国社会的研究中，实际上没有弗洛姆以为的传统主义者的容身之地，他们的性格来源于前资本主义生产关系中的农民、贵族或行会中心价值观。与这些从事农业和手工业的传统主义保守派最接近的，是迈克尔·麦科比所称的"工匠"（the craftsman），这是一小群设计师和技术人员，他们与垄断资本主义存在着令人不安的共生关系，他们不关心利润和公司的利益（在管理层看来），而是关心

1　除了弗洛姆的工作之外，我还要感谢杰弗里·沃洛克博士关于传统主义环境下的工作心理的观点。

工艺质量和保持自己的创作自主权，因此要求雇主给予他们极大的尊重和管理技巧，以保持生产力（Maccoby, 1976, chap.2）。

此外，有人可能会说，阿多诺对民族优越感的强调虽然很有启发性，但对资本主义保守派的描述是片面的。任何环境中的保守主义都涉及复杂交织的信仰和价值体系，而民族优越感——或其缺失——只是其中的一部分。例如，在墨西哥农村，传统主义者和权威主义者都强调社会关系中等级制度的价值或必要性。然而，与权威主义者不同的是，传统主义者并不理想化（或认同）权威，也不相信行使权力的能力会赋予道德权威。传统主义者虽然不愿意改变，但可以适应新的环境，只要环境不威胁到她或他的生命和生计。权威主义者在情感上是孤立的，对自发和有表现力的行为持敌对态度，而传统主义者不同，他们看重个人尊严的价值，在本土的民间艺术和仪式中享受生活，以及强大的家庭生活——对逐渐渗透的商业主义和反常混乱的工业社会的积极回应（Fromm and Maccoby, 1970, pp.80–82）。

经验表明，传统主义者和保守主义者可以在多个方面与施虐受虐狂和权威主义者区别开来，包括对真理的倾向以及对社会等级、冲突解决和暴力使用、家庭和信仰、陌生人和弱势群体的态度。最终，社会心理学必须区分农业、行会或礼俗社会的传统主义者及其资本主义的对应者，以及前资本主义和资本主义社会特有的各种权威主义。同时，以下对传统主义与权威主义方向的描述提供了一个有用的出发点。

无论是在农业还是资本主义背景下，热爱生活的保守派都坚持以尊重长辈作为解决代际冲突的原则。尊重权威虽然根深蒂固，但不会促使他们压抑对被利用的愤怒或怨恨的情绪。此外，他们并不认为仅靠武力就可以赋予道德权威。这种对武力的反感与对弱势群体的同情心和对陌生人的谨慎开放相辅相成，并能形成尊重和信任。他们重视诚实和热爱真理的性格，在某些情况下，他们能够超越对人和事件的平庸或刻板印象。他们的育儿方式促进了对长辈的尊重与对宗教和家庭价值观的尊重，但不会损害成长中的孩子的自我、正直或内在价值感。

相比之下，权威主义者顺从长者，因为他们更有权力。没有权力，长者就会失去权威主义者的尊重、钦佩和羡慕。通过暴力解决冲突吸引了他们。如果陌生人更强大，就会被憎恨、恐惧和钦佩；如果陌生人不强大，就会成为被蔑视的对象。与陌生人、外围群体或弱势群体团结在一起——阿多诺等人的民族优越感——被认为是疯狂或可疑的。他们不爱真理，因此他们的真理标准，除了单纯的权宜之计，还受到对权威人物忠诚的影响。专制主义的育儿方式灌输了强迫服从、蔑视权威或两者兼而有之的思想，但如果家庭团结和亲密妨碍了对国家、政党或宗教秩序的忠诚，那么它就会失去合法性。

很容易理解为什么社会和政治心理学家对传统主义和权威主义之间的界限感到困惑。在前资本主义世界，有组织的宗教强化了民族优越感和不容置疑的服从，并寻求与专制势力的权宜之计结盟。换言之，它倾向于将权威主义与传统主义观点相结合，从纯粹的经验主义观点来看，很难将传统主义观点与权威主义以及新型资本主义保守主义区分开来。法西斯现象和第二次世界大战以来，有组织的宗教在政治解放运动中的模糊作用，使这些不同类型的宗教及其社会和历史混合体之间的区别更加明显。

我们来看看最近的趋势。右翼和左翼的独裁政权中，资本主义或国家资本主义背景下的权威主义者如果限制其利益集团行使权力，就会消耗宗教和家庭虔诚，让它们变得不合理。通过遵守传统的政治行为准则，有组织的宗教可能会对国家权威构成挑战，并会切实推进面向自由和维护人类尊严的运动。在战后背景下，这既适用于"解放神学"——它挑战马克思主义中普遍存在的主导结构（即经济），也适用于传统权威主义仍然占主导地位的罗马天主教。教皇约翰·保罗四世（John Paul IV）将教会历史上强调服从权威和男性在神职阶层中的主导地位与强烈热爱生命、关注人类福利和尊严的传统主义结合起来。这使他能够批评放肆的资本主义，放弃一些教会与压迫性右翼政权的历史勾结，以及与东欧进步势力建立日益密切的政治联盟。当然，几乎从任何角度来看，教会都是一个保守的等级组织。在其内部运作中，它的核心是封建和反民主的。尽管如此，共产主义社会中"保守派"和"进步派"的联盟正在迅速拆除斯大林的遗存，这显示出传统主义思维如何能够反对肆无忌惮的权威主义和压迫。

不幸的是，对权威性格的研究往往忽视了这些区别，而这些区别对于理解 20 世纪的政治至关重要。任何试图在今天更新《权威人格》的人都必须对家庭（或反家庭）与宗教（或反宗教）价值观和政治意识形态之间的历史关系进行更细致认真、更敏锐的讨论，并明确认识保守主义在资本主义下和农业背景下的区别。

农民或贵族背景下的传统主义者对资本主义持怀疑态度，因为资本主义破坏了传统的生活节奏。他们非常重视个人的忠诚和荣誉，并期望自己在社会中的地位得到尊重，他们往往宁愿逐渐贫困，而不是全面适应新的生产方法和生活规范，如机械化、缺乏人情味的管理和更高的个人流动性。此外，他们倾向于信仰宗教。相比之下，资本主义背景下的保守派相信"进步"，认为适应技术创新是当务之急，不尊重世袭等级，尽管能够实现忠诚并获得荣誉，但他们会根据资本主义规范重新定义其内容和限制，这与礼俗社会格格不入。保守的资本家对"制度"能够带来最大可能的人类幸福表现出极大的信心，即使没有公开的宗教信仰。

因此，尽管在资本主义和农业背景下热爱生活的传统主义者往往不受民族优越感的影响，但在其他层面上，他们的观点大相径庭。事实上，资本主义保守派将他们所有的虔诚和信任都投入了一个制度中，这个制度破坏了以前被认为是传统的结构和情感。随着资本主义保守主义的扎根，它取代了古老的、以土地为基础的价值观，曾经是传统主义观点特征的情感可能会被融合到自由主义的资本主义人性化尝试中，或者被融合到对资本主义制度的激进批判中，包括最近兴起的环境保护主义运动的内容。

弗洛姆从来没有明确分析过礼俗社会和法理社会保守派之间的区别，这就是为什么他对阿多诺的评论表现得如此严厉。然而，除了政治心理学和社会态度之外，德国礼俗社会传统主义者与资本主义保守主义者相对立的观点有助于理解弗洛姆这个人以及他对美国文化的深刻反感。尽管弗洛姆对马克思怀有深深的崇敬，对弗洛伊德进行了激进的批判，等等，但他在许多方面都是一位前资本主义时代的传统主义者，他在墨西哥农村比在美国城市更有家的感觉（Funk，1984，pp.119–122）。事实上，雷纳·丰克清楚地表明，弗洛姆觉得他自己对消费社会的反感源于他的宗教戒律和先辈的前资本主义价值观（Funk，1984，chap.1）。

从法西斯主义到市场性格

弗洛姆的《逃避自由》（1941）是一部研究封建主义如何向现代过渡的著作，它有着丰富的神学和社会学知识。尽管这项研究与之前十年他在权威主义方面的实证工作有关，但它主要是一项历史和理论探究。而很重要的是，《逃避自由》也为弗洛姆下一阶段的作品奠定了基础，体现在《健全的社会》（1955b）中。在这部作品中，他越来越关注他先前称之为"自动服从"（automaton conformity）的战后表现形式（Fromm，1941，chap.5，sec.3）。到1947年，弗洛姆用"市场性格"取代了这个词，这种特征以某种方式透露了弗洛姆在此后所写的一切，特别是关于"慢性轻度精神分裂症"的内容，他认为这是当代常态病理学的特征（例如，1968b，pp.33–43；1976，pp.133–139）。

在《健全的社会》中，弗洛姆详细论述了19世纪和20世纪社会性格的差异。但他也指出，19世纪和20世纪中后期的资本主义具有某些基本的结构特征。这些特征曾是——现在仍是：

1. 法律和政治上自由人的存在。

2. 自由人（工人和雇员）在劳动力市场上向资本所有者出售劳动。

3. 商品市场作为决定价格和调节交易的机制存在。

4. 每个人的行为目的都是为自己谋利，但由于有多人竞

争，最大利益应该是为全人类所积累。（1955b，p.80）

　　弗洛姆指出，资本主义的另一个统一特征是，生产首先是为了销售、交换和利润，而不是为了使用。劳动人民不再以直接的、人性化的方式为他人生产。他们为雇主生产产品，雇主通过一系列中间商分销商品。中间商对商品质量的兴趣虽然受到市场要求的影响，但会由于缺乏个人投入而降低，并且他们对待客户的方式通常会与生产过程一样变得程式化和非个人化，不需要什么技能或远见，只需要被动执行少量机械任务（Fromm，1941，chap.4；1955b，chap.5）。

　　弗洛姆认为，第二次世界大战前的发展预示着 20 世纪 50 年代会出现消费社会，西方会相对富裕且有普遍的一致性（1941，chap.4；1955b，chap.5）。其中最主要的是垄断资本主义的出现，以及它在广大民众中造成的日益严重的无力感和疏离感（Fromm，1937）。与农民、工匠或早期资本家不同的是，垄断资本主义下的大多数人并不拥有自己的生产资料，因此无论他们获得多高的报酬，他们都必须出卖自己的劳动，他们的经济支撑完全依赖于工资收入，这使他们更无力应对市场力量。这种（通常是无意识的）无助感随着资本集中到更少的人手中而加深，剩下的中小型企业不得不面对巨型公司的市场阴谋和不可控制的危机（Fromm，1937；1941，chap.4）。

　　此外，弗洛姆认为，市场力量的无情和不可预测，使个人的"个性"获得了相应的溢价；或者说，人们愿意在生产或销售链中适应一个（或多或少）可交换的位置。这样的位置很多都不需要高超的技能，但需要合适的"态度"。就整个生活都受到市场力量的影响而言，人们越来越多地将自己视为待售的商品，因此，他们的自我价值感会随着接受度、能力和被认可的外部符号而波动（Fromm，1941，p.141；1947，pp.75-89）。从表面上看，这种悲惨遭遇似乎与法西斯主义相去甚远。许多心理学家会坚持认为我们正在处理截然不同的现象——事实上确实如此。但它们之间存在真正的联系。

根据弗洛姆的判断，19世纪工业社会的社会特征主要是囤积（即肛欲）和剥削（口欲—攻击）倾向的混合，其根源在于激烈的竞争和物质的极大匮乏（1955b，chap.5）。在现实中人们奖励的美德是勤奋、节俭、清醒和在商业交易中的一种严酷的诚实，不排除对他人需求和利益的无情漠视，因为他人的不幸被认为是上帝的意志、是自然法则或道德和智力低下的应有的报应。这种积极的努力和信仰的结合从社会达尔文主义中获得了可信度和社会地位。社会达尔文主义是一种世俗的神权论或宇宙论，它使得以利己、自我膨胀和明目张胆掠夺的态度对待他人的行为，包括殖民主义的蹂躏，变得合理（Harris，1968，chap.5；Kumar，1978）。不过奇怪的是，弗洛姆的分析中几乎没有涉及最后一项。[1]

与20世纪30年代初的威廉·赖希一样，弗洛姆认为法西斯威胁的主要支持者来自下层中产阶级。回顾过去，这一评估仍然有意义。除了工业领袖和小资产阶级之外，下层中产阶级从资本主义生产的第一次大浪潮和殖民扩张中获益最多。下层中产阶级习惯于节俭和勤劳、接受教育和个人主义，渴望提高自己的社会地位，他们觉得社

1　查尔斯·狄更斯、约翰·拉斯金和乔治·萧伯纳等批评家带着机智、讽刺和悲情的方式描绘了19世纪资本主义的这些特征及其对个人和社会性格的影响。

会达尔文主义是符合他们想法的哲学。他们是被危机打击的第一批人，但他们强烈地相信他们能够短暂而不稳定地享受帝国主义肆无忌惮扩张带来的战利品。在全球资本主义摇摇欲坠之际，他们的极度失望为法西斯煽动家宣扬作为社会达尔文主义变体的种族主义和民族主义提供了肥沃的温床，这些法西斯承诺要在一阵民族主义狂热和残酷地寻找替罪羊活动中，消除经济衰退带来的痛苦和耻辱。由于反对者的麻痹和盲目，再加上萧条、失业、通货膨胀以及贵族和资产阶级反动分子提供的现成的现金，法西斯主义迅速成为一种可怕的全球威胁（Kitchen，1975）。[1]

但是，尽管弗洛姆从来没有对此说这么多话，但新经济秩序所释放的生产力的全面发展，需要一种不同于法西斯控制下的顺从。战时基础上的经济为工业带来了一定的优势，但不可能无限期地维持下去，哪怕只是因为一方终将失败。尽管发生了第二次世界大战和经济危机（也是最终促使自动化制造并开始发展的引子），但 19 世纪和 20 世纪初的自动化制造，以及由两次世界大战加速的交通和通信领域令人难以置信的创新，不可阻挡地反映在消费社会中。在消费社会中，制造业的变迁（劳动力成本、原材料成本、新的资本投资）被为消费商品寻找（或创造）新消费市场的必要性，以及推迟生产过剩的危机的必要性所掩盖。生产过剩的危机可能造成新的具有威胁性的革命局势，而这种局势的最终结果，人们担心会是社会主义。

---

1 《逃避自由》（1941，chap.6）中弗洛姆暗指希特勒的"达尔文主义的粗暴普及"，但没有提到社会达尔文主义在 19 世纪和 20 世纪初中产阶级意识形态中的盛行，如优生学运动，以及随着帝国主义的扩张，新兴的心理学、社会学和人类学科学在制度和概念上认可的多种种族主义覆盖了全球（Harris，1968，chap.5）。

因此，与马克思对工人阶级加速贫困的预测相反——但也部分因为——广泛的加薪使迄今为止没有财产的无产阶级在新制度中占有一席之地，同时也帮助了中产阶级。在随后的消费社会中，制造的变迁被销售技巧的变迁所掩盖。因为随着机器取代产业军，寻找（或创造）新市场的问题变得前所未有的重要，而企业集团、信托公司和跨国公司的增长将生产的控制权从个体资本家控制的中小型企业转移到激增的管理集团中（Fromm，1941；1955b）。

这一转变反过来要求"团队成员"（team players）的发展，而不是曾经粗犷的个人主义（Maccoby，1976）。与他们的祖父、曾祖父或更早的封建先辈不同，团队成员的经济角色身份受到严格限制，他们不能仅仅依靠惯例、技能或努力工作，他们需要灵活地扮演任何角色，以促进他们的进步，或使他们免受单独行动的考验；随着资本集中在跨国公司手中，以往仅靠惯例、技能或努力工作带来的优势越来越少。这种新型的经济共生关系发生在高度流动、竞争激烈且无情的垄断资本主义世界中，而不是在乡村绿地上，也不是在教区牧师或当地乡绅仁慈的目光下。换句话说，这是一种没有深厚或持久的情感纽带的共生关系，而这种情感纽带是在封建制度下可能形成的。

根据弗洛姆的说法，把自己当作待售商品的营销人员的座右铭是："你想要我是什么，我就是什么。"这句话表达了极端的自塑型适应（autoplastic adaptation），对他人接受和认可的依赖，以及缺乏信念、价值观和个人属性的核心，这些信念、价值观和个人属性通过人类生活所特有的时间被赋予完整性和连续性。一个奇怪的悖论是，营销类型的人既是卖家，又是被出售的商品，因此，在复杂变换的市场中，就业、被接受和成功构成了个人的首要目标，他或她的自尊点以及方向和奉献的框架主要位于外部；无论营销人员似乎拥有什么样的特质或信念，与其说是深植于内心的东西，不如说是特定社会角色所要求的人物角色的功能（Fromm，1947）。尽管弗洛姆没有明确表示，但有理由推测，企业生涯对员工的升迁（或继续保持）所带来的溢价使得维持相对肤浅的关系成为一种务实的必要。其结果是对基本信任的侵蚀，而这反过来又需要用表面上的社交能力缓解焦虑，保持社会关系的正常进行，而不会产生太多摩擦或公开对抗。

尽管两者有着重要的相似之处，而且都植根于资本主义社会，但营销型的他律取向不同于独裁性格的施虐受虐——这是弗洛姆在《逃避自由》（1941）中的主题。权威主义者更接近于强迫症或肛门性格，表现出一种残酷无情的超我，这种超我会加深服从、非理性的怀疑和焦虑、无价值感、无能感或对侵略者的认同，并努力支配、伤害或控制他人。这种他治性是早期工业资本主义的特征，而不是最近的现象。

相比之下，营销类型在与旧式父权制权威背道而驰的经济条件下蓬勃发展，但消费主义和通过操纵而非强迫同意来管理社会的现象急剧增多。尽管营销趋势可以与权威主义、虐待狂或口欲期攻击性相结合，更典型的情况是，市场导向与接受性动力相结合，表明此人缺乏惩罚性超我以及剥削、控制和羞辱他人的欲望。焦虑源于他或她自己的被动和孤独，这种被动和孤独通过自塑型取向和缺乏对他人的真正接触或兴趣而不断得到强化。

死亡恐惧、恋尸癖和精神分裂症倾向

早在厄内斯特·贝克尔（Ernest Becker）的畅销书《反抗死亡》（*The Denial of Death*，1973）出版之前，弗洛姆就认为压抑对死亡的恐惧和意识是我们文化中最显著的特征之一（Fromm，1941，pp.270-272）。对于那些具有哲学头脑的人来说，弗洛姆的营销综合征和海德格尔的"他们的自我"（they self）之间有一个有趣的相似之处，这点被那些"堕入"不真实的境地的人所接受，使他们无法进行自我调节的反思，并且缺乏"面对死亡的决绝"，而这是人的"最本己"（ownmost）的可能性之一（Fromm and Xirau，1968，pp.296-300）。然而，与海德格尔不同的是，弗洛姆强调了这种生存意识对于加强人与人之间深厚纽带的潜力，而这种纽带在当代生活中是不存在的。相比之下，海德格尔认为，建立在维护和增强人的自主性基础上的真正社群其实不是一个备选项。一个人要么沉溺于"那个他们"的无中心、无差别的社交，要么追求自己的孤独之路。无论哪种方式，一个人在这个世界上永远不会真正地"在家"，尽管只有在真实性的孤独模式下，他才会意识到这一事实（Heidegger，1927）。

毫无疑问，弗洛姆会同意罗格斯大学的两位心理学家乔治·阿特伍德（George Atwood）和罗伯特·斯托罗楼（Robert Stolorow）的观点。他们认为海德格尔将人类疏远的一种模式本体化，使之成为人类的状况本身（1984，pp.15-23）。因此，正如他们所说，海德格尔的《存在与时间》（*Being and Time*）代表着"在一个人永远处于被社会环境的压力和影响所吞没的危险的世界里，为个性和可靠的真实性而痛苦斗争的象征"（同上，p.23）。

弗洛姆对现代性的观点与精神病学家维克多·弗兰克尔有相似之处。尽管弗兰克尔受过弗洛伊德主义者的训练，但他和弗洛姆一样总结出，对于他临床上遇到的许多情况和困扰，降低驱动力或焦虑，以及对性满足的追求并不能提供一个适当的模型。与弗洛姆一样，弗兰克尔强调孤独、痛苦和极端的不确定性对于生活在不完美世界中的充满活力和理智的个体来说，是不可少的体验维度（参考对比Fromm，1955b，pp.173-174；Frankl，1959，pt.2）。弗兰克尔声称，在目前的环境下，"灵魂的治愈"可能取决于恢复真实的痛苦能力和享受能力。同样，弗洛姆指出：

> 一个活泼而敏感的人，一生中不可能不感到很多次悲伤或难过。之所以如此，不仅是因为我们社会安排的不完善所产生的大量不必要的痛苦，而且是因为人类存在的本质。既然我们是活生生的人，我们就必须悲哀地意识到，在我们的愿望和我们短暂而多灾多难的一生中能够实现的目标之间必然存在差距。既然死亡让我们面对一个不可避免的事实，要么我们先于我们所爱的人死去，要么他们先于我们死去——既然我们每天都会看到周围的痛苦，可避免的、不可避免的，我们怎么避免痛苦和悲伤的经历呢？那只有降低我们的敏感度和反应能力、减少爱，只有硬起心肠，收回对他人以及对自己的注意和感受，才可能避免。
>
> （Fromm，1955b，p.178）

之后，弗兰克尔批评弗洛伊德的理论强调快乐原则而损害意义。弗洛姆也以类似的方式批评了当代"心理健康"的实践为了社会控制试图将人类经历的各个维度变得扁平而琐碎，而这些经验不属于狭隘的成熟概念：

> 在我们的社会中，情绪通常是不受鼓励的。虽然……任何创造性思维……都与情感密不可分，没有感情的生活已成为一种理想……"情绪化"已经成为不健全或不稳定的同义词。接受了这个标准，个人就变得非常虚弱；他的思想变得贫乏且没劲……
>
> 在把情绪列为禁忌的过程中，现代精神病学扮演着一个模棱两可的角色。一方面，其最伟大的代表人物弗洛伊德突破了关于人类思想有理性目的性的谎言，开辟了一条通向人类激情深渊的道路。另一方面，弗洛伊德的这些成就丰富了精神病学，使其成为操纵人格的总体趋势的工具。许多精神病学家，包括精神分析学家，描绘了一幅"正常"人格的图景，这种人格永远不会太悲伤、太愤怒或太激动。他们用"幼稚"或"神经质"这样的词来谴责不符合"正常"个体的传统模式的性格特征或类型。这种影响在某种程度上比更古老、更坦白的中伤更危险——这个人至少知道有人或某些学说批评他，他可以反击——但谁能对"科学"进

行反击呢？（Fromm，1941，pp.270-272）[1]

精神病学经常压制的东西包括"悲剧意识"和"死亡意识"：

> 有一种禁忌情绪我要特别提一提，因为它的压抑深深
> 触及了人格的根源；悲剧意识……对死亡和生命悲剧方面
> 的意识，无论它是模糊的还是清晰的，都是人类的基本特
> 征之一。每种文化都有自己应对死亡的方式……我们这个
> 时代只是简单地否认死亡，而死亡是生命的基本方面之一。
> 人们没有让死亡意识和痛苦成为对生命最有力的激励，成
> 为人类团结的基础，没有了这种体验，快乐和热情就缺乏
> 了强度和深度，人们反而被迫压抑它……因此，对死亡的
> 恐惧在我们中间是一种不合理的存在。尽管试图否认它，
> 它仍然存在，但由于被压抑着，它也仍然没有什么活力。
> 它是让其他经历平淡无奇、生活中弥漫着不安的根源之一，
> 我敢说，它解释了这个国家为什么为葬礼支付了如此巨额
> 的资金。（同上，p.271）

尽管今天的人们可能对死亡深感恐惧，而事实上，这比他们利用
恐惧为生命服务更可怕，但弗洛姆认为，在另一种意义上，他们被死
亡所吸引，对活着的一切感到恐惧或排斥。根据弗洛姆的说法，当代

1　虽然我不太愿意把这篇文章描述为"抗精神病学"，但它对此也并非强烈支
持。有关这方面的更多信息，请参见弗洛姆（1955b，chap.5，secs.2c[i] and 3）。

文化中的恋尸癖表现在军备竞赛与我们无法规划未来和理智地管理我们的环境上（Fromm，1968b，chap.3）。它还表现为精神分裂、无聊和被动的普遍倾向，以及我们对机器和小工具的不理性的文化浪漫。弗洛姆还在墨守成规的平庸的名义上的反对者中发现了这些趋势，集中体现在前卫艺术家如马里内蒂（F. T. Marinetti）的法西斯主义狂言中（1973，pp.31-32，382-384）。

　　弗洛姆关于恋尸癖的概念及其基本原理相当混乱，几乎不能称之为"理论"。不过，从纯描述的角度来看，它还是触及了一些令人深感不安的事实。人们只需反思不断上升的犯罪率、媒体和流行文化中暴力和谋杀的盛行，以及以拯救的名义鼓吹末日审判的电视布道者无意识的死亡愿望，就可以理解恋尸癖是多么普遍了。然而，我们必须做出一个重要区分。恋尸癖者特有的暴力、痛苦和对生命的蔑视，在罪犯、吸毒者和希望似乎不可挽回地破灭的边缘人群中屡见不鲜。他们在相对缺乏约束的情况下戏剧化地表达自己的内心现实时，不会有什么大的损失。更危险（因为不太明显）的恋尸激情出现在表面上看更理智和"正常"的个体身上，他们最有可能谴责更离经叛道的个体或让他们当替罪羊；他们责备绝望和贫穷的人自私和缺乏约束，并呼吁对这些人采取更多的惩罚措施，而他们的玩世不恭和缺乏同情心则被正确的决策力合理化或掩盖。

　　恋尸癖者在技术意义上是不是罪犯——他们往往是——基本上是无关紧要的。社会关系的结构允许以各种完全"合法"的方式伤害、欺骗和羞辱他人，而且不仅仅是个人，而是整个群体。讽刺的是，习惯性地责怪受害者的那些自以为是的死亡崇拜者，往往没有意识到他们自己的受害情况，而这一情况相应来说没有弱势群体的明显，就像他们理想化并希望支持或恢复的体系的很大一部分——例如地方性悲剧，他们往往把这些悲剧怪到女权主义、放任主义、少数民族、无神论等等之上。

除了营销和恋尸倾向，作为现代心理学不可或缺的一部分，弗洛姆提到了一种精神病学帮助维持的强烈情感禁忌（Fromm, 1941, chap.7）。与此相关的也许是他所说的精神分裂症患者的"生殖"现实主义，患者会真实地记录外部现实中的事件，但这些事件与他或她自己的主观感受和处理过程极为疏远（1947, pp.108-113）。在弗洛姆看来，这种疏离虽然在统计上相当普遍，但从人性角度讲，与精神病中的另一个极端一样疯狂，即把人的主观感受和加工过程当作真实发生的事件（Landis and Tauber, 1971, p.414）。类似地，弗洛姆在《希望的革命》（*The Revolution of Hope*, 1968b）中指出，精神分裂症患者和偏执狂一样，在没有理性的情况下可以完全合乎逻辑，而真正的理性前提是思想和情感的平衡与综合，这在今天是很少见的。事实上，对绝大多数人来说，那些没有失去大脑和心脏之间重要联系的人往往因此而显得"疯狂"（同上，pp.42-43）。[1]

年龄、青春和性别平等

弗洛姆对当代社会性格的刻画没有考虑到在现代生活中发挥巨大

1　哈里·冈特里普（Guntrip, 1968, p.48）简要阐述了当代生活中的精神分裂症的特征以及它在存在主义哲学中的明显反映。迈克尔·麦科比（Maccoby, 1976, chap.7）敏锐地讨论了在商业环境中导致身心分裂的许多压力。

作用的几种趋势。一个例子是，自第二次世界大战以来，对家庭生活和传统性别角色的反抗日益强烈。尽管弗洛姆会不留情面地批评弗洛伊德的父权偏见，但他对这个问题说得很少，表明他对这个问题极其不舒服（Fromm，1956a，pp.12–13）。例如，弗洛姆指责弗洛伊德误解了性爱，认为性欲在男人和女人身上本质上都是男性化的（同上，chap.2，sec.3c）。与此相反，弗洛姆坚持认为，人与人之间真正的爱或交流是建立在现实、欣赏和增强彼此差异的基础上。弗洛姆在一篇题为"性与性格"（Sex and Character）的文章中指出，自启蒙运动以来，人们倾向于将平等与同一性混为一谈，这是无意识地屈服于反动言论的一个倾向性特征。

许多反动思想背后的隐含假设是，平等是以个人或社会群体之间不存在差异为前提的。由于这种差异显然存在于生活中所有重要的事情上，所以他们的结论是不可能有平等。相反，当自由主义者否认人类在精神和身体天赋方面存在任何巨大差异，或是存在有利或不利的偶然人格条件这一事实时，在普通人的眼中，这只会反衬出他们的对手是正确的。平等的概念，正如它在犹太－基督教和现代进步传统中发展的那样，意味着所有人在基本方面都是平等的，比如那些为享受自由和幸福而努力的人。它还意味着，作为这一基本平等的政治后果，任何人都不能成为另一个人达成目的的手段，任何一个团体也不能成为另一个团体达成目的的手段……由此，平等是差异充分发展的基

础，它导致个性的发展。（[1943]1963a, p.112）

　　这些评论表明，在弗罗姆看来，由于我们都是独一无二的，我们都有权享有平等的权利和机会来发展和表达我们独特的天赋。但是，尽管在这方面我们应该毫无例外地受到平等对待，但女人拥有或应该拥有与男人平等地进入劳动力市场的选择权，并不一定意味着她们必须行使这些权利，必须远离家庭生活和生育。为了与男性平等而必须这样做的建议——虽然现在已经过时，但弗洛姆在世时，在女权主义者中相当盛行——让弗洛姆觉得令人反感和荒谬。据他估计，这只会促使女性日益男性化以及两性关系的去极化（1956a, pp.12–13）。

　　弗洛姆在他所认为的 20 世纪六七十年代反主流文化的女权精神中，看到了另一种希望消除性别差异的动机。他的言论既是对反主流文化的批判，也表达了他观点中一种特殊的模糊性，即激进的反爱国主义思潮与强烈的传统主义倾向交织在一起。关于反对盛行的父权制规范，弗洛姆指出：

　　　　某些母系倾向可以……在一些多少有点激进的年轻群体中观察到。不仅因为他们是严格的反独裁主义者；也因为他们接受……巴霍芬和摩根所描述的母系世界的价值观。集体性淫乱的观念（无论是在郊区的中产阶级还是共享性爱的激进社区）与巴霍芬对人类早期母系社会阶段的描述有着密切的联系。还可以提出这样一个问题，即减少外貌、衣着等方面的性别差异的趋势，是否也与废除男性传统地位的趋势有关，是否使两性不那么两极分化，从而导致（情感上）倒退到性器前期的婴儿时期（[1970b], 1970a, p.105）。

弗洛姆提出这个问题的方式表明，要么是他对英语的掌握不完善，要么是一种默契的假设，即生殖器至上（他将其等同于成熟和分化）取决于"男性的传统地位"的保持。弗洛姆从未详细阐述过这一点，因此不可能准确地理解他的意思。然而，对大多数人来说，"男性的传统地位"意味着在经济上占主导地位，通常是在家庭或家庭以外，并受到宗教传统的认可。也许弗洛姆无意暗示这一点。然而，他的措辞表明，在他对父权制的批判背后，隐藏着一种更为保守的强烈情感。（请注意他对弗洛伊德性心理模式的任性引用，他表面上拒绝了这个理论以体现自己对成熟的思考；这是他在这方面存在矛盾心理的进一步证据。）

对于当代社会对青年的总体态度，弗洛姆也几乎没有说什么。弗洛伊德通过展示成人人格在童年经历中的根源促进了这种态度。但在更普遍的层面上，这种现象源于社会对培训未来工人、技术人员和消费者的兴趣，以及对技术基础设施不断革新的兴趣。为了维持经济增长，资本主义依靠不断提高的技术水平来激化竞争。结果，老年人的技能、知识和态度，更不用说他们对社会和审美的感知，被认为随着技术的每一次革命而过时。这种态度导致了大家庭的衰落，而埃里克森称之为"跨代认同"（transgenerational identification），埃里克森将人们的注意力引向了老年人对"传承"的需求，这能将他们与新一代的生活联系起来，还有年轻人对老年人的正面经验及其所拥有的一切的互补需求。由于普遍认为老年人没有什么值得传播的东西，所以出现缺失的相互性（missed mutuality），给年轻人和老年人都造成了不可估量的损失（Erikson，1960）。因此，对衰老的恐惧、对年轻人的重视等等导致了只能被称为流行文化的幼稚化的现象。当他们的关注应该同样包括年轻人和老年人时，许多人在二十多岁、三十多岁和四十多岁时却在逃避责任，仍然困在青春期后期的同龄人的看法中。对他们来说，老年似乎是一种诅咒而不是祝福，就像在前资本主义环境中经常发生的那样：技术变革的步伐是缓慢的，并受传统价值观的制约。所有这一切有一个必然的推论：自 19 世纪后期以来，所有年龄段的人对心理治疗的需求都有了极大的增长。

当代社会性格的其他观点

由于弗洛姆对现代心理学看法尖锐，所以毫不意外，弗洛姆的部分学生发现他观点夸张、易于忽视技术革命带来的变革所固有的积极潜力。大卫·里斯曼和迈克尔·麦科比都是分析师且与弗洛姆是同事，他们将弗洛姆对流行趋势的评估与他们自己对一个日益以技术和市场为导向的社会的生产性和潜在的解放性的看法进行了对比（Riesman，1950；Maccoby，1976，1983）。里斯曼的学生麦科比批评弗洛姆将盛行的社会性格与生产性自我实现的规范理想进行对比，而该理想以在封建背景下发展起来的艺术家或神秘主义者的品质为蓝本，这与当前情况不符。在当前的条件下，弗洛姆的理想几乎没人能实现，甚至它的可取性也有些无意义（Maccoby，1983）。麦科比认为，在弗洛姆关于社会性格的著作中为他的最佳作品提供信息的，本质上是历史和经验的方法论与一种规定性的、道德化的立场的混淆，而这种立场暗示着一种"纯粹的"生产性发展的可能性。事实上，弗洛姆认为没有"纯粹的"生产性性格；相反，我们所有人都是拥有各种性格取向的混合体，其强度和组合各不相同（Fromm，1947）。但在他的作品中，这一点他并非总是说得清楚。麦科比对这些问题的担忧产生于 20 世纪 60 年代末，这促使弗洛姆和他在墨西哥的研究放弃把"生产性性格"作为一个独立的结构来研究，转而将"生产性"的不同强度和混合与接受性、剥削性、囤积性或市场性趋势联系起来（Fromm and Maccoby，1970b）。

弗洛姆和麦科比对墨西哥村庄的研究是在人们对社会性格的兴趣逐渐减弱的时候发表的。它引起的兴趣远远低于它应得的。然而，里斯曼备受赞誉的《孤独的人群》（*The Lonely Crowd*，1950）显然要归功于弗洛姆《逃避自由》（1941）和《为自己的人》（1947）。为了与弗洛姆在性格、气质和整个人格之间的类型学区别保持一致，里斯曼开始反思美国的社会性格，他

将性格结构定义为与个体的驱力和满足有关的、或多或少固定的、受社会和历史因素制约的组织。这样的定义的措辞没有"个性"（personality）这个词那么全面。个性在目前的用法中表示整个自我，包括其遗传的性情和才能、其生物学和心理学的部分……我之所以从这个复杂的抽象概念中选择"性格"（character），是因为……我建议应对那些在维持社会形式方面也起主要作用的个性成分，即在终

身社会化过程中习得的个性成分。（Riesman，1950，p.4）

里斯曼方法的另一个方面归功于弗洛姆，那就是他对"调整"（adjustment）和"自主"（autonomy）的区分。里斯曼说的自主，意思或多或少与弗洛姆所说的"生产性性格"相似，即通过爱的力量和独立判断与世界联系的能力。而里斯曼说的调整意味着顺从。里斯曼敏锐地意识到，个人性格和社会性格之间可能存在巨大差异，采用社会主流制度和习俗中体现的价值观可能会对个人造成严重伤害：对于那些能够认识到自身自主性的人，调整是一个难题，也是一种诱惑；实现并保持自主性绝非易事（Riesman，1950，p.356）。

然而，里斯曼故意不使用弗洛姆的市场性格概念来描述当代场景。相反，里斯曼认为，西方社会的总体趋势是从"传统导向"（封建）到"内部导向"（现代早期）再到"他人导向"（晚期资本主义）的性格取向。根据定义，弗洛姆的市场导向是受外界支配的，而里斯曼认为在"他人导向"的框架内，自主性的可能性比弗洛姆认为的更大（Riesman，1950，pp.300–306）。里斯曼的乐观估计基于的假设，是现代性包括的自我意识越来越多，这是伴随着消费主义的趋势和越来越以市场为导向的观点而来的；普通"外向型"的个人比封建或早期资本主义下的同龄人更具有自我意识。里斯曼希望，随着时间的推移，会出现一种"幸存的残余者"（saving remnant），这种"幸存的残余者"的反思意识的力量将使他们能够让同时代人意识到另一种导向的观点中固有的自我异化的可能性，从而实现广泛的社会变革。尽管里斯曼比弗洛姆对主流体系内转型的可能性更抱有希望，但他忽略了用令人信服的证据支持"他人导向"与增强自我意识之间的表面关联，也没有解释未来的"幸存的残余者"将如何摆脱对同侪群体观点和市场趋势的盲从，并作为有效的社会催化剂联合起来。

尽管如此，里斯曼的研究还有个优点，他洞悉了社会中许多不受约束的"波希米亚飞地"实际上是如何的"他人导向"、小圈子和暗中顺从的，以及放松对性别的传统约束如何进一步推动市场心态侵入人际关系——考虑到文章撰写的时代，这是一个有先见之明的观察。更重要的是，里斯曼对作为社会化动力的教育和大众媒体所做的反思和分析，远比弗洛姆明确得多。尽管弗洛姆从未这样说过，但战后大众教育和电子媒体的普及相对降低了家庭作为社会化动力的重要性。强调家庭是主流经济需求和价值观的主要传播者可能已经不合时宜，但家庭在封建和早期资本主义环境中处于核心地位。

但如果弗洛姆忽略了当代场景的这些（和其他）方面，他确实承认有一种更分散的意识形态在支撑着它们。人们相信，通过越来越有效的手段生产越来越多的东西就是"进步"；如果某件事可以做，就应该做（Fromm，1968b）。讽刺的是，20世纪资本主义将"进步"的精神作为其与生俱来的权利，但却将其大部分原始内容的思想一扫而光——这一转变不那么明显，因为它被广泛忽视了。自法国大革命以来，激励了进步思想家的理性的目标、自主的目标和深刻而自发的社会性的目标，在20世纪资本主义中已被对物质繁荣的关注和技术型社会包罗万象的各种设计所取代。

我们被告知，进步是一件好事。曾几何时，它确实是。但是，激励我们的前辈摆脱封建主义枷锁的理想普遍衰弱了，这使得20世纪的"进步"之神太过天真、机械和愚蠢，几乎不值得与它的早期现代前辈进行比较。诚然，弗洛姆对当代生活的描述对许多人来说听着是刺耳的，是危言耸听的，但是对于今天的许多流行思想家来说——包括马尔库塞、拉康、福柯、鲍德里亚和他们的追随者，弗洛姆对现代性的谴责还远远不够尖锐。然而，试图"揭露"或解构诸如"个人自治"或"社会性"之类的规范性理想，因为它们本质上是意识形态的，除了纯粹的否定性批判之外，没有任何解放社会实践的目标。即使在这里，它也还是不足的。任何解放计划——无论是个人的还是社会的——都必须遵循某种暗含的人类自由和福祉标准，才能让人理解，更不用说那些要有说服力的了。结构派理论和"后现代"的思想最后都容易终于虚无主义和夸大其词，因为它对资本主义晚期社会中普遍存在(即使是无意识的)的趋势采取了有意识的和深思熟虑的策略——使引导资本主义诞生的最初理想变得空洞。相比之下，弗洛姆虽然在当代生活中攻击了他所谓的"个性幻觉"(the illusion of individuality)(Fromm，1947, chap.7)，但保留了一些自主选择和个人发展的概念，将其作为非意识形态的准则和民主社会主义的目标。

第六章　共识、顺从和虚假意识："常态病理学"

规范人本主义与同感效证

"常态病理学"一词在弗洛姆的《健全的社会》（1955b）第二章中出现过，但只有一次。这本书整体来说关注的是战后工业社会的普遍异化。但"常态病理学"并不仅仅指这么近或特定的现象。就像健全社会的理念一样，它源于弗洛姆所称的"规范人本主义"，这是一种更宏大的人类学和历史观。它有个有争议的前提，即一个社会整体上可能生病或"疯狂"，因为它无法解决对人类个体的成长和发展至关重要的生存需求（Fromm，1955b，1973）。弗洛姆在《健全的社会》里研究的对象包括心理健康理论家，他们将适应或顺从新兴的技术官僚秩序视为保持健全和幸福的必要或充分条件：

> 人们天真地认为，大多数人都有某些共同的想法或感受，这说明这些想法或感受是有效的。没有比这更离谱

的了。这样的同感效证对心理健康没有任何意义……无数人有着相同的恶习，这并不能使这些恶习成为美德，人们犯过那么多一样的错误，也不能使这些错误成为真理。（1955b，p.23）

然而，弗洛姆很快补充说，同感效证的错误和恶习确实涉及一些回报；例如，受社会模式缺陷影响的人经历的内部冲突和神经质痛苦更少，或者比明显神经质的人更少意识到他们的冲突和认知扭曲。因为神经症患者的理性化反映了个人冲突和欲望，对外人来说可能是一目了然的，而从众心理学中对真理的漠视或敌视则具有较低的社会可见度，因为它是为社会共有且被强化的（Fromm，1973，p.396）。在这里，个人层面上对洞察力和变革的抵制，与其说是个人审查和压制的产物，不如说是牢牢扎根于个人集体认同感、共识模型和现实定义中的共同观点的产物。弗洛姆经常重复的格言有效地总结了这种情况，即对社会中的大多数人来说，"大多数真实的东西是无意识的，而我们意识到的大部分东西都是不真实的"（Fromm，1975，p.403）。

显然，弗洛姆在这里的思想与传统智慧和心理健康专业的理论及实践不一致。当涉及基本心智健全的问题时，非专业人士和临床医生都习惯于根据对其内容的同感效证程度，以及其基本过程的充分性或可理解性（就我们所能理解的而言）来衡量思想过程的理智性。精神健康专业人员使用的许多诊断工具和医疗方案仅仅是对这些常识假设的完善和系统化的延伸。因此，对于普通人来说，真实的东西是无意识的，而意识到的东西是不真实的，这一观点会让任何社会中的大多数人——包括更具思想性和反思性的人——感到夸张。因为，如果大多数人认为他们的同伴在某些至关重要的能力方面有缺点或缺陷，那么对共同信仰系统和日常互动仪式的所有信任都会崩溃。既然如此，是什么促使弗洛姆支持这种令人不安的观点呢？

在回答这个问题之前，我们应该注意到常态病理学（pathology of normalcy）的概念——与术语不同，它实际上并不是弗洛姆的原创。事实上，它和哲学本身一样古老。其最著名的哲学表述是柏拉图《理想国》中著名的"洞穴神话"。但在柏拉图前后，印度教和佛教的圣人以及希腊哲学家，如泰勒斯、阿那克萨哥拉斯（Anaxagoras）、赫拉克利特、毕达哥拉斯、巴门尼德（Parmenides）、恩培多克勒（Empedocles）和伊壁鸠鲁，对普遍存在的大规模错觉持有类似的观点，只有对头脑或精神进行严格的训练才能消除这种错觉。就这些人来说，他们对真理的理解是普通人无法做到的，普通人由于过去的生活、体质上的劣势、沉迷物欲的生活方式或三者兼而有之，被束缚于幻觉中的感官欲望中，根本无法被解放，也就无法透过变化、成长和衰败的暂时表象，把握永恒不变的现实。对他们来说，常态病理学主要是认知缺陷，只能通过与本质上不健全的智力，以及假想的恩典状态的对比来描述。只有真正的、形而上的禁欲圣徒和知识分子精英才能达到。

将虚假意识与常态联系起来的另外两个与弗洛姆更为密切的传统是跟拉比的学习，以及古希腊和古罗马的智者和斯多葛学派，它们被纳入并转化为自然规律的概念（Bloch, 1961; Fromm, 1961b）。与异教古代的禁欲主义和精英主义哲学相反，这些传统并不太轻视身体或感官，而是强调所有人都有可能参与神圣的活动。总的来说，他们强调的是伦理而不是形而上学，并且一开始是民主而不是精英主义。例如，希伯来人对偶像崇拜的概念是基于这样一个假设，即所有人都是按照上帝的形象创造的（Fromm，1966，chaps.1–3）。尽管犹太人被奉为圣洁的或"天选之民"，但"诺亚七律"中体现的上帝与全人类的盟约意味着我们所有人都通过亚当，通过避免偶像崇拜、暴力和欺骗而与上帝联系在一起；没有人垄断真理或正义（同上，pp.41–43；Loewe et al.，1966）。[1]尽管残余的部落主义寄希望于"天选之民"的意识形态，但对虚假意识的预言性批判在观点上是具有普遍性的，并且随着以色列对领土主权的主张成为一种模糊的历史回忆（Fromm，1960d，pp.65–66，108–110）。

所有人在上帝面前都是平等的，无论阶级或种族出身如何，都有能力获得智慧和正义，这一观点在古希腊也有相似的说法。继某些哲学家和犬儒主义的导师之后，斯多葛学派认为所有人本质上都是平等的，都被注入了一种来自上帝的"神圣的火花"（divine spark），或者说被注入了"精液"（logos spertnatikos），这是一种一神教或泛神论的

---

1 犹太教的评注说，洪水过后，上帝与诺亚和他的儿子们立了一个对全人类都有约束力的约定。那些遵守七条戒律（如下所列）的人被视为"外邦人中的义人"，大概是因为他们，上帝没有完全毁灭世界。该戒律禁止偶像崇拜、谋杀、亵渎、乱伦、盗窃；建立常规的法院来进行裁判；以及禁止食用从活体动物身上取下的肉（Loewe et al.，1966，pp.52–55）。继赫尔曼·科恩之后，弗洛姆教导说，"诺亚七律"对亵渎神的禁令仅仅是一个消极的禁令，限制人们对上帝说的话或关于上帝的言论；也就是说，它不包括或暗示一个人应该（或不应该）相信什么的确切判断依据。根据科恩和弗洛姆的说法，一个人可以履行"诺亚七律"，成为不可知论者或无神论者（Fromm，1966，pp.41–43）。不过这种解释并没有被广泛接受。

设想（Bloch，1961；Baldry，1965）。这一信念在斯多葛派学说中体现为：它强调劳动的尊严，并相应地否定了贵族精英主义理论，后者即从事体力劳动的个人在本质上或职业上不适合有智慧、美德和政治的生活（Edelstein，1966，p.76）。

由于斯多葛派和拉比派救世主思想的重点主要是伦理道德，所以我们很容易忽视其认知或认识的组成部分，它以各种方式表现出来。例如，从根本上说，希伯来的偶像崇拜概念意味着对我们自己的神性本质的错误认识和具体化，这一本质就像燃烧的灌木一样，处于一个持续的、不灭的生成过程中，而不是有限的、静止的或死的东西，像一个雕刻的图像（Fromm，1966，chap.2）。事实上，从哲学的角度来看，正是这种认知的失败，而不仅仅是对更高权威的不服从，导致了对人和上帝的亵渎；迈蒙尼德（Maimonides）在《困惑者指南》（*The Guide to the Perplexed*）中强调了这一点（Funk，1982，pp.183-188）。同样，在斯多葛学派的传统中，哲学家和文学家们在认识和庆祝成为"世界公民"或"宇宙公民"的过程中表达了深切的喜悦，并呼吁全人类放弃种族和宗教教义的幻想（Baldry，1965）。[1]

1　在强调希伯来和斯多葛的普遍主义之间的相似性时，我支持胡果·格劳秀斯特（格罗提乌斯）和约翰·塞尔登（John Selden），他们将"诺亚七律"解释为"自然法"的早期雏形（Baeck，1961，p.199；Fromm，1966，pp.42-43）。尽管如此，尽管这些相似之处是真实而重要的，但这两种主义在表达的宗教/形而上学框架中排除了直接对等。犹太人坚持——并且在很大程度上继续坚持——创造者的根本超越，他并不"在"自然中，而是将法律作为礼物和盟约赠予人类。相比之下，产生自然法观念的斯多葛派宗教信仰强调自然中神性的内在性，最后形成一种唯物主义泛神论。中世纪的哲学——犹太人、阿拉伯人和基督徒的哲学——中最大的问题之一是如何调和斯多葛－亚里士多德强调的内在性和"自然理性"与《圣经》强调的激进的超越和启示。

　　尽管在共同人性是否适合于理解真理方面有着截然相反的观点，但有一点——关于虚假意识，异教/禁欲主义和斯多葛派/希伯来的理论是一致的。他们都认为，使我们与真理疏远的认知失败不仅仅是信息的缺乏。从根本上说，它代表了缺乏对真理的意向，只有深刻的觉醒和有意识的选择才能改变这一点。多亏了在罗马晚期和中世纪，基督教将异教禁欲主义和超凡脱俗与斯多葛派和希伯来思想结合在一起，犹太教、基督教和伊斯兰教的思想家开始将罪恶或道德失范与故意疏远据以支撑我们短暂存在的基本真理联系在一起。然而，在声称有特权进入存在的终极之地的正统派手中，以前批判意识的工具变成了统治和迫害的强大手段，以及对惩罚性社会秩序的盲目服从。简言之，在它们的历史发展过程中，这些思想一旦与教条混为一谈，就成了对真理进行独立和理性探究的障碍，而不是激励。

　　科学理性主义的出现，及其对揭示的真理和流行的迷信的挑战，展现了广大群众是如何深陷无知和迷信观念的。弗朗西斯·培根是最早这样做的人之一，尽管在这方面他很少被人想起来，就像很久以后的弗洛伊德一样。培根是个有天赋的驳斥者。他对有组织的宗教的深恶痛绝、他高涨的个人野心，以及他写作时所处的历史和争论环境，都促使他与他遥远的宗教和哲学先辈保持距离。大卫·拉帕波特（David Rapaport）的《联想主义简史》（*The History of the Concept of Association*）为培根的虚假意识理论提供了有趣的线索，或者说通过部落、市场和剧场的偶像对想象的信仰体系进行了同感效证（Rapaport，1938，pp.7-20）。培根无疑意识到，为了促进自然科学的发展，利用哲学论证用联想主义的术语重述虚假意识或集体妄想的古老观念是一场政变。因为它打破了中世纪哲学和宗教的联姻——在这种联姻中，科学处于从属地位——并将虚假意识的指控转向了真理的捍卫者和流行的迷信。

随着科学对宗教围追堵截，以确保从教条中解放出来——尽可能地颠覆哲学，现代虚假意识理论家（以及他们的听众）越来越难以认识到他们的思想与公元前的古代批判理论之间的亲缘关系，尽管培根在提到集体妄想时使用了偶像（idols）一词，但显然会引起这种比较。因此，如果你告诉一位现代精神分析学家或社会科学家，即使不是在文化上，弗洛伊德在气质上也是一位柏拉图主义者，与异教的希腊的禁欲主义/精英主义传统有着强烈的亲缘关系，而弗洛姆是一位预言家和斯多葛派的思想家，并且这件事这对精神分析史具有重大影响，你更可能会遭受嘲笑或冷漠的不理解，而不是表示同情理解的点头致意。

普通人被一大堆错觉所包围，这些错觉受到传统、共识或现行的社会秩序的支持或强化。这尽管听起来有点激进、极端，但这种想法生动地铭刻在预言性的柏拉图意识中。事实上，勤奋的思想史学家面临着一种大多数临床医生似乎不愿去思考的陌生情况。在大多数社会中，那些被认为是正常人的大多数人，他们拥有一致认可的信仰体系，并且没有明显的精神疾病（根据普遍的标准），他们认为自己和他们的伙伴都是非常理智的。相比之下，他们中相当数量的思想家、哲学家和先知——这个比例在不同的社会和时期有一定的差异——认为他们同时代的大多数人都是被欺骗的，而且是从根本上的，往往是故意与真理相背离。

弗洛伊德社会心理学：常态、发展和社会秩序

除了惊世骇俗的性理论，弗洛伊德在 20 世纪思想家中的崇高地位在很大程度上是因为他刺破了我们最珍视的幻想的能力，如路德维希·费尔巴哈、卡尔·马克思、亚瑟·叔本华、弗里德里希·尼采、亨里克·易卜生等思想家一样。弗洛伊德在临床实践中证明了他们在哲学、文学和科学工作中的直觉，也就是说，天真的自我意识大多是虚假的意识，我们对自己的思想和行为的解释往往肤浅或有误导性；有人可能会说，这是无知的产物（Fromm，1962，chap.2）。

弗洛伊德在这方面最引人注目的贡献之一是他坚持认为，常态不仅仅是一种不言而喻的设定，而且是一种现象，其特征与任何其他现象一样值得分析。在《性学三论》（*Three Essays on the Theory of Sexuality*，1905）中，弗洛伊德指出，常态（定义为异性恋对象选择，伴随着一点目标抑制的情感和升华）并非一件不言而喻的事情，就像所有变幻莫测的欲望一样，可能会按照一个合规律的发展过程，后来他表示可用性心理的语言描述。对弗洛伊德来说，健康和常态的概念仍然几乎是相当的，就像它们在日常使用中一样。但弗洛伊德也坚定地打破了常识性的概念。因为他认为常态是（1）可以用与我们对反常经验和行为的认识相应的因果关系来解释的东西，而且，就我们的当前目的来说，更重要的是（2）外部约束和内部变迁的产物，其起源和方向与整个文化发展方向密不可分（Freud，1908）。

针对弗洛姆认可的荣格的去性别化性欲理论（Fromm，1964，p.100），弗洛伊德推测，在个体发展过程中，我们经历了从"自恋的

性欲"——一种注入我们自我的原始能量——到"客体性欲"——构成情欲和情感依恋的基础，并将我们锚定在外部现实中——的基本分化（Freud，1914）。弗洛伊德认为，文明是通过原始本能能量的逐步运用而建立起来的，这个能量即客体性欲，其创造性的抑制和二次转化促进了对自然的理性把握，以及目标抑制的爱，后者创造了实现这些智力成就所需的牢固的社会纽带，并驯服了侵略和自恋的冲动，不然的话会干扰它们的集体计划和执行（1933）。但是，尽管在物质繁荣和社会秩序方面取得了切实的进步，但社会对性能量的需求不断升级使我们在本能核心的最深处成为"文明的敌人"。事实上，弗洛伊德指出，"人类斗争的很大一部分所围绕的，是在群体和个人的这种那种主张之间找到能做调和的权宜之法；而涉及人类命运的一个问题是，这种权宜之法是否能够实现，或者这个问题是否不可调和"（1933，p.96）。

通过这样的描述，弗洛伊德为这个问题的解决留下了可能性。但"调和"，特别是"用权宜之法调和"更多意味着武装休战，而不是历史性的和解。显然，弗洛伊德在这一点上是非常悲观的，尽管可能有很多人也一样。因为悲观主义是他所处的文化环境的一部分。叔本华和冯·哈特曼（von Hartmann）早就将他们的无意识心理学与深刻悲观的历史哲学联系在一起了（Mann，1933）。同样，在《论自恋》（On Narcissism）中，弗洛伊德断言：

> 个人确实是有双重的存在；一个是为自己的目的服务，而另一个则作为链条中的一环，他在其中抵抗着或不带自

己的任何意愿。个人将性行为视为自己的目的之一；而从另一个角度来看，他只是他基因的附属物，他将自己的精力给它以换取快乐——他是一种（可能）不朽物质的必死载体——就像财产比其继承人活得长。性本能与自我本能的区别仅仅反映了个体的这种双重功能。（Freud，1914，p.14）

这一陈述与临床问题一起，让我们离弗洛伊德社会心理学和历史哲学的核心更近了一步。弗洛伊德认为我们生来就是自恋的，这意味着我们的精力都投入到我们自己的身体健康上。随后，我们对他人产生了依赖——首先是对我们的母亲——让精神能量沿着情感的路线，与那些想满足我们身体需求的人一起进行性欲灌注。最终，性本能放弃了它在口腔区域的停泊，转到了肛门，然后是生殖器。但是，尽管可能适合纯生殖的生物要求，但原始的性能量不能结合超过两个人或巩固大群体（Freud，1933，p.104）。随着性行为在促进社会团结中变得更加受约束和去性化——其实就是随着我们变得更加文明——我们对失去原始的自我表达感到反感。除了易于升华性欲的一小部分"天生贵族"外，显然我们大多数人仍然只有服从于占主导地位的精英或多数人才能提供的纪律和约束。正如弗洛伊德所说：

> 没有少数人对大众的控制是不可能的，正如在文明工作中不受强迫是必不可少的一样。因为群众是懒惰无知的；他们不喜欢放弃本能，也不会被放弃本能的必然性说服……只有通过能够以身作则并被大众承认为领导者的个

人的影响，大众才能被引导去完成这项工作，并接受文明

所依赖的这种放弃。（Freud，1927，pp.7-8）

此外，他认为，由于阶级统治的种种不公正而产生的怨恨，可以通过对统治者的认同以及大众与领导人之间的半催眠性、移情性的联系来缓解，在这种联系中，他们会将后者理想化，并将其置于自我理想的位置。弗洛伊德断言，大多数人，即正常人，处在一种与他们的政治、军事和宗教领导相关的准催眠状态，这是惨痛而明白的（Freud，1921）。如果这个观点来自其他任何人，都会被理解为对大众社会的批判、对武力的呼唤。然而，对于弗洛伊德来说，这仅仅是一个证明他的精英观点正确的生活事实（Fromm，1959b，chap.9）。

那么，对弗洛伊德来说，常态有双重，也许是三重的问题。从发展的角度讲，它是一种可以用因果关系、科学理论来解释的东西，其神秘和复杂程度不亚于病理现象。然而，从社会学的角度来看，它涉及即使在没有明显的神经质冲突的情况下，对社会和政治现实的巨大认知扭曲。最后（也许是不一致的），被视为历史发展产物的常态代表了几乎是悲剧性的宏伟成就，其最终形态和特征适应于（并受制于）各种社会需求和本能的变迁。通过性本能的转变，包括同性恋（或双性恋）成分，自然将个人与集体生活领域联系起来，但是以牺牲个人成就为代价。由此产生的对文化的敌意使阶级社会和强大精英的出现成为必然，这样才能控制、遏制和胁迫暴民，让他们具有激发认同感和理想化的自我理想，在表面上代表整个文明号召他们提供服务并长期忍耐。

弗洛姆与新评论家

弗洛伊德对人类文明疾病的分析和他对集体意识的批判在心理学史上占有独特的地位。像培根一样，弗洛伊德声称自己洞察了集体妄想的根源，作为一名作家和辩论家，他拥有非凡的技巧。但弗洛伊德的社会心理学将对理性的进步主义信仰与毫不掩饰的精英主义结合在一起。例如，他在《群体心理学与自我分析》（*Group Psychology and the Analysis of the Ego*，1921）的序言中吹捧了勒庞的《大众心理学》（*Crowd Psychology*），而没有分析其明显的反动意识形态含义。同样引人注目的是他对禁欲主义团体领袖或知识分子（例如莱昂纳多、普罗米修斯、摩西）的赞美，这些领袖或知识分子惊人的升华能力应该赋予了他们超人的地位。这种对禁欲主义和魅力领袖的崇拜来源于弗洛伊德自身性格的特殊性（Fromm，1935a，1959b），但它也代表了对异教哲学和形而上学的禁欲主义/精英主义的部分回归。

在《健全的社会》（1955b）中，弗洛姆走上了一条独立的道路，对弗洛伊德为捍卫他的文明理论而提出的强大理论和猜想几乎没有看一眼。相比之下，卡迪纳和埃里克森等同时代人在他们的作品序言里表达了对弗洛伊德的感激之情，并且只要说得通，他们就会用弗洛伊德式的语言阐述他们的观点——与弗洛姆的相似。而弗洛姆放弃了力比多的理论术语，专注于他认为是来源于特定的人类生存条件，而不是特定的组织需求或身体驱力的人类或生存的特定需求。据推测，任何不能满足这些需求的社会，不管它为其参与者提供了什么样的满足激励的机会，都会产生有缺陷的人。

通过重新定义需求的来源和性质——这种需求保护我们的理智，

弗洛姆将弗洛伊德的文明群体的病理学概念变成了另一个关键。弗洛伊德解释说，神经性残疾、对性和攻击性约束的反感是历史发展的必然产物，它们以累积、线性和或许不可逆转的方式强化和发展。尽管他相信进步，但这是一个有着沉重代价的进步。另一方面，弗洛姆坚持认为，核心问题不是本能地压抑或升华，而是社会如何使个人的生存需求——如寻根、超越和与他人团结的需求——获得满足或失望（1955b）。此外，通过观察周围事态的发展，弗洛姆认为没有理由认为性本能的压抑和升华遵循某种不可阻挡和统一的历史进程；他认为，文明进程既限制了恶性攻击，也造成了恶性攻击（1973）。

弗洛姆与弗洛伊德尽管存在各种差异，但他们也有非常一致的观点，即经过共同认可的现实往往掩盖了产生信仰体系的动力，而大多数人对理解真理几乎不感兴趣。他们两人都没有垄断这种思维。19世纪，克尔凯郭尔、费尔巴哈、马克思、托尔斯泰、尼采等人得出结论：不愿面对现实与现代特有的堕落有关（例如，Kierkegaard，1846；Nietzsche，1887）。但是，尽管早期对大众意识的批评来自不同的政治派别，但在20世纪中后期，这一观点主要被左翼独立思想家所接受。总的来说，他们的作品可以被称为对启蒙运动破灭的梦想的哀悼，以及对普遍繁荣中正义、和平和理性的承诺。因为尽管培根和他的追随者期待着物质丰裕的时代，并将其与健全和不抱幻想的公众意识的发展联系起来，但在战后的美国，繁荣本身已不再是一个问题。新批评人士认为，工资水平的空前提升、信贷和消费品的广泛供应实际上掩盖了更深层次的问题。C.赖特·米尔斯在《社会学想象》（*The Sociological Imagination*）中对当时的祛魅情绪做了最尖锐的表达：

正如欧内斯特·琼斯（Ernest Jones）所断言的那样，
"……人类的主要敌人和危险是其自身的不羁本性和被压抑
在其内心的黑暗势力，这是不正确的"。相反，今天"人的
主要危险"在于不受约束的生产力量、政治统治的包围技
术、国际无政府状态……

事实证明，科学并不是技术的第二次降临。把它的技
术和合理性放在社会的中心地位并不意味着人们的生活尚
可，没有神话、欺诈和迷信……官僚的理性水平高和技术
水平高并不意味着个人或社会智慧的水平高。从第一个你
无法推断第二个……

难怪个性的理想变得毫无意义：我们这个时代讨论的
是人的本质……我们现在必须以一种终极的形式提出这个
问题：在当代人中，会流行甚至大肆盛行一种被称为"快乐
机器人"（The Cheerful Robot）的东西吗？（Mills, 1959,
chap.9）

来自多方的回答是惊恐但响亮的"是"！同样，弗洛姆评论说，
关于上帝表面上的死亡的猜测现在已经无关紧要了，我们应该关注的
是即将来临的人的死亡（Fromm, 1955b）。像米尔斯等人一样，弗洛
姆深切关注他认为在加速发展且相互关联的趋势：消费主义的兴起，
自发性的消退，良知和感性的萎缩；最重要的是，与前所未有的技术
的蓬勃发展并存的理性的歪曲或灭绝，其例证包括冷战政治与宣传和
核军备竞赛（1955b, 1961c）。

弗洛姆将我们的文化和政治生活视为低级慢性精神分裂症倾向的表现（1955b）。在《为自己的人》（1947）一书中，他观察到"事实"（常常与"现实主义"混淆）的被动记录实际上是一种精神分裂症现象。多产的、活着的个体，虽然能够被动地记录和"监控"——也就是说，这些仅仅是感知的繁殖方式，可以通过可生成的或与情感相关的电流来激活它，这些电流从他或她内心深处汲取而来。当生殖知觉完全萎缩时，这个人确实疯了，与现实疏远了。当缺乏生成性感知时，人就是情感残废者，缺乏超越现象表面的观察能力，缺乏带着批判性和同情心思考人类现实的能力（同上，pp.95-98）。[1]

弗洛姆在评论由于当代文化的认知和情感模式，微妙的情感体验自动从意识中排除的方式时指出：

> 经验只有在概念系统及其范畴能够被感知、联系和使用的条件下才能进入意识。这一系统本身就是社会进化的产物。每个社会，通过它自己的生活实践和关系模式、感觉和感知，发展出决定意识形态的系统或分类。这个系统可以说是一个社会条件的过滤器；经验要透过了这个过滤器才能进入意识。（1962，p.114）

---

1 熟悉罗夏（Rorschach）测验的人会认识到弗洛姆对外部现实的被动记录与由情感、想象和无意识幻想所丰富的生成性统觉之间的区别。这可能是推测，但弗洛姆可能会认为罗夏测试中的普通或"正常"结果——表现为适当的形式、低色彩和移动反应，和/或温和的抑郁情绪——是慢性、低级的由普遍的社会条件形成的精神分裂倾向；是"社会模式缺陷"的证据。他的密友和合作者恩斯特·沙赫特尔当然也是如此（Schachtel，1959，chap.10；1966）。

社会无意识

弗洛姆的"社会过滤器"标志着精神分析社会心理学的一个有趣的新的出发点。我们不应把它们与弗洛伊德的"审查制度"（censorship）相混淆，那是一种模仿赫尔巴特式的内在心理机制，即在它们进入意识的斗争中抑制或扭曲思想。在弗洛伊德的模型中，审查或压抑涉及的是量化的兴奋，这些兴奋依附于各种驱力的衍生物，以及它们在纯粹个体经济模式中平等互惠的能量冲动的代表，这些冲动努力吸引我们的意识注意。虚假意识是审查制度的一个方面，在审查制度中，意识中隐瞒的材料被方便的虚构所取代，以维持神经质的平衡。相比之下，弗洛姆的社会过滤器遍布整个社会，在性质上是定性的，而不是定量的。它们使个人能够通过同感效证的方式来解释自然、社会和人际现实。就像培根所说的偶像一样，他们受到权威和集体偏见的认可。他们不仅筛选出性冲动和攻击性冲动的衍生物，还筛选出更复杂和不同的情感、人际关系或认知体验，在这些体验中，特定文化或阶层的语言、逻辑和习俗为了维持现状而转移了我们的注意力（Fromm，1960d，sec.4；1962，chap.9）。相抵之后的结果——意识的被压缩——与弗洛伊德的审查制度没有什么不同，除了被压抑的内容被定义成了不同的概念。这种被压缩的动机是害怕越轨和社会孤立。

从本能的角度看待压抑，弗洛姆指责说，弗洛伊德推测阉割焦虑是所有恐惧和焦虑的无意识来源，其内涵滋养了冲突和压抑的其他衍生来源。弗洛姆认为这是一个没有临床数据支持的充满想象的假设，并且忽视了社会约束（1962，p.125）。弗洛姆声称，事实上，压抑的主要动机在于需要或渴望顺从，不惜一切代价与他人建立联系。因为不分享普遍的共识会导致排斥、孤独，很可能还会导致疯狂（Fromm，1935a；Fromm and Maccoby，1970，p.14）。

即便如此，弗洛姆也认识到，在某些情况下，社会过滤器会"松动"，并倾向于对主流意识形态采取更具批判性和洞察力的态度。只要个人的判断力不会因社会、经济或个人的不安全感而受到太大影响，成为少数群体中的一员就是其中一种情况。如果正在衰落的阶级的霸权被虚构所支撑，而这种虚构开始消退，那么在一个新的、上升的阶级中的成员身份可能也是其中的一种。弗洛姆借鉴了马克思主义史学的经验教训后表示：

> 腐朽的社会和阶级通常是那些最执着于自己的幻想的人，因为他们从真理中得不到任何好处。相反，那些注定会有一个更美好未来的社会或社会阶层，更容易意识到现实，特别是如果这种认识将帮助他们进行必要的改变。18世纪的资产阶级就是一个很好的例子。甚至在它赢得对贵族阶级的政治支配权之前，它就抛弃了许多过去编织的幻想，并对过去和当前的社会现实形成了新的见解。中产阶级作家之所以能够穿透封建主义的幻象，是因为他们不需要这些编造的故事，相反，他们得到了真理的帮助。当资产阶级根深蒂固，后来又反对工人阶级和殖民地人民的抨击时，情况就相反了；中产阶级的成员不愿看到社会现实，而向前发展的新

　　阶级的成员更愿意放弃……幻想。（Fromm，1962，p.130）

　　弗洛姆还认识到，倾向真理不仅是更广泛的社会和历史条件的作用，也是家庭和气质因素的结果。事实上，从托马斯·闵采尔（Thomas Muntzer）到马克思和罗莎·卢森堡（Rosa Luxemburg），工人阶级领袖往往来自中产阶级，这一点并没有逃过他的眼睛，他说，在这种情况下，不可能一概而论。尽管如此，弗洛姆还是直接将一个判断力和人性没有受到社会条件影响的人描述为"革命角色"。他表示，革命角色

　　　　是认同人性的人，因此能超越了自己所在社会的狭隘限制；也因此，他能批评他的或任何其他社会……这样的人没有陷入他出生地的地方文化，那只是由时间和地理带来的偶然。他能够用一个清醒的人，一个能从非偶然（理性）的事物中、在人类的规范中找到判断偶然性的标准的人的开放眼光来观察这个环境。（Fromm，1963f，p.158）

　　但是，如果像弗洛姆所说的那样，我们天生就有培养爱和理性的能力，放弃偶像迷恋，那么我们必须从社会条件，而不是阉割焦虑或乱伦和弑亲冲动的古老遗传中寻找压抑的根源。正如弗洛姆自己所说：

　　　　人，在任何文化中，都具有所有的潜能：他是原始

的，是猛兽、食人族、偶像崇拜者，他是一个拥有理性、爱和正义的人。因此，无意识的内容不仅仅是善或恶，理性或非理性——两者兼而有之，这是人类的全部。无意识是整个人减去与他的社会对应的部分。意识代表的是社会人，是个人被抛入这个世界时，其历史情境设定的偶然限制。无意识代表着植根于宇宙的普遍的人；它代表着他身上的植物，他身上的动物，他身上的精神；它代表过去，回到人类存在的黎明，它代表他的未来，当人将成为完全的人，当自然将被"人性化"，因为人将被"自然化"。（Fromm，1975，p.404）

只有现在我们才能调查弗洛姆关于常态病理学的观点，并揭示其在早期传统中的渊源。顺从者对现实的描述受到文化约束，与之相反，生产者或革命者坚持普遍的东西，即理性。理性普遍性的思想虽然起源于斯多葛学派，但通过德国启蒙运动和康德、戈特霍尔德·莱辛、J.G.赫尔德、歌德和赫尔曼·科恩等思想家，在弗洛姆早期跟随尼希米·诺贝尔等导师一起学习时，进入了弗洛姆的世界（Fromm，1966，p.15；Funk，1984，chap.2）。他对不确定的未来提到的自然将"人性化"和人类将"自然化"时，让人想起马克思对革命后社会秩序的看法，正如弗洛姆不断重复提到的那样，它代表了弥赛亚王国的世俗化体现（Fromm，1960c，1966）。弗洛姆强调无意识在这种双重意义上的普遍性。作为一名熟悉理性和非理性、社会和反社会冲动的饱学之士，他结合了传统上与活力论相关的无意识概念以及谢林、洛伦茨·奥肯（Lorenz Oken）、保罗·卡鲁斯（Paul Carus）和巴霍芬的思想，在这些思想家中，弗洛姆深感钦佩的格奥尔格·格罗迪克是这一传统的后来继承人（Fromm，1935a）。尽管这些思想家中的许多人都是坦率的反动派，但他们的观点被纳入了弗洛姆的无意识概念，主要是通过巴霍芬和格罗迪克的影响。

最后，弗洛姆的社会过滤器理论可能很大程度上归功于赫尔德和马克斯·舍勒。在《论语言的起源》（On the Origin of Language，1772）一文中，赫尔德认为语言是一种认知模板，它塑造和约束在意识中可以感知、表达和表现的东西，人类语言的巨大多样性证明了，我们对周围环境的适应方式实际上不是本能的，而是人类和社会所特有的，并且能够几乎无限变化。赫尔德关于语言作为社会过滤器的理论被威廉·冯·洪堡（Wilhelm von Humboldt），随后被爱德华·萨丕尔（Edward Sapir）和本杰明·李·沃尔夫（Benjamin Lee Whorf）采用，弗洛姆明确地向他们表示了感谢，并且毫不吝啬地赞扬了他们（Whorf，1956；Fromm，1960d，p.100n；Stam，1980）。

在《自我认识的偶像》（The Idols of Self-Knowledge，1915）一文中，马克斯·舍勒援引了一个类似的区别，即压抑本身和语言习惯导致的意识收缩。和弗洛姆（Fromm，1960d）一样，舍勒认为我们在心灵深处所经历的很少出现在意识中。其中一些是以弗洛伊德所说的方式被压抑的，但大部分只是比较难用流行的语言表现出来，或者违反了普遍存在的禁忌。根据舍勒的观点，真正的自我认识需要的不仅仅是在临床环境中发现致病性冲突，整个自我发现的过程要逐步但彻底地从传统的社会过滤器中解放出来（Scheler，1915，pp.83-91）。

尽管弗洛姆在语言学和哲学方面有杰出的前辈，但他如此无情地抨击弗洛伊德认为阉割焦虑是所有压抑的根源的观点，这个判断是很有问题的。弗洛伊德在《幻觉的未来》（Freud，1927）特别是《文明及其缺憾》（*Civilization and Its Discontents*，1933）中将压抑作为一种社会和历史现象进行了讨论，讨论了在一个对立的、可能分裂的政体中，受限于最低限度的社会团结的过程和制约因素。弗洛姆在阉割问题上只看到了弗洛伊德的表面价值，而忽略了弗洛伊德作品中内涵丰富的矛盾，并以一种对他和弗洛伊德都没什么益处的方式获得了一些轻松的修辞要点。弗洛伊德对统——个内部分层社会并支持其主要幻觉的各种机制或过程的描述，包括理想化、认同、投射、置换、升华和反应形成。弗洛姆忽视了对这些问题的讨论，因而削减了一个非常丰富的研究推断的领域。

另外，在某些方面，弗洛姆可能有点过于弗洛伊德主义。他滥用压抑这个词就是一个很好的例子。在《禅宗与精神分析》（1960d）一书中，弗洛姆说，用于普遍解放的精神分析超越了仅仅缓解症状的作用，要试图"解除"社会环境的认知和情感模板给人埋下的思维和感知的刻板习惯，仿佛受制于文化的无意识完全是压抑的结果。但情况并非总是如此。

根据弗洛伊德的观点，当某些"内容"由于可能引起的痛苦、焦虑、内疚、愤怒或困惑而被排除在意识之外时，就会发生动态压抑；而排除这些内容的过程也必然是无意识的。所讨论的这些内容涉及自我、他人或环境，但它们会被故意隐瞒或歪曲，以维持主体的神经质平衡。

　　然而，正如语言学、人类学以及认知和社会心理学的发展所表明的那样，有一些无意识的功能模式也同样普遍存在，在这些模式中，对思维、记忆、注意力的偏见和选择性，以及我们对潜在过程变量的完全遗忘，都是正常现象。但它们植根于生物生长和人际交流的正常需求，而不是心理冲突（Piaget，1972；Erdelyi，1985；Burston，1986a；Kihlstrom，1987）。与"无意识压抑"一样，它们只能事后推断或重建，尽管不同的是，它们确实不需要——确切地说是不能——重新整合或变得有意识地促进人类功能的优化。这些过程是人无意识心理活动的一部分，但不会被否认或"分离"。很多无意识，也许是大多数，都是由这种性质的过程组成的。问题在于，压抑和释放这两个词在这里是否完全合适，或者我们是否应该想一个更复杂、更具辨别力的词来处理不同形式的无意识。

　　在某些情况下，社会和政治现实、对性别的普遍定义以及对心理和人际问题的选择性忽视确实助长了一种社会模式的缺陷，在这种缺陷中，压抑——按这个词的正确意义来说——被深深地牵涉其中。这里，文化模式和个体神经症深深地交织在一起。例如，各种形式的对男性气概的崇拜，源自具有多方面社会和政治后果的婴儿期冲突，同时也助长了这种冲突。（Dinnerstein，1976）

　　现在留给我们的问题就是，在实践和理论上，我们是否有必要区分"无意识的压抑"——在这种压抑中，某些内容和过程被故意挤出意识以避免"不愉快"（焦虑、愤怒、困惑、悲伤等）的体验——它们同样是无意识的过程，这些过程无法进行正常的内省或检索，但不是由内心的冲突造成的。弗洛姆的理论将这些不同的无意识功能模式混为一谈（Fromm，1960，sec.4）。

但是，如果说弗洛姆过于笼统和广泛地使用压抑这个词，那么当代认知主义者则往往会在相反的方向上犯错。总的来说，认知主义将无意识的心理过程视为一系列重叠且紧密联系的自动过程，它是为保护或提高有意识的处理能力、减少错误等等，它并没有探究某些内容和感知会由于非常具体的个人原因而被故意排除在意识之外的可能性，它有时会产生有害的后果（例如，Kihlstrom，1987）。因此，认知主义者虽然从事非常复杂的研究，但没有探索心理驱力结构或可能调节这些过程的特定的文化自动性；没有区分简单（或复杂）自动的无意识过程和实际上为压抑服务的无意识过程；并且也没有确定原因。

共识、从众和主流社会心理学

如果弗洛姆试图进行实验社会心理学中关于从众和服从的现有研究，社会过滤器和常态病理学可能经历的时间要比社会心理学的时间更长。在这种情况下，关于共识和从众的实验可能会在扩展的理论框架内继续蓬勃发展，而不是逐渐过时。但是弗洛姆和他的同时代人使用了不同的方法论前提。从实验社会心理学家的角度来看，弗洛姆的从众思想，虽然可能包含很多新思想，但似乎有点投机，有点表面，因为它们不是基于"硬"数据的。因为一般说来，经验主义者反对精神分析学家不以严格或可量化的方式测试或交叉验证他们的假设；因此，他们的临床推论和随后在社会领域中的应用都还是极端直观和反复无常的。分析师或心理动力学方向的临床医生可能会回应说，实验者和他或她的受试者的互动本身可能会受到无意识过程的影响，而这个过程是实验者无法在纯粹的经验框架内解释的；或者除非实验被理解为一种特定的社会互动——尽管这种互动有点反常——否则，有可能无法从观察到的结果中分离出所谓的无关变量，或者把这些结果推及受试者在其日常生活的真实世界里的行为（例如，Fromm，1973，pp.70–76）。

由于这些方法论的立场和实践存在巨大差异，由它们推出的结论中偶尔出现的相似之处就更耐人寻味了。与弗洛姆同时代的两位学者的研究和结论可作有用之例。

所罗门·阿什

在 20 世纪 40 年代末和 50 年代初，所罗门·阿什进行了一系列实验，测量他称之为"独立"即独立判断的特征在社会中的分布。在他那个现在很著名的实验中，阿什把一个不知情的受试者带进了一个由自己人组成的房间。这些同伴根据指示，在一个简单的感知测试中故意给出错误的答案。在这个测试中，他们要说出一张图上三条线中的哪一条的长度与旁边一张图上的线相同。简言之，阿什要骗他的受试者反对一致的多数。起初，他保持各种线段之间的长度差异不变；然后，他通过扩大或减少同伴偏爱的感知差异来引入一些变化；最终，他让一个或多个同伴与主流观点不同，选择与主流答案不同的选项甚至给出正确答案，从而削弱整体一致的表象。结果令人震惊：这些受试者中，只有 20% 在面对一致意见时能够独立判断。在这些人中，有许多觉得这个经历既有压力又有困惑。根据阿什自己的说法，对于实验过程中广泛出现的顺从行为，实验过程给持异见和（或多或少）屈服于群体压力的人带来的如此程度的紧张和冲突，他都没有预料到（个人通信，1988 年 5 月 4 日）。

阿什实验研究中的许多假设与弗洛姆的一致。阿什开始的前提是：无论如何，在抽象的情况下，共识并不是真理。用他自己的话来说就是：

> 如果一个一致结论只是汇集了一些不可靠、不可信的个人意见，那么它就不具备有效性……一致的价值和尊严取决于个体观察者和思想家的价值和尊严……共识只有在每个人都坚持自己与事实的关系并保留其个性的情况下才有效；只有每个人都坚守自己关于自身经历的证明，并坚定地坚持自己对现实的把握，就事实或原则的真正一致才可能达成……从这个意义上讲，真理不属于群体或社会。一个群体及其共识不是真理的标准，相反，他们自己必须服从有效性的要求。（Asch，1952，pp.493-494）

阿什还指出，维持对现实的把握能力在整个人口中的分布并不均衡。因此，他建议：

> 调查的任务首先是描述那些在社会上独立的人和那些在反对下无法维持立场的人的属性，然后是探究导致行为方式如此不同的条件……观察发现了一个广泛的假设：个人对群体压力扭曲的免疫力是个人与自己和与他人关系的函

数。独立总是需要一些关于自我的主张……因此，它表达了对自我及与他人关系的某种信心。另一方面，让步是这些关系缺乏稳定或信心的迹象。它标志着一个人无法通过宣称自己持不同意见来抵抗或拒绝他人。独立的人拥有一定的力量来源，使他能够承受短暂的磨难，而屈服的人只有匿名融入群体才能找到安全感。然而，如果认为那些不独立的人能更深切地感受到与他人密切接触的必要性，那也不对；他们达到亲密关系的这种方式让人对这一假设产生了疑问……

如果我们拒绝（我觉得我们应该拒绝）这个假设——所讨论的差异是天生的，我们就应该调查决定这些差异的社会和个人经历……特别是要研究推进个人自主性的社会关系和要求，以及阻碍其发展的条件都是什么。要找到明确的答案必须……从社会生活对我们提出双重要求这个命题……开始：带着信任依靠他人，并成为能够维护自己的真实感的个人……我们可以假设这一目标在有利的条件下实现，但即便如此，也并非不需要奋斗……但也有一些不利于发展的条件，这些条件一方面鼓励个人生活在一个比自己单独能创造的更广阔而丰富的世界中，另一方面又会伤害和削弱个人。当社会环境抑制个人的冲动，抹杀个人的表达时，就会发生这种情况……由于在早期，个人特别依赖共识，他可能会根据他人对他的评价来定义自己，并在衡量过程中找到安全感。为了满足他人的要求，他可能会发现有必要钝化自己的经历，培养一个隐晦的自我，只关注他人表面的性格。这种情况会破坏信任的能力；同时，这也破坏了一个人在需要支持时不依靠支持的能力。那些屈服的人有时会表现得像是以自我约束为代价换得了保障安全底线的契约。自我限制很可能是通过对意识的限制来实现的，而这个过程是如何形成的在很大程度上对当事人来说是未知的。

目前的讨论集中在一个难而有趣的问题上：性格与社会行为之间的关系。依附于个体的事件与其社会功能之间是否存在可描述的关系？当扩展到目前的范围之外时，这个问题就变成了行动的社会意义与个人的心理基础之间的关系，或者意识形态与性格之间的关系。（1952，pp.498-499）

的确。虽然阿什在描述屈从类型时可能没有意识到这点，但他还描述了弗洛姆"市场性格"的许多特征：自信和基本信任会同时受损，过度依赖他人对自己的看法，对他人的共生依赖阻碍了真正的亲密关系，以及朦胧的自我意识；所有这些都会降低积极与世界联系、真实地表达自己而不必担心报复的基本需求。

斯坦利·米尔格拉姆

米尔格拉姆（Stanley Milgram）最著名的研究不是针对顺从或感知，而是服从。米尔格拉姆曾以一种魄力十足、言辞激烈、令人深感不安的方式问道：在越战时期，一个名义上的美国民主政府是否能保证自己的公民免受"恶意权威"的蹂躏？根据他的实验，以及或多或少与越南战争有关的同时代事件，米尔格拉姆大胆地给出了否定的回答（Milgram，1974，p.189）。

米尔格拉姆的受试者被告知他们正在参加一项关于学习的实验。当"学习者"———一个躲在屏幕后面的实验者的同伴——对"老师"（受试者）的问题给出错误的回答时，受试者就要对"学习者"实施越来越强的电击。实际上"学习者"不会真的被电击，但会表现得好像受到了电击，并且在越来越激烈的反抗后假装失去知觉。

结果再次令人震惊。当"学习者"假装抗议和身体疼痛时，只有少数受试者拒绝参与，有相当多的人"电击"了实验者的同伴，使其"失去意识"。米尔格拉姆指出，实验者一再强调只有他一个人对过程负全部责任，这助长了他们服从的意愿。米尔格拉姆随后区分了服从和顺从：

> 阿什的受试者顺从组织。本实验中的受试者服从实验者。服从和顺从都是指把主动权让位给外源。但它们在以下几个方面有重大区别：
>
> 1. 等级制度。服从权威发生在一个等级组织中，行为人认为上面的人有权规定行为。服从性规范着地位平等者之间的行为；服从将一种身份地位与另一种身份地位联系起来。
>
> 2. 模仿。顺从是模仿，服从不是。顺从导致行为的同质化，因为受影响的人开始采用周围人的行为。而在服从

中，有遵从但不模仿影响源。士兵不会重复收到的命令，而是执行命令。

3. 明确性。在服从中，行动指示是明确的，采取的是指示或命令的形式。在顺从中，与团队一起行动的要求通常是隐含的。因此，在阿什关于群体压力的实验中，群体成员并没有明确要求受试者与他们一起行动，该动作被受试者自发地采用。事实上，许多受试者会抵制群体成员明确要求的服从，因为这种情况会被认为是由无权发号施令的同等级的人在发号施令。

4. 自愿性。服从与顺从之间最明显的区别其实出现在事后，即受试者对行为的解释。受试者拒绝用顺从而愿意用服从作为对他们行动的解释……在阿什的群体压力实验中，受试者通常低估了群体成员对他们行为的影响。即使他们在每次试验中都向群体屈服，他们还是轻视了群体效应，且高估了自己的自主性。他们经常坚持认为，如果他们判断错误，那是他们自己的错误，是自己眼光不佳、判断失误……

在服从实验中，反应却是截然相反的。在这里，受试者在解释电击受害人时，会否认私人的参与，会把自己的行为归为权威强加的外部要求。因此，顺从的受试者坚持认为他的自主性没有受到群体的影响，而服从的受试者则会声称他在电击受害者的问题上没有自主权，他的行为完全不受自己的控制。（Milgram，1974，pp.114-115）

　　米尔格拉姆随后生动地说明了群体压力如何破坏而不是强化对权威的服从，尤其是当这种权威被认为是残忍或不公正的时候。在一个稍作调整的实验中，三名"老师"中有两名是实验者的同伴，他们要定时连续电击一名"学习者"（另一名同伴），作为对"错误"答案的回应。当两名"老师"合作者拒绝跨越某个阈时，不知情的受试者拒绝服从实验者的压力相应更大（Milgram，1974，pp.116–122）。

　　如果我们同意米尔格拉姆对服从和顺从的区别归纳，那么他的研究可以间接地表明，在表面上看起来顺从的环境中，简单的服从是持续存在的。然而，米尔格拉姆夸大了服从和顺从之间的区别。他让这两种现象都出现了将"主动性"让位给外源的设置，但他没有充分强调这两种现象都代表了（特定情境的）一种选择，即避免在现有的社会关系模式中被贴上局外人或破坏者的标签（或让人感觉像）。

　　这不是一个微不足道的问题，因为它提出了错误意识的问题，而米尔格拉姆完全规避了这个问题。阿什实验中的一些顺从的受试者受到错误意识的双重折磨，首先是篡改他们的感官体验，然后非常不合理地声称他们自始至终都在行使自主判断。相比之下，米尔格拉姆的服从的受试者有意识地放弃了他们的责任，因此不会误解或误感他们外部环境中的客体或事件。但是——这点很关键——米尔格拉姆的受试者并没有意识到他们为了避免某种结果——惩罚或被排斥——而以牺牲另一个人身体的完整性为代价做出了刻意的选择。一个人是真的放弃了对这种选择的责任，还是仅仅压制了对其影响的意识？米尔格拉姆谈到"放弃主动权"不是放弃责任，但他将服从（已经被描述为"放弃主动权"）的标志描述为向代理状态过渡。而顺从主体的特征正是缺乏个人能动性，因为他的唯一责任——至少在他自己的头脑中——是对相关权威的顺从。因此在这一点上，他变得更没有说服力了。

米尔格拉姆关于代理转变的概念，虽然描述起来很吸引人，但它涉及许多无端的控制论和进化假设。米尔格拉姆认为，在所有人类社会中都存在某种程度的服从或等级，然后，他假设了两种自我状态之间的交替机制：一种是自主的或自我导向的，在这种状态下，无差别攻击的本能驱力会因社交利益受到抑制；另一种是代理性的，在这种情况下，个人对他人的攻击是出于对团体霸权的遵从。当个人从善于交际和自主转变为他律（或服从/攻击）的自我状态时——不管是什么状态——他都应该经历了一种代理转变，且他的动机和经历在性质上也发生了相应的变化。

由此，和弗洛伊德一样，米尔格拉姆认为攻击性是一种不断发挥作用的本能，而不是社会条件的产物，也不是我们天生的社交能力崩溃或扭曲的产物。此外，米尔格拉姆还与弗洛伊德一样，都假设自然历史和人类历史领域之间存在着不间断的连续性，就好像人类社会的等级制度主要是自然选择的结果。米尔格拉姆假设，从生物学上讲，支配、权威和服从在所有社会都有，这样他忽略了自己分析中最重要的一个特征，即为了迫使服从，权威必须是合法权威，作为社会的代表，或两者兼而有之。社会合法性和政治代表的问题在动物王国没有类似的问题，原因很简单：这些问题不是由本能决定的，而是因为历史先例和政治文化、语言和信仰的考量、（真实的和被迫的）共识，以及不同群体或阶层之间的利益冲突，还有每个群体或阶层所特有的普遍的财产和人权观念。[1]

弗洛姆和他同时代的主流学者

阿什关于强迫或人为共识那似是而非的观点本质上与弗洛姆是一致的。他和弗洛姆一样，认为群体压力在伪造判断上的作用是一个关系到性格和意识形态之间关系的问题。此外他的实验和结论为弗洛姆对当代社会性格的特点归纳以及他关于害怕孤立或被排斥是压抑或"意识限制"的原因的主要论点提供了证据（Fromm，1935a，1962），也代表着我们在发展的某个阶段中面对的——且或多或少成功应对了的——一个问题。

米尔格拉姆对服从和顺从进行了富有启发的区分，他认为他的服从研究解释了一个与阿什的研究完全不同的现象。他列举了以下情况作为证据：阿什的受试者经常会默认对自己做出的感性判断有责任，而事实上，他们没有信任自己的感官，而是遵从了普遍的共识；相比之下，米尔格拉姆的受试者有意识地否认自己行为的责任，但没有伪造他们对周围环境中事件的感知。

然而，米尔格拉姆对观察到的现象的解释有一些严重的疏忽。在否认个人责任——或在转向米尔格拉姆假设的代理状态时（他们的唯一责任是对发出命令的人负责）——米尔格拉姆的受试者否认个人选择（即选择避免干扰实验，或避免通过给另一个人造成痛苦来打破指

1　正如弗洛姆本人所指出的，例如，科学在我们的文化中享有的威望，往往接近于直白的迷信，给了米尔格拉姆实验中的"老师"在其他环境中无法享受到的巨大社会影响力（Fromm，1973，pp.70-76）。这里的问题是文化，而不是生物学，文化权威的具体形式不能简化为对外部刺激的一系列本能反应。

挥链）有什么有意义的责任。无论人们对这一行为进行何种道德理解，这都是他们的选择。如果他们选择不承认自己的选择及其后果，无论是对他们自己还是对受害者，我们都有权像对待阿什的许多受试者一样谈论虚假意识或伪造判断，尽管在米尔格拉姆的实验中，伪造的是内部现实，而不是外部现实。用自我或精神状态的假设变化来解释受试者的行为是完全没有必要的，它可能只不过是对实验受试者虚假意识的妥协屈服。

最后，尽管他对实验室里的行为进行了细致的观察，但米尔格拉姆推测的生物学只是糟糕的科学，并且明显是对被物化的自然主义的求助。正如米尔格拉姆所说，当然，除了我们的智慧之外，服从和等级制度可能确保了我们在自然选择过程中处于食物链里的主导地位。但经验表明，恰恰是我们缺乏本能设计——从进化和神经学的角度看，正是这一点使我们能够如此聪明——使这种服从成为可能和有效。撇开社会生物学不谈，更简练的假设是，在没有更好的解决方案的情况下，盲目服从更高的权威（以一种反常的方式）回应了由于我们与动物王国决裂而出现的生存需求，以及对涌现的自我意识的恐惧。

第七章　心理学家和精神病学家对弗洛姆的评价

在试图对弗洛姆的作品进行全面评价的心理学家和精神病学家发表的回应中，早期的评论往往更有思想和实质性内容，这可能是因为那些批评家很可能认识弗洛姆本人。在 20 世纪四五十年代对弗洛姆作品的一系列回应中，很明显，与弗洛姆的个人关系影响了他在心理学家和心理健康专家中的受欢迎程度。

奥托·费尼谢尔

奥托·费尼谢尔在柏林精神分析研究所认识了弗洛姆。与赖希一样，弗洛姆参加了费尼谢尔的"青年研讨会"，这是一次由左倾分析学员和工作人员组成的非正式聚会（Jacoby，1983，p.67）。费尼谢尔对弗洛姆的著作发表的回应反映了他们多年的交情和私人来往（同上，pp.107–110）。例如，1934 年，在赖希对弗洛姆进行谩骂式"批评"两年后——弗洛姆没有公开回应——费尼谢尔指责弗洛姆疏远了赖希且小看了后者的开创性贡献。弗洛姆解释了他出于"个人和事实的理由"不愿引用赖希；他认为赖希的"病态的自爱和傲慢"令人难以忍受，并认为赖希并不真正了解马克思（同上，p.109）。显然，当时的费尼谢尔还比较赞同弗洛姆。

然而，费尼谢尔并不赞同弗洛姆1935年之后的作品方向。在1944年对《逃避自由》所写的一篇评论中，费尼谢尔写道："他们（弗洛姆和卡迪纳）没有研究性感区和客体关系的相互关系，思考没有与时俱进，并且认为对客体关系作用的洞察与性感区的重要性相矛盾"（引自Jacoby，1975，p.96）。

此评论表明，费尼谢尔熟悉弗洛姆的早期论文，并将《逃避自由》视为这些论文的延伸。这没错。自1934年，弗洛姆一直质疑临床精神病理学的严重性可以通过将症状、冲突或性格特征置于表面上预设的个体遗传序列的某个假设点上来衡量——这一假设对于正统理论来说是不言自明的。今天，这种对性心理发展的正统模型的预先设置已变得相当普遍，并得到主流精神分析学家的公开支持（例如，Kernberg，1980，pp.3-4）。尽管如此，费尼谢尔仍指责弗洛姆对驱力的讨论，例如工作的驱力或"享受自然之美"的驱力都是"非常抽象的，并且与弗洛伊德的……对本能态度的分析相比，非常模糊"（引自Jacoby，1975，p.96），这是完全公正的。1944年，当评论出现时，弗洛姆还没有阐明他的哲学人类学或他的存在需求的概念。然而，即使他阐明了，费尼谢尔也不会满意。正如费尼谢尔早些时候在回应卡伦·霍妮的著作时写的那样，"我相信……精神分析作为一种自然科学心理学的价值来源于它是一种关于本能和遗传的心理学"（同上，p.97）。费尼谢尔显然在作为"自然科学心理学"的精神分析上投入了很多，但他没有承认弗洛伊德心理生物学的拉马克学说[1]基础实际上是多么脆弱，而且他对其中的意识形态潜台词视而不见。弗洛姆则不然，尽管他有很多缺点。

帕特里克·穆拉哈

帕特里克·穆拉哈的《俄狄浦斯：神话与情结》（Mullahy，1948）第一次概括介绍了各种精神分析学派的内在逻辑和客观价值，而没有沉溺于宗派仇恨或谩骂。与弗洛姆一样，穆拉哈也在威廉·阿兰森·怀特研究所任教，因此弗洛姆为这本历史性著作撰写推介绝非偶然。事实上，正如穆拉哈在序言中所述，最初弗洛姆和他是打算合作完成这本书的。当发现这不可能的时候，弗洛姆给了他一份未出版的关于巴霍芬和俄狄浦斯神话的手稿供他使用（Mullahy，1948，p.xvi）。因此，毫无疑问，穆拉哈对弗洛姆观点的总结是清晰、深刻又认同的，他对巴霍芬的讨论仍然是二次文献中最好的。[2]

经过心理学和哲学的训练，穆拉哈能够从荣格、兰克和弗洛姆身上发现被正统掩盖或否定的层面。虽然这种开放的思想对持不同见解的边缘人士（以及穆拉哈的读者）都有好处，但穆拉哈广博学问的主要受益者可能还是弗洛姆。穆拉哈在总结评论中指出：

1　拉马克学说是一种生物学理论。19 世纪初期，法国生物学家拉马克继承和发展了前人关于生物是不断进化的思想，大胆又鲜明地提出了生物是从低级向高级发展进化的学说。可以说，他是第一个系统地提出了唯物主义的生物进化理论的人。

2　据我所知，穆拉哈提到的手稿从未完整印刷过。《被遗忘的语言》（*The Forgotten Language*）（Fromm，1951）第 7 章第 1 节可能是一个缩写版本。

弗洛姆的作品里有丰富的社会学、人类学和历史学知识。应该就是出于这个原因，他的作品具有大多数精神分析学家所缺乏的深度。弗洛姆没有被所有的心理学知识都是从弗洛伊德——或弗洛姆开始的这种幻想所影响。亚里士多德、斯宾诺莎、迈斯特·埃克哈特和卡夫卡之类的人物可能对所谓的力比多知之甚少，但他们对其他关于以前被称为人的精神的问题——也许最终对传统上所谓的人类精神更为重要的问题——了解得很多。（Mullahy, 1948, p.331）

显然，穆拉哈发现弗洛姆的灵性和道德取向令人向往。这体现在他的温和批评中。尽管如此，穆拉哈还是认为弗洛姆没有充分考虑科学技术在现代资本主义发展中的作用，只将其视为经济领域的一部分，而不是把它本身当作一种力量（1948, p.332）。此外，在穆拉哈看来，弗洛姆在描述社会和心理过程时"互动"不够。最后，穆拉哈对弗洛姆的性格理论提出了今天被称为认知或认知行为主义的反对意见。沙利文的理论中先提到这点。穆拉哈说，与大多数分析家一样，弗洛姆认为患者的情绪态度是"主要的"，并把想法、判断等视为潜在情绪倾向的衍生表现（例如，Fromm, 1961c, pp.3–4）。穆拉哈与之相反，他认为想法会影响一个人的情感倾向，"比如说，想法和判断等不是性格的结果，而是与其他任何事物一样有效地塑造性格"（1948, p.333）。

穆拉哈的批评反映了沙利文的影响。而对心理学史家来说，这很有意思，因为它追溯到笛卡儿、斯宾诺莎和莱布尼茨关于思想和情感的关系的理性主义理论。在这一理论中，情感被解释为假的或错误的想法，或由它们产生的激情。赫尔巴特从莱布尼茨的学生兼评注者克里斯蒂安·沃尔夫（Christian Wolff）那里继承了这种理性主义的偏见。弗洛伊德得益于赫尔巴特的压抑理论，以及他坚持的观点：所有的精神活动都是由假想的大量精神能量的规律互动决定的（Ricoeur，1970）。但继叔本华和尼采之后，弗洛伊德坚持认为情感是首位，颠倒了等式的两边，认为思想仅仅表达了无意识的意志和幻想，这些意志和幻想在不同程度上适应了存在的现实。弗洛姆在第一次世界大战期间对人类非理性的体验使他倾向于接受这种对人类事务的观点，因此他在这方面对弗洛伊德一直有信心，没有想解开或解决这些理论矛盾，或者将其置于历史的角度。

今天，关于情感或认知的首要地位的争论仍在继续。尽管许多理论家现在强调，情感和认知在复杂的相互作用中同时运作，没有哪个更优先，但特别是在认知理论家中，古典理性主义仍然有一些受人尊敬的代表（例如，Greenberg and Safran，1984；Safran and Greenberg，1987）。恩斯特·沙赫特尔对此问题进行了广泛思考，得出了或多或少相同的结论（Schachtel，1959）。弗洛姆忽视了这个心理学理论核心的问题，这表明他几乎完全专注于哲学的伦理方面，而对情感与认知的关系、身心问题，以及西方形而上学的首要问题和困惑相对没那么感兴趣（Funk，1984，pp.46–47）。

克拉拉·汤普森

克拉拉·汤普森不是心理学家，也不是哲学家。像赖希、费尼谢尔和当时大多数其他精神分析学家一样，她是一名精神病学家。她的《精神分析：进化与发展》（*Psychoanalysis: Evolution and Development*）（Thompson，1950）之所以引人注目，是因为它讨论了荣格和兰克的思想，并为弗洛伊德的忠实反对者格奥尔格·格罗迪克和桑德尔·费伦茨平了反。（汤普森曾与费伦茨和弗洛姆一起学习，两人都是格罗迪克的崇拜者。）和穆拉哈一样，汤普森与沙利文的关系也很密切，她也在威廉·阿兰森·怀特研究所任教。在人格理论方面，她对弗洛姆的阐述比穆拉哈的简略，但在人格防御和焦虑等临床主题上更为明确。例如，她指出，在强调尊重患者这方面，弗洛姆与荣格和兰克有很多共同之处（同上，p.204）。不过，她警告说：

> 弗洛伊德强调，精神分析学家必须摆脱所有谴责患者的倾向，对于患者变成了什么样的人，他不能与之有任何情感上的利害关系。弗洛姆同意这一点，但指出，精神分析学家对于什么是对人类有益的信念在他的治疗目标中起着一定的作用。他首先会使用价值判断来选择患者进行治疗。比如，对一个有希望治愈的患者抱有明显不真诚的态度，可能会让治疗失败。弗洛姆的这种方法有一定的危险：一句道德谴责的话很容易脱口而出，他可能会发现自己正在评判患者，尽管我相信弗洛姆的态度远不会这么差。（同上，pp.210-211）

事实上，根据迈克尔·麦科比和赫伯特·施皮格尔的说法（个人通信），汤普森所说的初期危险实际上是弗洛姆治疗态度的主要缺点。可能出于对弗洛姆的喜爱以及她对弗洛姆临床医术的尊重，汤普森不愿意在公开场合承认这一点。或者，在她写这篇文章的时候，这个不足还不明显。汤普森关于弗洛姆和沙利文的最后评论（Thompson，1964，chap.11）明显是一次尝试，想强调两人及其各自追随者之间本质上的互补性，以调解和淡化当时两人在个人和理论上的差异，其结果是刺激了实质性的理解。但这也强烈地反映了汤普森善于和解的性格和天赋，以及她在威廉·阿兰森·怀特研究所的内部事务中的调解作用。[1]

罗洛·梅

罗洛·梅的《焦虑的意义》（*The Meaning of Anxiety*，1950）与汤普森的《精神分析：进化与发展》在同一年出版，随后的是 1953 年出版的《人的自我探索》（*Man's Search for Himself*）。梅虽然从来不是弗洛姆的密友，但是他的分析对象，也是少数几位喜欢弗洛姆广泛的学识和严谨的折中主义而不质疑他的临床资历的心理学家之一。仅这件事就很了不起。毕竟，弗洛姆坚持要将心理现象放到历史背景下讨论——在经济学、人类学、社会学、神学和伦理学中研究问题和过程，这些学科与正确的心理理解息息相关甚至不可或缺——这可能引起过威廉·冯特（Wilhelm Wundt）、威廉·狄尔泰、马克斯或阿尔弗雷德·韦伯的共鸣。但这种观点让那些要严格划分心理学和其他学科的

---

1 关于弗洛姆和沙利文之间的理论差异和互补性，有一个时间更近、在某些方面更深入的分析，见格林伯格和米切尔（Greenberg and Mitchell，1983）。

人感到厌恶，并且严重导致了弗洛姆被很多人当作外行或觉得他很古怪。对于弗洛姆的同事咒骂他的那些特点，梅却表达了赞扬，这间接表达了对弗洛姆的过去、现在和未来的许多批评者的看法。

然而，个人对立的原因很快出现了。约翰·克尔回忆弗洛姆的密友安娜·古雷维奇（Anna Gourevitch）曾说，梅从他和弗洛姆的分析中直接抄袭了一些内容放到了《人的自我探索》中（个人通信，1987年7月24日）。如果古雷维奇确实认为这是事实，那么弗洛姆可能也这么认为。弗洛姆和梅之间疏远的另一个原因是，随着梅与存在主义和人本主义心理学的接触越来越多，他变得更加反弗洛伊德。虽然弗洛姆会很坦率地批评精神分析运动，但他还是有时会尖锐地批评弗洛伊德，有时又赞美弗洛伊德的天才。弗洛姆为他持续忠诚于弗洛伊德所付出的代价是，随着人本主义和存在主义心理学运动在美国蓬勃发展，这些运动的主要发言人——包括梅——越来越不把他放在眼里。

从一开始，美国的人本主义心理学就宣称精神分析和行为主义是它的两个主要敌人，称自己为心理学中的"第三股力量"（Fuller，1986，chap.7）。尽管安东尼·苏蒂奇（Anthony Sutich）在1961年的一份宣言（同上，p.151）中将弗洛姆（以及其他人）称为该运动的先驱，但他显然拒绝了这一荣誉。1963年，在墨西哥自治大学精神分析研究所（Fromm，1975，reprint）所在的新大楼的就职演说中，弗洛姆还预言了心理学、精神病学和精神分析学的"第三股力量"的到来。然而，他没有引用任何一位美国心理学家的观点，也没有谈到当时心理学家普遍认为精神分析与人本主义相抵触的看法。事实上，弗洛姆认为，尽管弗洛伊德理论有其天生的局限性，但它与文艺复兴时期的人本主义扎根于同一土壤，必须更新和改造，而不是被抛弃。从那时起，弗洛姆拒绝与美国人本主义心理学对话。

因此，毫不奇怪，梅在 20 世纪 50 年代末后对弗洛姆提及得越来越少，也没那么多赞美之词了。例如，梅在《权力与无知》(*Power and Innocence*) 一书中批评赖希和弗洛姆过分简化了 "叛逆者" 与社会之间的关系：

> 从赖希一直到弗洛姆的一系列当代作家都在愤慨地谈论社会，用诸如 "官僚主义"、"世界主宰"、"超级技术官僚"(supertechnocratic) 之类的词发泄他们的愤怒，一直用这些词暗示我们的现状是社会的错。一方面，这源于一种乌托邦主义，即若我们在发展的社会能正确地调教我们，那么我们都会处于良好的状态。另一方面，这就像一个孩子因为自己没有长得更高或在其他方面与父母希望他成为的不一样而对父母施压，但所有这些都不是他们所能决定的……叛逆者是一个人格分裂的人，因为他意识到他所在的社会哺育了他，满足了他的需要，给了他发展潜力的安全感；然而，他又在这个社会的约束下感到痛苦，觉得它令人窒息。(May，1967，p.227)

值得注意的是，这些看起来像粗浅常识的评论将弗洛姆描述为一位作家，而不是一位精神分析师或社会理论家，并含蓄地将他比作一个被宠坏的、不讲道理的孩子。此外，"从赖希一直到弗洛姆" 这句暗示了一种其实不存在的视角广度，因为这两人非常相近。最重要的是，弗洛姆自己的反叛心理学没有被引用，这让梅的归因不可信。这个批评颇具人身攻击，对弗洛姆没有真正理解"反叛者"的指责听起来很可疑。

然而，为梅说句公道话，弗洛伊德主义者和人本主义心理学家在20世纪六七十年代的意识形态方面发生着激烈的斗争，弗洛姆和他之间的关系不可避免地因此变得复杂。随着双方斗争的进行，弗洛姆被困在边线上。毫无疑问，他感觉自己像是荒野中的一个声音，在两个阵营中都没有盟友或对话者。但他也在自己的预言家、局外人的身份中茁壮成长。也许他宁愿被忽视，也不愿与那些他认为是装腔作势的文盲辩论，在他看来，那些人对弗洛伊德或人本主义并没有深刻的理解。[1]

G. S. 布雷特和 R. S. 彼得斯

R. S. 彼得斯（R. S. Peters）将布雷特（G. S. Brett）于 1912 年出版的三卷本经典著作删节编辑成为一卷版的《布雷特心理学史》（*Brett's History of Psychology*，1965）。彼得斯和其他同事还为一卷本合作编写了一个总结性章节。（因此，很难确切知道这些内容代表了谁的观点。）本书对弗洛姆的提及比较敷衍；但值得注意的是，它赞同《逃避自由》（1941）所倡导的弗洛伊德–马克思主义的综合，该书在英国

---

1 劳伦斯·斯通（Laurence Stone, 1986）在对弗洛姆的一次富有同情心的讨论中错误地宣称，弗洛姆的思想实际上更接近存在主义和人本主义心理学，而不是精神分析学。

出版时名为《恐惧自由》（*Fear of Freedom*）。我完整地引述一下：

> 弗洛姆是一位"新弗洛伊德主义者"，他认为精神分析的方向应该是社会性而不是生物性。例如，在《恐惧自由》（1942）一书中，他试图展示心理和社会学因素之间的相互作用，并通过马克思和塔尼等作家关于社会变革的经济决定因素的社会学理论，补充对某些政治和宗教态度的心理分析解释。在马克思和弗洛伊德的理论被过于简化后，这种试图找出两者见解之间相互关系的尝试最具启发性，也最受欢迎。这也是20世纪研究趋势的一个特点，即不再倾向于仅从心理学角度解释社会现象。（Brett，1965，p.715）

在简要提及《逃避自由》之后，该书对卡迪纳的基本人格结构理论进行了较为详细的描述，并做出以下提醒：

> 这些例子足以说明社会科学对精神分析的影响。然而，对弗洛伊德来说，公平地说，他非常清楚不同文化之间的差异，并且他的重要性在于展示了本能驱动力遇到规范性压力时的改变。没有人更清楚这句俗话：所有的心理学都是社会心理学……虽然弗洛伊德主要的起始方向是生物学方向，但他越来越能看到人类的无限可塑性和他们的社会关系的决定性影响。（同上，pp.715-716）

显然，写这些段落的人没有读过弗洛姆的德语出版物，尤其是《基督教义分析》（1930a）和《分析社会心理学的方法和功能》（1932a），其中生动地预示了卡迪纳的基本人格结构思想。直到 1939 年，卡迪纳才在《个人与社会》（*The Individual and His Society*）中提出了他的基本人格理论，而弗洛姆的早期著作在此没有被提及，说明彼得斯和他的同事对此一无所知。尽管令人遗憾，但他们的知识差距并不太大。《逃避自由》是弗洛姆用英语写的第一本书，大多数弗洛姆的英语批评者都是从这本书开始的。

鲁斯·蒙鲁

《精神分析思想的流派》（*Schools of Psychoanalytic Thought*，1955）的作者鲁斯·蒙鲁（Ruth Munroe）是一位心理学家，她和费尼谢尔一样，认为弗洛姆对弗洛伊德性心理理论的漠视令人担忧。

> 我认为这个论点是荒谬的，但我也不太认可随意承认身体需要显而易见但心理需要不重要。婴儿除了身体需要之外还知道什么？除了通过对他已经"知道"的东西进行详细说明和修正，他还有什么其他的基础来学习？我们是否可以认同弗洛姆的说法，我们可以和弗洛姆一样说婴儿有生理需要，成年人也有生理需要，但是人类的需求是从生理需要获得满足时开始的吗？这是正确的，但具体而言，人类的需要起源于婴儿期，当婴儿想要排便时就已经与父母建立了人际关系，因此他对肛门冲动的控制一开始就"人

性化"了。(Munroe, 1955, p.418)

还有:

> 人们可能会批评弗洛伊德的力比多理论忽略了故事的大部分, 人们可能会觉得这些系统的实际发展阶段并没有被完美地描绘出来……然而……在我看来, 无视性系统对人类心理发展的作用就是错的。所有对还未被粗暴的文化干预的幼儿进行的谨慎公正的研究, 都显示出对"性"区域——口腔、肛门和生殖器的自发关注。(同上, p.419)

然而, 总的来说, 蒙鲁对弗洛姆的反应——与费尼谢尔对弗洛姆的相反——是积极的。她承认, 一个人的死亡不可避免地会带来生存问题。与弗洛姆一样, 她把生存问题与各种社会和历史二分法(如贫困和战争)区分开来——弗洛姆认为这些是能够在人类历史上实现超越的——并且没有将他视为无望的空想家(同上, pp.352–353)。

此外, 蒙鲁抓住了个体化的概念和与他人建立关系的需要在弗洛姆的体系中所起的作用, 她对弗洛姆关于纳粹心理学的分析(1955, p.390)表现出强烈的欣赏。她为弗洛姆的市场导向概念做了资格上的背书, 认为这是弗洛姆的独特贡献, 与弗洛伊德的个体发生图式并无类似, 还暗示了躯体组织中并没有特定的锚点(同上, pp.393–394)。然而, 与大卫·里斯曼一样, 蒙鲁认为, 尽管市场导向是当代美国生活中的特有现象, 但弗洛姆忽视了随着旧式父权制的消亡, 社会交流中出现了积极的变化（同上，pp.475–476）。

然而，按蒙鲁的评价，弗洛姆的临床贡献并不那么独特，这一不足是弗洛姆造成的。蒙鲁用了整整一章介绍阿尔弗雷德·阿德勒、卡伦·霍妮、H.S.沙利文和弗洛姆的病理学与治疗概念。她对他们在人格动力学等话题上的差异表现得很有洞察力和敏感性，但她几乎没有谈弗洛姆对治疗情景的看法——事实上，远少于她对其他任何一个与弗洛姆同时代学者的评论。对于这一遗漏，她解释说："在一次个人通信中，弗洛姆说他在这些问题上的立场更接近弗洛伊德，而不是霍妮，因为他没有写太多关于治疗程序的文章，所以我不打算详细阐述"（Munroe，1955，p.518）。此外，蒙鲁说：

> 弗洛姆本人并不打算将他的哲学分析直接用于精神分析。我之所以详述这一点，是因为他这本书的很多非专业的热心读者和爱批判的精神分析学同事往往认为理论与实践之间的联系比它们真正的联系直接得多。弗洛姆的特殊贡献不在于对个体的精细分析。在这里，像任何一个善于实践的精神分析学家一样，他运用他人的成果，并且认为直接将他的哲学取向用于对个体的治疗，是一种对精神分析的讽刺。（同上，p.474）

这篇文章的问题在于，从上下文来看，蒙鲁所说的弗洛姆在临床语境中对其观点的态度是否基于他的书面或口头交流并不清楚，或者说，哲学理念与他的临床取向几乎没有相关性是一种无端的断言，是为了保护弗洛姆不受喋喋不休的批评家攻击，或维护弗洛姆在她心中的形象。如果蒙鲁得到的理由源于弗洛姆本人的陈述，那么可以认为是弗洛姆直接让人们普遍认为他自己对治疗没有什么特别的看法。而如果这些断言仅仅是蒙鲁的猜测，不管其意图多么好，都展示出弗洛姆对治疗问题的缄默是如何促使人们想象他在治疗中使用或没有使用这些观点，因为在没有明确反驳的情况下，两种情况都是同样可以想象的。

根据当时与弗洛姆一起接受培训的心理学家本杰明·沃尔斯坦（Benjamin Wolstein）的说法，1955 年，弗洛姆在威廉·阿兰森·怀特研究所赞成他的学员重拾 1915—1917 年的"古典技术"（Wolstein, 1981, p.484）。这说明弗洛姆对蒙鲁的回应反映了弗洛姆如何看待自己作为临床医生的行为。但 1955 年后与弗洛姆合作的临床医生却认为情况并非如此。在与笔者的对话中，玛丽安·厄卡德特（Eckardt, 1987）、莫里斯·格林（Green, 1988）、迈克尔·麦科比（Maccoby, 1985）、赫伯特·斯皮格尔（Spiegel, 1987）和保罗·瓦赫特尔（Wachtel, 1986）都回忆道，弗洛姆对道德说教的嗜好偶尔会影响他对临床病例材料的描述，还可能穿插到面对面的访谈里。

沃尔斯坦发现，弗洛姆承诺已久的技术书可能会在某种程度上澄清问题（Wolstein, 1981, p.484）。但是，即使它被写出来了，它也只会呈现弗洛姆对治疗的看法，而没有明确的证据表明他进行了实际分析。在没有明确答案的情况下，应该可以假设弗洛姆本人对这一问题并不清楚，但在 1955 年之前，他认为自己（或多或少）是按正统模式行事的，尽管态度中立的人（1935a）和公众对他的看法恰恰相反。

卡尔文·霍尔和加德纳·林赛

卡尔文·霍尔（Calvin Hall）和加德纳·林赛（Gardner Lindzey）在第一次评价弗洛姆（1954）时，说他在美国舞台上"受到的影响大过发挥的影响"（p.174），并且对弗洛姆早期关于方法论的论文一无所知——从表面上看，他们从未弥补这一遗漏。霍尔和林赛的评价是通过广泛研究当前社会心理学教科书得到的。事实上，我自己对这一时期的几本教科书《社会心理学理论与问题》（*Theory and Problems of Social Psychology*）（Krech and Crutchfield，1948）、《社会心理学纲要》（*An Outline of Social Psychology*）（Sherif and Sherif，1948）和《社会心理学》（*Social Psychology*）（Asch，1952）的调查发现，弗洛姆一点也没有被引用到，或者引用到的也很敷衍。例如，《社会心理学纲要》简要提到了弗洛姆在《逃避自由》（1941）中的"社会性格"从封建主义到现代时期的变化与技术对集体行为的影响的关系。即使是修订版（Sherif and Sherif，1956，pp.712-713），也没有提到"市场性格"，尽管那时距离弗洛姆提出这个主题已经有近十年了。简言之，如果《社会心理学纲要》是个暗示，那么我们可以合理地推测出：在《逃避自由》之后，弗洛姆被社会心理学家忽视了。显然，霍尔和林赛将弗洛姆的社会心理学描述为衍生工具，尽管从根本上是错误的，但反映了当时在该领域内正在形成的共识。

霍尔和林赛于1957年出版的《人格理论》（*Theories of Personality*）被宣传为"对主要人格理论的第一次客观全面的回顾"。

这本书面向的是人格理论的学生，而不是社会心理学的学生。它已经出版了好几个版本，在大多数大学里仍然被广泛用作入门教材。这个结果与他们对弗洛姆的社会心理学的忽视形成了鲜明对比。霍尔和林赛让北美的大多数人格理论家都对弗洛姆的思想略知一二，而没人实际应用这些思想。

由于这本书带有研究中立的态度，因此不可能确定霍尔和林赛对弗洛姆人格理论的态度。总的来说，态度应该是很积极的。在仅仅四页的篇幅内，他们就相当准确且带着赞许的态度阐述了弗洛姆的个体化与共生、存在的需要，以及社会历史条件和偶然事件对人的发展或异化的影响等概念。

但在第一版中，霍尔和林赛在几个方面误导了读者。首先，他们将弗洛姆与尼尔·米勒（Neal Miller）、加德纳·墨菲（Gardner Murphy）、约翰·多拉德（John Dollard）、库尔特·勒温（Kurt Lewin）和沙利文一起归为"场论家"（field theorist），因为他强调了人格的环境决定因素。这个标签让人误以为这些理论家对"场"的性质的看法是一致的或有共识。对弗洛姆来说，影响人格的主要"场"因素是阶级出身和归属、生产和分配的主流方法、工作心理学等等。如果阶级结构、家庭环境和工作环境构成了"场"，那么弗洛姆就是一个"场论家"；但如果没有进一步的论证就下定论说他是场论家，很可能会产生误导。

霍尔和林赛还有一点做得不好，就是将弗洛姆与霍妮、沙利文、勒温和卡尔·罗杰斯（Carl Rogers）等弱化遗传对个性影响的人一起归类为"环境主义者"（Hall and Lindzey，1957，p.542）。这完全是误读。弗洛姆总是强调先天性格的重要性。性格对于弗洛姆来说是先天和后天的结合，或者用他自己的术语来说，是"气质"和"性格"（Fromm，1947，pp.59-62）。当后天获得的特征（性格）与一个人的先天性情（气质）发生冲突，他就会患上慢性神经过敏并且充满不安全感，产生虚假或脆弱的认同感。弗洛姆认为，治疗的一个重要目标是将真实的自我从社会化所叠加的性格趋势中分离出来，然后确认并强化那些促进健康和幸福的特点，即使它们与现行的行为和信仰准则相冲突（Thompson，1950，p.210；Fromm，1980，pp.65-66）。[1]

霍尔和林赛造成的另一个严重误解是，弗洛姆是一位从未从事过任何实证研究的"直觉型"理论家（Hall and Lindzey，1957）。显然，他们不知道弗洛姆在1929年和1930年在魏玛德国的工人阶级中进行的开创性研究，也不知道同年开始的对墨西哥村庄的大规模研究。

最后，霍尔和林赛把弗洛姆描绘成天真的空想家，完全没有意识到弗洛姆的悲剧色彩。他们指出，在弗洛姆关于真正的人类社会秩序的思想中，每个人都应该有平等的机会发展他或她特别的个人能力。但他们也进一步（毫无根据地）断言弗洛姆是一个盲目乐观的人。根据他们的说法，在弗洛姆的"健全社会"中，不会有孤独感、孤立感和绝望。弗洛姆从未说过这样的话。他至少在两个场合明确表示，对人类生存悲剧性一面的认识是生产性生活和情感素养培养的先决条件；他还表示，即使没有普遍的匮乏和社会不公所造成的痛苦、不安全和贫困，人类的生存也是一项可悲的事业（Fromm，1941，pp.270-

---

1　这也是霍妮的观点。

271；1955b，pp.174–175）。总的来说，弗洛姆比霍尔和林赛所暗示的更倾向于弗洛伊德和存在主义。

　　然而，值得赞扬的是，在《人格理论》（Hall and Lindzey，1978）第三版中，霍尔和林赛极大地加深了对弗洛姆的理解。尽管他们仍说他是场论家（同上，p.690），但他们清楚地承认了他的马克思主义立场，并充分认可了他在墨西哥的实证研究（同上，p.174），[1] 对弗洛姆性格理论的讨论也更为具体。他们强调了弗洛姆理论中先天性情的作用（同上，p.173），并且不再将其归为激进的环境主义（同上，p.198）。可惜，新的特点归纳里混入了一个虽然小但值得注意的曲解。他们恰当地将《马克思关于人的概念》（*Marx's Concept of Man*）（Fromm，1961b）说成"对马克思的无条件颂扬"（同上，p.170）。在该书中，弗洛姆将列宁主义和斯大林主义的出现归因于对马克思原始信息的歪曲，并赞扬了马克思广阔的人文背景和抱负。他们没有注意到六年前，在《健全的社会》（1955b）中，弗洛姆曾指责了马克思的经济主义偏见和他的教条、专制行为。

　　但是这种曲解相对于霍尔和林赛在分析上的巨大进步，只是一个很小的代价。最有可能让他们产生这种深入认知的，是他们对《一个墨西哥村庄的社会性格》（*Social Character in a Mexican Village*）（Fromm and Maccoby，1970）的理解。他们早先的错误只剩下一个毫无根据的观念，即在弗洛姆的"健全的社会"中，孤独和绝望将不再干预人类事务。弗洛姆作为一个温和乐观的乌托邦环保主义者的形象

1　1978 年版用了五页半的篇幅写弗洛姆，四页写霍妮，二十一页写沙利文。

改变了，但并未完全改变。

哈罗德·西尔斯

　　哈罗德·西尔斯是一位以治疗精神分裂症而闻名的精神病学家。尽管他从未与弗洛姆有过密切联系，但他受弗洛姆的第一任妻子弗里达·弗洛姆·赖希曼的个人恩惠很多，他曾在栗子旅馆（Chestnut Lodge）研究过她的治疗理论（Searles，1965，p.9）。西尔斯没有对弗洛姆的贡献进行过分析，但他在1959年以后的所有论文都集中提到了弗洛姆，也许最引人注目的是1965年的一篇文章。在评论精神分裂症患者（有意识和无意识地）害怕和逃避培养个人自主认同时，他注意到：

　　　　埃里克森在关于认同危机和获得认同的其他方面做了宝贵的工作，其成果以独特的魅力和洞察力突显出自我认同感是一种值得珍惜的东西，因此我们往往会低估一个人——特别是精神病患者——对认同的感受有多么矛盾……弗洛姆在《逃避自由》中的评论，指出了发展和维持个性意识所需的一些心理代价，强调了在我们欣赏埃里克森的著作时，不能忘记自我认同感这一主题。（1965，p.648）

　　西尔斯还在他的《非人类环境》（*The Non-Human Environment*）一书中大量引用弗洛姆的观点来说明他的论点。

在我们的文化中，有意识地忽视非人类环境的心理重要性与过度（基本上是无意识地）依赖该环境同时存在。我相信环境对个人的实际重要性之大，让人都不敢承认它……那就是……我假设存在……一种内心情景，类似于存在于神经症和精神病患者中众所周知的情况：患者坚决否认他无意识极度依赖的某些人对他的重要性，这些人，通过患者对他们无意识的认同，构成了患者自己人格的重要部分。（Searles，1960，p.395）

此外，他在一份非常有先见之明的声明中称，"人类与非人类环境的关联受损可能会大大加剧人类正在努力应对的这种威胁"（同上，p.394）。

西尔斯所指的威胁是我们同时倾向于使人非人化（见证大屠杀），并越来越多地将自然视为非个人的"它世界"（it-world）的一部分，由于我们对依赖的恐惧更多，所以与之没有任何有意义的联系，这在文化层面上受到精神病性否认的影响。根据西尔斯的说法，弗洛姆论述了共生融合的欲望和对成熟关系的反向需要之间的普遍人类冲突，这不仅有助于理解精神分裂症，而且是我们整个文化的特征，它通过具体化和分解对自然的依赖来掩饰这种依赖。西尔斯是少数试图将弗洛姆的哲学概念应用于临床并随后应用于他自己的文化批评的临床医生之一。在他自己的文化批评中，精神分裂症精神病理学仅仅代表了每个人所面临的一种更加公开和戏剧性的冲突形式。

本杰明·沃尔曼

　　本杰明·沃尔曼（Benjamin Wolman）的《当代心理学理论与体系》（*Contemporary Theories and Systems in Psychology*，1960）在一些次要方面对弗洛姆的评价比其他任何作品都要准确。例如，与《人格理论》第一版中的霍尔和林赛不同，沃尔曼指出弗洛姆在人格动力学中认识到了遗传的先天因素（Wolman，1960，p.362）。与《精神分析思想的流派》的蒙鲁不同，他注意到价值和伦理判断在弗洛姆的理论和治疗中的作用（同上，p.366）。虽然弗洛姆的社会历史观点在二次文献中并不新鲜，但沃尔曼是第一个尝试分析临床理论和历史哲学之间关系的人，并在精神分析研究中明确区分了这两种表达在概念上的相互依存和相互作用。

　　然而，总的来说，沃尔曼的分析受到混乱思维和错误信息的影响。例如，他对弗洛姆使用弗洛伊德从恩斯特·海克尔借来并应用于历史和人类发展的生物遗传原理做出了完全矛盾的断言。有一次他说："弗洛姆在几个方面偏离了弗洛伊德哲学。他抛弃了生物发生原理，而更加重视文化传统。事实上，他将任何历史时刻的人类行为都视为某个给定时间内文化影响的产物。"（1960，p.355）然而仅仅六页之后，他又断言"弗洛姆追随弗洛伊德的脚步并应用生物遗传原理。儿童发展呈现出与人类历史相似的模式"（同上，p.361）。

　　其他的陈述也体现出他对主题基本不理解。根据沃尔曼的说法，"弗洛伊德的历史哲学是对他的心理理论的补充；弗洛姆的历史哲学是他的心理理论的基石。原因显而易见。弗洛伊德认为历史是人为的，而弗洛姆认为人是由历史创造的"（1960，p.356）。

在这样简明扼要的叙述中，出现微小的曲解是不可避免的，但是这个提法是完全不正确的。弗洛伊德本人会大力否认他的历史哲学是对他的心理理论的补充，而不是表达。此外，沃尔曼暗示弗洛伊德首先对临床数据进行了仔细和审慎的检查，进而对人类行为进行了适当的经验性概括，然后——直到那时——才对社会和历史进行推论。但弗洛伊德并没有以这种方式研究。但凡熟悉弗洛伊德的文化环境及受他思想影响的人，都不会把他想象成某种乏味的实证主义者或经验主义者。尽管弗洛姆认为人是历史的产物，如沃尔曼所说，他还将历史视为人类能动性的产物——我们"生产力"的释放以及不可避免的异化，跟随着迈向自由的每一步（Fromm，1955b，1961b）。与马克思一样，弗洛姆强调说：历史本身没有做什么。人们创造自己的历史，尽管很少在自己选择的条件下（Fromm，1941，p.28）。

沃尔曼在总结发言中宣称：

> 尽管对弗洛姆的哲学和伦理学的讨论超越了对真假陈述的科学研究的界限，但指出心理学家反对客观真理、支持道德判断的这种反抗是很好的。由此，弗洛姆的作品让科学真理寻求者来面临是非问题。（Wolman，1960，p.368）

这里体现出，科学或"客观真理"与"道德判断"存在某种对立关系，即道德是主观偏好或文化习俗的问题。这一观点受到研究道德发展的认知发展理论家越来越多的质疑（例如，Kohlberg，1971）。

当然，可以提出有说服力的论据来反驳弗洛姆，支持伦理相对论
（例如，Birnbach，1961，pp.76–77，83–89）。但无论我们是否同意他
的观点，从本质上讲，康德对伦理行为的观点是弗洛姆规范人本主义
和社会精神病理学观点的一部分。弗洛姆批评了弗洛伊德理论和治疗
中伦理问题相对化的倾向（Fromm，1935a；1947，introduction）。他
认为，赞成或反对某一道德的选择，都可以客观地判断它在有利于人
的全面发展的方面是好是坏、是理性的还是非理性的，不用管这种选
择是否以某种方式得到了同感效证。鉴于这一问题在弗洛姆研究中的
中心地位，沃尔曼和其他人有责任明确考虑这一点，而不是仅仅将其
视为"马后炮"，宣称弗洛姆的伦理观与"客观真理"相去甚远。沃
尔曼没有做到这一点。

杜安·舒尔茨

杜安·舒尔茨（Duane P. Schultz）在《现代心理学史》（*A History
of Modern Psychology*，1969）中对弗洛姆的描述也比较敷衍，与霍尔、
林赛（Hall and Lindzey，1957）和沃尔曼（Wolman，1960）的描述遥
相呼应。根据舒尔茨的观点，弗洛姆"认为人类存在的主要动力不是
满足本能驱动，而是回归依赖状态的愿望"（Schultz，1969，p.304）。
舒尔茨在总结时指出，"弗洛姆的描述性分析没有达到科学证据所要
求的精确度"（同上，p.306）。在后一节中，在对荣格、阿德勒、霍
妮和弗洛姆的批评中，舒尔茨指责这四人把人类描绘成本质上是理
性、有意识、社会化的生物，是衰弱的社会系统的受害者，"我们只
剩下这样一个悖论：人类是一个非常理性、完美、社会化的存在，却

发展出大量不足以满足其需要的社会制度"（同上，p.306）。

我们把这些断言整理一下。首先，事实上弗洛姆并没有提出人类行为的主要动机是回归依赖状态的愿望。在《逃避自由》（1941）和《人心及其善恶本性》（1964）中，他至多提出了一个建议，那就是回到依赖状态的愿望是所有临床精神病理学的一个必要组成部分。舒尔茨歪曲了这种适度谦虚和平衡的论断，但明确承认，在适当的条件下，健康个体日益增长的与他人建立有效关系的需要和能力超过了这种倒退的渴望。

舒尔茨在第一段中的曲解严重削弱了他在第二段中对弗洛姆的描述性分析——缺乏"科学证据所要求的精确度"的抱怨。和沃尔曼一样，舒尔茨认为科学的意义或本质完全是理所当然的，觉得它就是不言自明、不需要定义和阐述解释的东西，长此以往就形成了一种自鸣得意的态度。他对荣格、阿德勒、霍妮和弗洛姆的整体描述同样老套且具有误导性。的确，这四个人都远比弗洛伊德更强调人的潜在社交能力及其相对的理性能力。但是精神分析心理治疗的存在建立在人们内心黑暗和非理性的力量超出人们的意识控制的假设之上。

我们为什么要发展不能满足我们生存需求的社会制度的问题仍然是一个问题。弗洛姆对此深思熟虑的回答很可能是：直到最近都还缺乏为每个人提供体面、有尊严的生活基础的物质手段。这种稀缺性要求将社会划分为阶级，并使用武力和欺骗来维持阶级统治。在资本主义的支持下，19 至 20 世纪的生产力有了爆炸式发展，使满足物质需求成为可能——让我们有可能摆脱武力和欺骗。遗憾的是，资本主义还助长了异化、机械化、消费主义等的扩张，这使我们难以体验，更不用说满足我们特定的人类需求，因此难以进行为所有人提供充足供应的社会变革。的确，现在我们有了这样做的物质手段，但我们实施它们的能力却被几个世纪以来在我们的社会性格里扎根了的恐惧、贪婪和压迫所阻碍（Fromm，1937，1955b，1960d，1968b）。

舒尔茨对弗洛姆的诠释虽然比有些人要简短，但却是1960年后学术心理学主流的典型回应。这给人的印象是，舒尔茨理解了霍尔和林赛（Hall and Lindzey，1957）以及沃尔曼（Wolman，1960），而没有切实了解弗洛姆，或者他为了证实预先设想的观点，只草草阅读了弗洛姆，以确认从"权威"资料中收集到的先入之见。

罗伯特·伦丁

罗伯特·伦丁（Robert Lundin）在心理学理论和体系中对弗洛姆的态度和舒尔茨一样有缺陷，尽管可能多一点赞同。伦丁承认弗洛姆人格（气质）理论中遗传天生倾向的作用，但与1957年的霍尔和林赛一样，他也给弗洛姆归错了类，他把弗洛姆的理论作为"社会学习"的一个例子（Lundin，1972，p.284）。从某种意义上说，考虑到家庭、学校和其他社会因素在性格特征形成中的媒介作用，这个标签是合理的，但这样分类更容易让人混淆，而不是让人更清楚，因为伦丁没有解释弗洛姆和其他理论家在这个分类上的巨大差异。而且，更重要的是，弗洛姆明确否定了行为主要是学习或模仿的产物的观点（Fromm and Maccoby，1970，pp.10,19）。

然而，伦丁确实比他的几位"前任"更注意处理一些重要的基本问题。例如，他没有暗示所有人类行为背后的主要动机是渴望回归依赖状态，而是正确地指出，对于弗洛姆来说，所有人面临的主要问题是如何克服孤独感（Lundin，1972，p.284）。这是一个本质不同的主张，因为不论健康还是生病，都会出现孤独，克服孤独的愿望不一定要回归到依赖状态。伦丁遵循了这一敏锐的观察，简要列举了《逃避自由》（1941）中引用的各种"逃避机制"和《为自己的人》（1947）中描述的各类角色，以及《健全的社会》（1955b）中讲的生存需求。这种处理虽然总体上是正确的，但很粗略，并且看起来只是（通过列举，例如三种逃避机制、五种性格取向）一个帮助学生死记硬背的简单工具。

与沃尔曼、舒尔茨和其他人一样，伦丁表示弗洛姆对人类的态度是"爱"，但太理想化、不太务实。伦丁认为弗洛姆试图描述现代心理的历史演变实际上不符合历史，缺乏经验证据（Lundin，1972，p.286），这与沃尔曼（Wolman，1960，p.367）相呼应。"也许，"他写道，"我们根本不应该称他为心理学家，而应该称他为历史和伦理哲学家。"（同上）但是，如果弗洛姆的历史理论如伦丁所说的那样根本没有根据，那么弗洛姆会是怎样的一位历史哲学家呢？这里传达的一个总体印象是，弗洛姆是个好人，但作为一个严肃的心理学家，他几乎不值得关注。

迪特·怀斯

1960年后的流行趋势中出现了一个值得注意的例外，那就是迪特·怀斯及《从开始到现在的精神分析流派》（*Psychoanalytic Schools from the Beginning to the Present*，1973）。怀斯是一位在法兰克福执业的精神病医生，他的主要方向是哲学。因此，他可能会赞许弗洛姆阐明"本能"在人类行为中的温和作用，并用人类动机的存在主义和人本主义的概念取代它们。他对弗洛姆哲学人类学的分析与他对爱的看法相关，或在广度和敏锐度上可与穆拉哈和汤普森相媲美，甚至超过了他们（Wyss，1973，pp.271-280）。与大多数心理学家和精神病学家不同，怀斯似乎赞同弗洛姆直言不讳的伦理观点，他认为这些观点与心理治疗的后期阶段有关（同上，p.280）；这是一个有趣的提法，据我所知，从那以后就再也没有人提出过。不过，他的结论令人困惑。他把弗洛姆比作奥托·兰克，类比的方式只怕弗洛姆会拒绝。他补充道：

> （弗洛姆）认为临床症状评估是次要的，并在"人"的总体现象中赋予它们适当的位置。与其他新弗洛伊德主义者一样，弗洛姆没有认识到这些事例所带来的问题，以及阻碍新弗洛伊德主义在这方面独立于弗洛伊德的困难。但是，神经症的临床研究和记录并不是他最关心的。（同上，p.524）

绝大多数精神病医生都透露出弗洛姆首要关注的不是神经症的描述、研究和疗法，对弗洛姆的严厉批评主要是针对这点。但对于怀斯来说，情况似乎恰恰相反。事实上，他表示包括弗洛姆在内的新弗洛伊德主义者与弗洛伊德主义离得不够远，但没有说明原因。即使我们承认症状的缓解或减轻并不像怀斯和弗洛姆所坚持的那样是"灵魂的治愈"，这种态度也大大削弱了怀斯的评估价值。

威廉·萨哈基安

　　威廉·萨哈基安（William Sahakian）在两本书中讨论了弗洛姆，即《系统社会心理学》（*Systematic Social Psychology*，1974）和《社会心理学的历史与系统》（*History and Systems of Social Psychology*，1984）。然而，与霍尔和林赛的工作不同，萨哈基安的工作并没有体现出明显的进步。虽然它好在没有简单列举各种需求、性格类型来帮学生应试，但它缺乏严肃研究的深度和准确度。萨哈基安说，弗洛姆到美国后"发现自己受到社会学家约翰·多拉德和哈罗德·德怀特·拉斯韦尔（Harold Dwight Lasswell）、精神分析人类学家艾布拉姆·卡迪纳以及人类学家J.哈洛韦尔（J. Hallowell）和E.萨丕尔的影响"（1974，p.173）。这种认为弗洛姆的理论是在这些趋同的影响下形成的观点，忽略了弗洛姆的观点是在1927—1933年间在德国形成的这一事实。弗洛姆确实曾在《逃避自由》一书中引用过这些人物，为他对弗洛伊德社会心理学的批判提供了一致的证据（Fromm，1941，p.28），但当弗洛姆在20世纪30年代末通过沙利文的"黄道俱乐部"与他们见面时，他本身就已经是一位令人敬畏的学者了，而且大多数说法表明，那时无论有什么影响，都是朝着相反的方向流动的。

　　在这一错误主张之后，萨哈基安立即指出，"弗洛姆和霍妮与弗洛伊德的观点不一致，弗洛伊德的观点是，人是其生物本性的产物……而不是社会学习的产物"，然而，在弗洛姆或霍妮的著作中，"社会学习"这一术语从未出现过。此外，弗洛姆从未提出"人"或人性是"社会学习的产物"。根据弗洛姆的观点，人性是一个跨历史的恒量，被当时的社会条件以多种方式塑造或扭曲。

罗伯特·富勒

罗伯特·富勒（Robert Fuller）的《美国人与无意识》（*Americans and the Unconscious*，1986）描述了人本主义心理学对弗洛伊德的反应，并试图从一个明显是美国本土的无意识思维的视角去看待弗洛姆。人本主义心理学家，如亚伯拉罕·马斯洛（Abraham Maslow）、罗洛·梅、加德纳·墨菲、艾拉·普罗格夫（Ira Progoff）、卡尔·罗杰斯和沃尔特·魏斯科夫（Walter Weisskopf）认为，与原始的或反社会的冲动相比，无意识更像是积极的、成长导向的和"更高"的心理功能的储存库。这一点在罗杰斯身上表现得最为明显：

> （罗杰斯）把人类有机体概括为一个有机体功能的金字塔，部分被无意识的认知所覆盖，只有金字塔的顶端被完全清醒的意识的闪光短暂照亮。我的一些同事说过，有机体的选择——存在的非语言的潜意识选择——是由进化流引导的。我同意，并且我还要更进一步。我想指出的是，在心理治疗中，我们了解了一些最有利于培养自我意识的条件。（引自 Fuller，1986，p.169）

在这篇文章的其他地方，罗杰斯认为，"当我们提供一种可以让人成为……的心理氛围，我们是在利用一种渗透在整个有机生命中的趋势，即要具备有机体所能具备的所有复杂性。在更大的范围内，我相信我们是在挖掘一种强大的创造倾向，这种倾向创造了宇宙"（同上，p.171）。

　　为了对弗洛姆进行历史定位，我们将罗杰斯的无意识概念和弗洛伊德的观点进行对比，然后再和弗洛姆进行对比。除了自我的某些部分之外，弗洛伊德的无意识主要是永恒的、古老的本我，它凭借其保守和坚持的特点，抵抗适应现实；弗洛伊德强调本能的保守特性（Freud, 1921）来源于赫尔曼·亥姆霍兹（Hermann Helmholtz）和恩斯特·冯·布吕克（Ernst von Brücke）的机械唯物主义。尽管生物学可能会"伸出援手"，但归根结底，调节环境适应过程的现实原则和自我主要是通过文化约束进化的，而不是生物过程，然后仅以不可避免的神经症为代价——这是一种与罗杰斯的观点相反的悲观看法。

　　而弗洛姆呢？富勒说：

　　　　在所有新弗洛伊德主义者中，艾里希·弗洛姆无疑是最有影响力的。几乎每一个将"美国心理学理论"与其弗洛伊德的前身区别开来的主题都在弗洛姆的著作中出现了：个人的当前（或存在）而不是他或她过去的状况的重要性；有意识和意志的自由，而不是内心的决定论；人格的持续开放性及其对新体验的反应……重要的是，弗洛姆的精神分析取向使他无法从他的社会和环境主义思想中得出合乎逻辑的结论。对他来说，无意识成了一个心理堡垒，保护个人免受外部力量的全面控制……在描述这种更深层次的精神生活时，他反复引用了一些明显带有神秘色彩的语言，如禅宗里的顿悟、埃克哈特大师的与神性结合以及保罗·田利

克（Paul Tillich）的"存在的基础"上的心灵参与。（Fuller，1986，p.126）

这种特性描述有几个严重的缺陷，但真正的问题主要在于富勒如何构建"美国的无意识"。例如，对于罗杰斯，他提到了爱默生是对罗杰斯有重要影响的人，根据罗杰斯自己的说法，这是完全正确的（Fuller，1986，p.169n）。富勒在书中的其他地方正确地引用了英国浪漫主义者和超心理学家迈尔斯（F. W. Myers）作为美国人的背景灵感。然而，富勒忘了提到罗杰斯描述的宇宙无意识——尽管毫无疑问，与爱默生、迈尔斯等人一致——但在谢林和卡鲁斯的理论中，以及在随后其他各种活力论中[例如，约翰内斯·穆勒（Johannes Müller）、亨利·柏格森（Henri Bergson）、塞缪尔·巴特勒（Samuel Butler）、德日进（Pierre Teilhard de Chardin）]表现得淋漓尽致。弗洛伊德的追随者中活力论的晚期代表格奥尔格·格罗迪克是弗洛姆20多岁到30岁出头时的朋友和导师。

因此，弗洛姆对"美国的无意识"的喜爱虽然不是无足轻重的，也不是偶然的，但与其说是对新世界的适应，不如说是对弗洛伊德之前的老旧的无意识心理过程观点的回归，这种观点深深植根于他自己的文化环境中。谢林和伯格森认为无意识是一种具有创造性的、前瞻性的进化原则，与弗洛伊德所理解的本能的老旧保守的特征完全相反。但在某种程度上，两者都是正确的。与赖希一样，弗洛姆也考虑到了在社会化过程中受到压制或扭曲的健康的、亲社会的努力，但同样强调了改变人类扭曲的功能模式的顽固性和持久性的困难。通过只关注弗洛姆无意识概念的活力派的一面，富勒曲解了弗洛姆的立场，让其符合自己的先入为主之见，这样一来，他得以指责弗洛姆并没有贯彻其作为"社会和环保主义者"的理念。他将其作品的这一方面视为美国人所独有的，从而陷入了一种双重扭曲，这种扭曲很难反驳，因为表面上看来它能自圆其说。

最后，富勒对弗洛姆的解读引出了一个问题，即为什么弗洛姆在20世纪六七十年代避免参与人本主义心理学的兴起。弗洛姆忽视这场运动的做法只有在我们深知"人本主义"在欧洲和美国语境中的不同含义时才能理解。即使是欧洲人，对这个词的理解也是多种多样的，这取决于一个人的政治信仰。对托克维尔、歌德和托马斯·曼等有文化的保守派来说，"人本主义"意味着退出政治生活的象牙塔；对于加缪和萨特等自由主义者和左派来说，这个词是号召人们与使广大人类无法过上有尊严和自我实现的生活的普遍阻碍做斗争的号角。但不管政治色彩如何，欧洲人本主义的必要条件是对可追溯到文艺复兴时期（或之前）的哲学和历史文本的持续反思，在这个过程中，一个人的知识血统通过直接引用、释义或关联前辈思想家的典故，得到了严格验证。

作为一个有教养、书呆子气的欧洲人，弗洛姆继承了一种文化学术和与之相伴的对先辈的虔诚。相比之下——如果富勒算是一点迹象——美国的人本主义心理学家倾向于支持爱默生、梭罗和惠特曼身上的"自力更生"态度，而很少像弗洛姆在成年后那样向弗洛伊德、马克思、斯宾诺莎或埃克哈特大师寻求灵感。在最好的情况下，这种自力更生会让人对新思想持开放态度，并愿意质疑权威，但对欧洲人来说，这种态度常常用来使逃避真正的学术严谨变得合理；这是一种缺乏实质内容、纪律与真正的社会和政治承诺的折中说法。

除了认为它缺乏严谨和对先辈的虔诚外，弗洛姆还怀疑，人类潜能发展的自我放纵性质与人本主义心理学是一致的。弗洛姆并不反对社会性、感性或"自发性"，但对于一个有教养的欧洲人来说，即使是在适当的情况下，如果缺乏机智和矜持，真实的自我表达也是不可想象的。相反，对于美国人来说，"自发性"几乎等同于故意拒绝或藐视约束——通常是以一种反常的顺从的方式。因此，欧洲人认为是"自发性"的情感表达方式，美国人则会认为是"紧张"、有预谋或彻头彻尾的欺骗；相反，美国人的"自发性"给欧洲人的印象是爱暴露、肤浅、自我放纵或强迫。弗洛姆所提倡的那种开放性和自发性显然是欧洲的含义，这可能是一些美国学生觉得他冷漠的原因之一。

总结与结论

前面的例子清晰地显现出某些趋势。在对弗洛姆进行评价的精神病学家中，有一些像他自己一样是欧洲人，因此熟悉弗洛姆早期的著作。正是出于这个原因，他们将马克思主义和精神分析的派别争论带到了美国。这里的例子包括赖希、费尼谢尔及其追随者。迪特·怀斯是个例外。他清楚地理解了弗洛姆思想中其他人无法理解的特点。美国精神病专家，如汤普森和西尔斯，通过沙利文和赖希曼了解弗洛姆，他们不熟悉他的早期工作，但带着一些同情探索了他用英语写就的作品，并尽可能地运用了他的哲学人类学。然而，在费尼谢尔于1944年发表了负面评论之后，信仰正统弗洛伊德主义的美国精神病学家就完全忽视了弗洛姆，正统的美国精神分析文献中缺乏他的参考文献和关于他的实质性分析就证明了这一点。

在整个心理学领域来看，弗洛姆的情况好不了多少。除了一些值得注意的例外，1960 年以后关于弗洛姆的大多数二次文献都没什么内容或带有误导性。即使是名义上赞同弗洛姆的评论家和批评家也不免给他贴上不恰当的标签，在根本问题上歪曲他，还在没有核实其来源的情况下得意地重复早期"权威"的声明。社会和人格心理学家，以及未来的心理学史专家——除了彼得斯和他的同事——轮番将弗洛姆归为"直觉派"、"场论家"、"社会学习"理论家或"环保主义者"，无视了弗洛姆作品中可以使他不用被贴上这些标签的重要特征。他们无法放弃把弗洛姆当成一个不太能欣赏人类生活非理性和悲剧层面的头脑模糊的空想家，即使他们在其他方面显得开明（例如，Hall and Lindzey，1957 versus 1978）。很可能，这种长期的错误归因通过不恰当的例子起到了夸张、暗示等作用，而那些例子是在归纳作者思想时最好避免使用的。

鉴于这些错误的程度和频率，责怪个别作者似乎毫无意义。显然，这里存在某种有全面影响的因素。事实上，弗洛姆的美国批评家和可能的阐释者的怪异歪曲证明了弗洛姆的社会过滤器理论的有效性。在该理论中，经验和信息根据文化先入为主的观念进行过滤。因此，对于一个懒得费心阅读弗洛姆的人来说，这种可悲和可叹的状态是一种滑稽的讽刺，而且在某种意义上，也是一种平反。

在临床心理学家中，弗洛姆也没受到欢迎。沃尔曼对弗洛姆临床理论和历史哲学的总结，是对弗洛姆研究前提、方法和结论做出的无力、误导的概括和相互矛盾的叙述。穆拉哈的态度明显是个例外，他在哲学、宗教、比较神话和文学方面有深厚背景，所以他能够接受弗洛姆作品的风格和内容。但弗洛姆本人也参与了《俄狄浦斯：神话与情结》，所以这个例外并不算作什么。鲁斯·蒙鲁是这里唯一一位不认识弗洛姆的以分析为方向的心理学家，其批评通常是敏锐而直接的，又带有同情和准确的理解。很自然，她不确定道德和哲学的思想对弗洛姆的临床操作有多深的影响，并且假设他在这些方面的想法对他在治疗中的实际行为影响甚小。但受弗洛姆督导的汤普森也是如此。也许弗洛姆本人在这一点上比他愿意承认的更困惑、更模棱两可，因为他当时正在梳理相互冲突的思想上的归属和他个人认同的相关组成。

人们觉得弗洛姆应该会在人本主义心理学和存在主义心理学这两个领域蓬勃发展。但除了罗洛·梅的前几本书中的一些赞美段落，以及各处转瞬即逝的参考文献（例如，Stone, 1986），弗洛姆对弗洛伊德和马克思、人本主义和存在主义的独特结合没能站稳脚跟。这里唯一的例外是厄内斯特·贝克尔，他的书《反抗死亡》得到了存在主义和人本主义心理学家的广泛阅读和赏析。尽管贝克尔从未对弗洛姆的作品进行全面评估，但他对弗洛姆有着很好的理解，并对他的想法有着强烈的热情（例如，Becker, 1973, p.134）。然而这个例外印证了什么样的人更能理解弗洛姆。因为贝克尔不是心理学家，而是对哲学、社会科学和文学有着广泛兴趣的文化人类学家，他在心理学家和精神病学家中的知名度大概无助于加强他们对弗洛姆的理解。

于是问题出现了：为什么弗洛姆在心理学家中受到如此草率和冷漠的对待？原因相当复杂，涉及多种因素。

作为一名训练而成的社会学家，弗洛姆显然觉得没有必要解释心理学的存在，无论是在精神分析领域中的存在，还是其本身作为一门学科的存在。尽管在精神病学阴影下受训的心理学家经常用定量和统计分析的专业能力来解释他们的不稳定状态，但弗洛姆强调个人和社会心理学的定性特征。弗洛姆热衷于探索普遍现象背后的经济和文化决定因素，如焦虑、盲从，以及集体信仰体系的起源、历史和心理影响，他还不愿意屈服于马克思主义和弗洛伊德主义阵营中常见的还原论（Brett，1965），这都使他难以被归类。此外，他试图解读弗洛伊德理论的意识形态潜台词（例如，Fromm，1935a，1959b），这实际上不利于他的观点被从事临床或社会研究的分析型理论家引用或应用，尽管他声明忠于弗洛伊德。只要弗洛姆被隔离在外，那么对于引用他的思想的实际制约曾经是——现在也是相当大的制约——可获得的资金、同事的尊重、晋升的前景等等。因此，尽管有多本畅销书反映出公众热情高涨，但除了他在威廉·阿兰森·怀特研究所和墨西哥精神分析研究所的个人影响力之外，他对分析方向的心理学家没有任何实际影响，因为他的大部分受训者都是精神病学家。

当然，分析师通常只占心理学家的一小部分，但许多让弗洛姆不受分析心理学家欢迎的特点也让学术心理学家与之疏远，即使他们的研究兴趣高度一致（例如，关于顺从和共识的问题）。弗洛姆的马克思主义和弗洛伊德倾向已经对他造成了打击，而它们又与一种应对心理学问题的方法相结合——这种方法更类似于 19 世纪后期人文科学研究，而不是科学方法的主流思想。实证主义对实验心理学、社会心理学和临床心理学的影响，以及以彻底不符合历史的方式处理人类行为问题的必然趋势，使得大多数主流学术心理学家几乎不可能理解弗洛姆在谈论什么，更不用说对他的假设和方法给予任何信任了。这样，现实的和理论的限制又一次让弗洛姆的影响力充其量也只是边缘化，即使他的名字出现在许多社会和人格心理学的文献和教科书中，也依然没有改变这一点。在这些背景下，弗洛姆的名字通常被用来证明作者的研究广泛而包容，用作为作者的偏见辩护的稻草人，或者在作者综述该领域的历史工作时作为其他"专家"而出现，以表达作者的礼貌姿态和谨慎致谢。

当然，弗洛姆本人也要为他自己的广受忽视而负责。只把他简单地看作受害者，对真正想把他弄明白的批评家和诠释者来说是不公平的。但考虑到当时主要的知识氛围，无论弗洛姆对此做出了多大——或多小——的贡献，都不可避免地会出现歪曲。在美国实证主义和行为主义支持下的心理学彻底贬低人类经验的定性特点，相应地维持了弗洛姆所称的"量化和抽象化"趋势的价值（Fromm，1955b，pp.103–111）。除了强调心理学的定性特点及其解放、让人醒悟的功能（Fromm，1959a），他还相信建立在人性法则基础上的客观道德是可能存在的——或者说逻辑上是必需的——给许多心理学家留下了极不科学的印象。心理学和精神病学的主流方向，直到今天，都是基于对现有的客观知识的信仰，而不是客观道德的可能性。也许正是由于赫尔曼·科恩的影响，弗洛姆拒绝承认道德仅仅是一个随机偏好或同感效证的问题。可以想见，康德坚持认为无论主流规范和实践如何，人类的所有有效规范都可以通过"理性"达成，这让他在职业信誉方面付出了巨大代价，尽管也让他受到了更广泛读者的喜爱。

第八章　弗洛姆对精神分析史的贡献

弗洛伊德神话与弗洛姆的评论

尽管存在普遍的误解，但无意识心理学并非始于弗洛伊德。事实上，它比弗洛伊德早了至少两个世纪，有许多杰出的倡导者。然而，绝大多数人把"无意识"（unconscious）这个词与弗洛伊德联系在一起。原因之一，毫无疑问，是当弗洛伊德和他的追随者开始系统地编纂精神分析理论时，他们写得就好像是弗洛伊德从头创建了无意识的心理学，从他自己的自我分析和对临床环境中遇到的异常现象的严格归纳推断中得出了他的概念，而且事先不认识赫尔巴特、叔本华、尼采、西奥多·利普斯（Theodor Lipps）等人。

自弗洛伊德去世后，弗洛伊德主义者倾向于延续这种解释。当弗洛伊德主义者提到弗洛伊德之前的理论家时，他们常常以一种抱团祖护的方式这样做。可以将主流精神分析史学与二到四世纪的基督教辩护者之间做一个有效的类比。基督教教义与柏拉图、亚里士多德、斯多葛学派、普罗提诺（Plotinos）等的早期教义有深远的相似之处，给教会的教父们留下了深刻的印象；亚历山大的克莱门特（Clement）、德尔图良（Tertullian）、奥利金（Origen）和奥古斯汀（Augustine）等神学家没有完全否认它们，而是争辩说，异教的圣徒和哲学家对真理的预感是支离破碎的、扭曲的。相比之下，他们坚持认为，基督教的启示构成了一个独特的、前所未有的、不可重复的事件，完整、充分地揭示了人类的起源和命运、人类的存在基础和人类与终极存在的关系。因此，对异教哲学的研究是为了证明早期信仰体系的不足，并挖掘出确凿的证据，使基督教对真理的垄断无可争议。

类似地，当正统的弗洛伊德主义者写精神分析运动的历史时，他们会降低前人的贡献，或者模糊地赞扬弗洛伊德的前辈向真理迈进，但在某些方面总是落伍。除了对思想史的这种不顾史实的做法外，他们还珍视弗洛伊德这个人的神圣形象。在他们的心目中，弗洛伊德是一位严格而公正的科学家，代表着受苦受难的人类，是一位忠诚的丈夫和家庭成员，一位忠诚而热情的朋友，一个被欺骗和为阴谋所骗的无可指责的受害者，深受忘恩负义的腹黑信徒背叛的伤害，一个会被自己的慷慨和易轻信他人所累的受害者。

弗洛姆是最早打破这一传统的精神分析学家之一。1900 年，弗洛姆想进入弗洛伊德亲密圈子时已晚，尽管如此，弗洛姆还是在 20 多岁时跟追弗洛伊德的拥护者如西奥多·赖克和汉斯·萨克斯学习了古典精神分析。然而，与此同时，弗洛姆与弗洛伊德的忠实反对者中的非马克思主义者，如格奥尔格·格罗迪克、桑德尔·费伦茨和卡伦·霍妮，发展了亲密的个人关系，并且很可能从弗洛伊德对他们生活的影响中学到了很多关于弗洛伊德的知识。

弗洛姆对精神分析史学的第一个重大贡献是对欧内斯特·琼斯写的弗洛伊德的传记（Jones，1953）的评论。《西格蒙德·弗洛伊德的使命》（*Sigmund Freud's Mission*）（Fromm，1959b）描绘了一幅弗洛伊德的肖像，这幅肖像与大多数现存文献所表达的相悖。弗洛伊德不是无私的科学家、忠诚的丈夫、忠诚的朋友和不偏不倚的管理者，而是一个多愁善感、以自我为中心的天才，他没有完全意识到自己的真正目的和目标，他个人的幸福被自负的野心、冷淡的情感、前俄狄浦斯的焦虑和强烈的独裁倾向所摧残。根据弗洛姆的描绘，弗洛伊德的整个情感生活和与他人的交往都带有自欺欺人的色彩；作为临床医生，他以不被欺骗为荣，又几乎不了解自己，尽管他有着著名的自我分析；他被追求目标的激情、复仇的渴望和因为个人损失而产生的自恋性痛苦所驱使，在他的神经质平衡背后没有更大或更深刻的感受。然而，弗洛姆笔下的弗洛伊德还表现出一种无畏的智慧勇气，一种对理性解放力量的不可战胜的信念，以及一种惊人的科学想象力，这产生了一种理解非理性的全新方式。因此，弗洛姆认为，尽管弗洛伊德在情感上贫乏且以自我为中心，但弗洛伊德作为思想家是一位深刻、多产且富有创造性的智者，他一直努力解决人类动机和行为的基本问题。

弗洛姆认为，弗洛伊德最大的优点在于他试图调和当时盛行的矛盾思潮，如自由意志与决定论、启蒙与浪漫主义思想的问题。然而，根据弗洛姆的评估，弗洛伊德的总体力量和深度被强调了，并且在一定程度上被削弱了，因为他无法调和贯穿其历史哲学的乐观主义和悲观主义的二分法，以及他没能成功超越其早期驱力理论的局限性。弗洛姆认为，他无法始终如一地坚持下去，这只会加深他天性中的悲观情绪，其结果是，随着弗洛伊德的成熟，他的前景变得更加严峻。尽管弗洛姆批评了弗洛伊德，但他对弗洛伊德的悲剧性的宏伟愿景绝非一无所知。尽管一些批评家将弗洛姆诠释为一个盲目乐观的人，但很少有作家在这方面像他那样忠实地传达弗洛伊德的精神。

弗洛伊德的"人的模式"与历史哲学

根据弗洛姆的观点，精神分析代表了启蒙和浪漫主义意识形态的综合（可能是无意的）；它之所以受欢迎，与其说其他，还不如说是因为它调和了这些历史上对立的观点。正是基于这种综合，弗洛姆解释了第一批对立的学派，阿尔弗雷德·阿德勒学派和卡尔·荣格学派。在《弗洛伊德的人的模式及其社会决定因素》（Freud's Model of Man and Its Social Determinants）中，弗洛姆表示：

> 尽管人确实受到非理性力量——力比多的驱动，尤其是在其进化的前生殖阶段，但他的自我——他的理性和意志并非没有力量。理性的力量首先表现在人可以通过使用理性来理解他的非理性。弗洛伊德就这样创立了人类非理性的科学——精神分析理论……因为一个人在分析过程中可以使自己的无意识成为有意识的，他也可以将自己从无意识的挣扎中解放出来；他可以不压制它们，而是否定它们，也就是说，他可以削弱它们的力量，用意志控制它

们……从历史上看，弗洛伊德的理论可以看作理性主义和浪漫主义富有成效的综合；这种综合的创造力可能是弗洛伊德的思想在 20 世纪成为主导影响的原因之一。这种影响不是因为弗洛伊德找到了治疗神经症的新疗法，也可能并不因为他是压抑的性欲的捍卫者……他对文化产生普遍影响最重要的原因在于这种综合，其成果可以从弗洛伊德受到的两次最重要的叛逆中清楚地看到，即阿德勒和荣格的背叛。两者都打破了弗洛伊德的综合，回到了最初的两个立场。阿德勒，其思想根植于新兴中产阶级短暂的乐观主义，构建了一种片面的理性乐观理论。他认为，先天的残疾正是生成力量的条件，有了对情况的理智理解，人就可以解放自己，让人生的悲剧消失。

而荣格是一个浪漫主义者，他看到了人类所有力量的源泉来自无意识。他比观点受到其性理论限制的弗洛伊德更深刻地认识到象征和神话的丰富性和深度。然而，他们的目标是相互矛盾的。弗洛伊德想理解无意识是为了削弱和控制它；而荣格是为了从中获得更多的活力。他们对无意识的兴趣使两人一度团结在一起，但他们没有意识到他们正朝相反的方向行进。他们停下来谈论无意识时陷入了一种错觉，以为他们正朝着同一个方向前进。（Fromm，1970d，pp.50-52）

除了通过一场刻苦的实践（即神经症的治疗）综合了启蒙和浪漫

主义思想外，弗洛伊德还阐述了一种理论，该理论调解了极端对立的自由意志和决定论，但避开了形而上学的抽象概念。弗洛姆说："弗洛伊德是一位决定论者；他认为人是不自由的，因为人是由无意识、本我和超我决定的。"但是——这个"但是"对弗洛伊德来说是决定性的——人也不是完全被决定的，他可以借助分析方法控制无意识（1970d，p.52）。[1]

　　然而，弗洛姆观察到，弗洛伊德并不是在所有领域都调和启蒙和浪漫主义立场；这一事实反映在他对个人和社会转型的可能性越来越悲观上，这削弱了他对理性的启蒙信念。正如弗洛姆指出的，在弗洛伊德对我们社会起源的各种描述中：

> 我们发现，没有文化的人，完全就想满足自己的本能欲望，并在某种程度上感到快乐。然而，这幅场景与另一幅相反，后者假设即使在本能完全被满足的第一阶段也存在冲突。
>
> 人类必须离开这个天堂，正是他永远无法满足的欲望导致了儿子与父亲的冲突，然后父亲被杀死，最终形成了乱伦的禁忌。叛逆的儿子赢得了一场战斗，但他输掉了与父亲的战争，父亲的特权于是永远受"道德"和社会秩序所保障（这里再次提醒我们弗洛伊德对权威的矛盾心理）。
>
> 虽然在弗洛伊德的思想中，从长远来看，无限制的本

1　关于这一点的更广泛的讨论，见弗洛姆（Fromm，1964，chap.6）。

能满足是不可能的，但他提出了另一个完全不同的论点。这种天堂般状态的可能性并没有被否认，但人们认为，只要人类仍在天堂中，就无法发展出任何文化。对弗洛伊德来说，文化发展需要部分本能欲望没有满足，这反过来导致升华和反应的形成。因此，人类面临着另一种选择：本能的完全满足和野蛮，或者部分本能没被满足和人类的文化与心理发展。然而，升华的过程常常失败，人类不得不为自己的文化发展付出神经症的代价。（1970d, pp.58-59）

弗洛姆接着指出：

弗洛伊德是站在文化的一边……然而，他觉得历史带有一点悲剧的因素。人类的进步必然导致压抑和神经症。人不能同时拥有幸福和进步。然而，尽管存在悲剧因素，尽管他持怀疑态度，弗洛伊德仍然是一位启蒙思想家。对他来说，进步不再是一种纯粹的祝福。在弗洛伊德研究的第二阶段，即第一次世界大战后，弗洛伊德的历史图景变得真正具有悲剧性。进步——一旦超越某一点——就不再是简单地花个大价钱就可以换取的，而是从原则上就不可能。人只不过是一个生与死的本能相互争斗的战场。他永远无法果断地将自己从毁灭自己或毁灭他人的悲剧性选择中解放出来。

……这位持怀疑态度的启蒙哲学家被他的世界的崩溃

所压倒，成了一个彻底的怀疑主义者，他将人类的历史命运视为一场彻头彻尾的悲剧。弗洛伊德几乎不可能有其他反应，因为他的社会在他看来是最好的，不可能以任何决定性的方式改善。（同上，pp.59-60）

弗洛姆列举了弗洛伊德越来越悲观的几个原因。一方面，弗洛伊德本质上是一位自由主义改革者，他试图减少他所处社会中的性压抑，又不改变其父权制和经济剥削结构（Fromm，1959b，chap.9）。由于他将自己在奥匈帝国的维也纳的一块飞地视为文化的缩影，并无视其压迫性的基础（或者说，事实上，他接受了这些基础），他注定会将一战中自己世界的崩塌视为对启蒙运动关于理性胜利的希望的彻底驳斥。

另一方面，弗洛姆指出，弗洛伊德是在新概念发展的推动下得出这一结论的，这些新概念的发展有望超越阻碍他早期理论的机械唯物主义。尽管弗洛姆对死亡本能理论及其给人类带来的悲剧谜题提出了疑问（例如，1980，chap.4），但他赞扬了弗洛伊德提出的一个更具"活力论"（vitalistic）的驱力概念，并放弃了他早期可能不那么深刻的猜想。弗洛姆指出，尽管后来的驱力理论出了问题，但它证明了弗洛伊德智力发展理论的决定性深化，因此，在弗洛伊德以坚定的英雄主义所肩负的日益加剧的绝望中，存在着一种个人的胜利。

弗洛姆强调，尽管弗洛伊德勇敢地接受了他的新理论带来的严峻后果，但他仍然对早期和后期驱动力模型之间的内在矛盾无动于衷；由于某种原因，他无法摆脱以前的想法。弗洛伊德从恩斯特·冯·布吕

克那里得到的机械唯物主义

　　基于的原理是所有的心理现象都有其特定生理过程的根源，如果知道这些根源，就可以充分地解释和理解它们。弗洛伊德在寻找精神障碍的根源时，不得不为这些驱力寻找生理基础；在性方面找到这个基础是比较理想的解决方案，因为它既符合机械唯物主义思想的要求，也符合他那个时代及社会阶层的患者的某些临床表现……

　　这种驱力理论主导弗洛伊德的系统思维直到 1920 年左右。那时他的思维开始了一个新的阶段，他对人的概念出现了一个根本性的变化。这时的基本冲突不是自我和性欲冲动之间的对立，而是"生存本能"和"死亡本能"之间的冲突。生存本能，包括自我意识和性冲动，与死亡本能相对立，而死亡本能是人类毁灭性的根源，它要么指向人自己，要么指向外部世界。这些新的基本驱力的构造与旧驱力完全不同。首先，它们不在生物体的任何特殊区域，就像性欲在性感区。此外，它们没有遵循"液压"机制的模式，即增加张力—不愉悦—放松—愉悦—新的张力等，但它们是所有生命体[1]固有的，不需要任何特殊的刺激就可以运行；然而，它们的动力不亚于"液压"带来的本能。爱欲之神厄洛斯喜欢团结和融合；死亡本能却具有分裂和毁灭的

　　1　弗洛伊德在这里解释的"活质"（living substance），显然是指身体中每个活细胞的化学成分和结构。

相反趋势。（1970d，pp.46-48）

弗洛姆将协调前后驱力理论的各种工作概括为"理论上的拼凑"，因为它们的基本前提几乎是不可调和的。这一判断似乎仍有道理。

在《精神分析理论的社会局限性》（1935a）和《西格蒙德·弗洛伊德的使命》（1959b）中，弗洛姆试图将弗洛伊德理论的缺陷追溯到弗洛伊德个人的失败（例如他的野心、他的无爱），以及他所处的社会阶层和时代的缺陷。这些批评也出现在《弗洛伊德的人的模式及其社会决定因素》（1970d）中，但弗洛姆在这里强调了一个观点：弗洛伊德所处的文化环境（启蒙与浪漫主义思想）和哲学人类学（自由意志与决定论）的冲突需要调和，而弗洛伊德要一直（或同时）坚持不同的思想流派（例如机械唯物主义、活力论），于是他被二者所裹胁了。[1]

关于历史哲学，弗洛姆注意到弗洛伊德对我们史前社会阶层的各种描述中的矛盾。有时，弗洛伊德描绘了一种不受约束的本能满足，但缺乏进展。还有时，他将我们的原始历史描述为尖锐的社会对抗、与权威斗争的残酷环境。（弗洛姆可能会补充说，同样的模棱两可在启蒙运动关于这一主题的文献中也有反映。）然而，尽管弗洛伊德在这方面可能被归类为启蒙人物，但他并不代表启蒙运动的思想流派，而这种思想充斥于弗洛姆的作品，并经由卢梭、空想社会主义者和马克思来到我们身边。与弗洛伊德的观点形成鲜明对比的是，这种趋势

---

[1] 尽管弗洛伊德早期忠于布吕克和西奥多·梅内特（Theodor Meynert）等机械论者，但从一开始他的理论中就存在着活力论元素；这是弗洛姆的评估中没有反映的事实。（Ellenberger，1970；Sulloway，1979）

并不认为个人利益与物种利益之间、自然与文化之间存在天生或必然的对抗，尽管现在集体生活的秩序会产生利益冲突（Fromm, 1975）。

相反，弗洛伊德认为冲突无处不在——这反映在他对史前社会关系的看法中。在"原罪"即杀害父亲之后，弗洛伊德设想了一种原始契约，即放弃谋杀，实现女性的公平分配，打破父亲对性资产的垄断，这是一种社会契约或民法的原始前身（Freud, 1913, chap.4）。他之所以不得不这样做，是因为他不相信相关联的对抗者的自发社交能力能避免今后再次发生同样的事件。情况恰恰相反。从弗洛伊德的角度来看，似乎只有对谋杀或集体怨恨的恐惧，才能打消普通人做统治者并篡夺男族长特权的原始幻想。

死亡本能与精神分析政治

弗洛姆没有注意到启蒙思想的分歧，但这并没有使他的论点无效，相反，通过关注这些问题，他为我们提供了一个机会，让我们从历史的角度来看待他的贡献以及他与弗洛伊德的差异。然而，弗洛姆对弗洛伊德的描述，特别是关于死亡本能的部分确实被一些重要的疏漏给削弱了。

根据弗洛姆的思考，死亡本能理论是由第一次世界大战引出的，一是因为它史无前例的残忍，让弗洛伊德深感震惊（Freud, 1915），二是因为弗洛伊德对已被严重动摇的奥匈帝国和日耳曼文化的投入，使他在文化上迷失了方向。弗洛姆的概括既可以解释世界主义，也可以解释弗洛伊德后期作品中弥漫的日益加深的悲观主义。这种悲观使其与托马斯·曼的作品相似。此外，弗洛姆认为，厄洛斯和塔纳托斯（爱欲与死本能）之间新的矛盾让他与早期的机械驱动理论决裂了（未被承认），也让他对人性中的非理性有了深入的理解。

　　就目前而言，弗洛姆的论点是正确的，但他走得还不够远。因为死亡本能也可以用其他方式解释，其中不涉及弗洛伊德所谓的高度现实主义或敏感性，或者失败（但值得赞扬的）的理论突破。事实上，弗洛伊德关于死亡本能的概念可以证明生长有停止（Suttie，1935）；或者，它可以被解释为对荣格的临别赠言（Kerr，1988）。在思考精神分裂症的病因时，荣格假设存在一种原初退行冲动，试图在无意识中恢复与母亲未分化的合一状态，即所谓的乱伦性欲。荣格推测，这种原初退行冲动不仅仅是精神分裂症疾病的一个特征，而且是我们生物禀赋的一个基本组成，"正常"个体或多或少都有效地升华或超越了这种禀赋。事实上，荣格提出了一个全新的力比多理论，其中驱力的目标是合并或客体融合，而不是驱力本身的张力降低。

　　然而，荣格对前俄狄浦斯动力的先见之明，有可能取代弗洛伊德认为是文化基础构成的与父亲的冲突；这见解还涉及正常的成人的性欲斗争包括一种倒退的成分，这与弗洛伊德关于性欲的机械论概念不一致（Kerr，1988）。因此，弗洛伊德发现，最好是假设有一种本能可以将生理上的紧张/不愉快降到绝对最小，到它都不含性欲——事实上，它是反性欲的。与荣格假设的原初退行冲动不同，它绕过了母亲，可以根据需要解释恋母情结的各个部分，包括（表面上）男性性行为中的侵略性和破坏性、超我的起源以及小男孩与自己父亲的斗争。通过这种方式，弗洛伊德理论本质上以父权为中心的特征得以完整保存。

　　但对弗洛伊德来说，死亡本能还有额外的作用。第一次世界大战结束时，弗洛伊德的治疗性乐观主义受到了极大的考验。在死亡本能中，弗洛伊德为他和其他使用正统技术的人对于临床环境中经常遇到的棘手问题找到了一个严密的理由。谁还能怪他呢？正如弗洛伊德本人所观察到的那样，精神分析可以揭示重复的、自我撕裂的行为模式的根源，但并没有消除重复它的强迫性，该行为模式也没有得到任何程度的改善（Freud，1937）。从表面上看，这一明确的声明与启蒙运动对理性解放力量的信仰相矛盾，与之相矛盾的可能还有整个治疗存在的理由，而这一理由可能一开始导致了分析的兴起。

　　换言之，尽管有弗洛姆的加持，死亡本能理论仍是一种认命的姿态，间接地承认弗洛伊德在理解和激发某些力量方面可能已经达到了极限，而这些力量将改变附着在棘手案例上的惯性和持久性（Suttie，1935）。但是，尽管弗洛伊德为治疗失败构思了一种生物学原理，并越来越多地建议分析者对治愈和康复抱有适度的期望，但并非所有的追随者都照做了。在20世纪20年代，他的部分门徒，包括赖希、兰克和费伦茨实际上表示过，通过适当的技术调整，平均分析时间可以缩短到6到18个月。这种新发现的乐观主义基于多种前提。赖希拒绝了死亡本能，坚持弗洛伊德早期的机械唯物主义模型，希望性高潮理论能为解开神经症的最终谜团提供钥匙。就这样，他以自己的方式保持了对弗洛伊德的信仰。兰克和费伦茨采用了更偏向荣格的观点，不那么把生殖力视为液压比喻中驱力释放的途径，而更多地将其视为驱力的升华表达（Ferenczi，1924；Rank，1924）。

　　起初，弗洛伊德对这些新的发展的态度，即使不能说是支持性的鼓励，也可以说是一种宽容的怀疑。但是，在随后几年中，这些精神分析领域冉冉升起的新星一颗接一颗地遭受了陡然坠落和被驱逐的命运，这绝非偶然。在治疗技术方面赶超大师并不是他们唯一的罪过。赖希对母系理论的探索挑战了弗洛伊德史前思想中以父系为中心的假设。兰克和费伦茨将原初退行冲动与性欲联系起来，重新唤起了弗洛伊德在与荣格的争吵中故意抛弃的一系列推测，荣格重新制定的性欲理论则受到了巴霍芬的影响。在欧内斯特·琼斯、卡尔·亚伯拉罕和马克斯·艾廷顿（Max Eitington）的派系之争的刺激下，弗洛伊德终于被卷入了派系之争，而他最初是反对这些派系之争的（Fromm，1959b，p.133）。因为如果他没有被说服，认为兰克和费伦茨的作品是对精神分析的彻底背离——而不是它的延伸或一个无害的离题，正如他起初倾向于相信的——那么他们绝不会被如此无情地抹黑（Fromm，1959b；Roazen，1975）。

那么，这里是对死亡本能理论及其接受的两种解释。对弗洛姆来说，这是弗洛伊德个人成长的象征；一种试探性的、矛盾的、最终失败的尝试，一次企图超越驱力模型的尝试。也许在某种程度上是这样。然而，死亡本能理论也是人们面对精神疾病令人费解的复杂性时的一种放弃和承认无能的姿态。事实上，尽管有大量反证，弗洛姆可能将死亡本能视为弗洛伊德日益成熟的证据，这为他提供了一个平台，可以借此斥责大多数信徒缺乏对弗洛伊德的真正欣赏（例如，Fromm，1980，chap.4）。弗洛姆的分析中不言而喻的命题似乎是，成熟和现实主义不一定意味着对人类处境的绝望感加深，弗洛姆没有试图调和不可调和的事物，并抛弃弗洛伊德前后矛盾着一直拖拽的本能主义、驱力降低框架——他也因此变得更好。

弗洛姆、弗洛伊德和费伦茨

弗洛姆作品中反复出现的弗洛伊德虔诚的一种表达是，他倾向于以牺牲追随者为代价来推崇弗洛伊德。例如，在《西格蒙德·弗洛伊德的使命》（1959b）中，弗洛姆将弗洛伊德的大多数追随者描述为希望避免真正的政治或宗教承诺的平庸之辈。与此类似，弗洛姆指责大多数分析家和患者通过对弗洛伊德的替代认同，把精神分析滥用为中产阶级异化的缓和剂，从而排除了弗洛伊德本人所体现的那种独立判断（Fromm，1962，chap.10）。

但是在《精神分析的危机》（The Crisis of Psychoanalysis，1970b）中，弗洛姆大大改变了他的重点：他减少了对弗洛伊德的忠实追随者的谴责，并将其发展形式和特征更多地归咎于弗洛伊德。本着类似的精神，弗洛姆再次谴责了弗洛伊德作为资产阶级父权制社会秩序的同谋，认为这扭曲了他的临床和科学判断（比较 Fromm，1935a 和 1970b）。对于为费伦茨的最后一次辩护，弗洛姆表示他试图复活诱惑理论是为了扭转指责受害者（即遭受虐待和忽视的妇女、儿童和青少年）的政策风向。为了支持他对弗洛伊德与费伦茨之间的纠纷的分析以及弗洛伊德本人提倡的盲从的说法，弗洛姆引用了一份 1958 年的公开书信，这次公开书信往来是由琼斯传记的第三卷在《国际精神分析杂志》（Fromm，1970b，p.22，n.10）上发表引起的。迈克尔·巴林特（Micheal Balint），费伦茨的朋友、学生和遗稿管理人质疑琼斯的说法，即费伦茨对弗洛伊德的"偏离"是妄想症和对弗洛伊德有"强烈杀意"的症状，这种狂躁在费伦茨去世前不久才全面浮出水面。此外，巴林特称，尽管费伦茨的理论仍然存在争议，但要评估费伦茨贡献的真正价值，需要一个更有利的环境；后人会去判断。琼斯对巴林特表示了一些假意的同情，但重申了他的指控，即费伦茨的精神病得到了可靠（但未透露姓名）的目击者的证实，艾廷顿和弗洛伊德本人也认同他对费伦茨的看法。弗洛姆对这一段的评论很挑衅。他注意到巴林特信中的犹豫和矛盾，并责备了他的胆怯：

> 如果这样一封迂回曲折、卑微的信是由一个不如巴林特的人写的，或者是在独裁制度下为了保护自由或生命不受严重侵害而写的，那还可以理解。但考虑到这本书是由一位居住在英国的著名分析师撰写的，那么它只显示了一种很强的压力，即对该组织的领导人只能进行非常温和的批评，其他任何批评都是禁止的。

更重要的是，弗洛姆指出了巴林特在与琼斯的交流中所回避的核心问题，也就是说，琼斯的匿名消息来源——如果他存在的话——提出了什么证据。鉴于琼斯的"诊断"的重要性，人们不禁要问，为什么没有人大声疾呼让这位目击者站出来呢？在这一过程中，无论人们的信心被磨损了多少，一位兢兢业业的先驱的声誉和其一生的工作都受到了威胁，死者、生者和子孙后代的利益超过了这个假设的目击者保持沉默的任何顾虑。

尽管这对弗洛伊德和他的追随者来说并不是一件好事，但直到最近，分析文献中处理费伦茨与弗洛伊德的分歧的方式才说明了分析学领导层在解决问题和满足他们个人抱负方面所付出的努力，而普通民众又是多么轻易地默认了"官方"版本。

弗洛姆的弗洛伊德：另类解释

弗洛姆对弗洛伊德的描述受到精神分析历史学家的挑战和支持。例如，马克·坎泽、约翰·格伦（John Glenn）（1979）和亚历山大·格林斯坦（Alexander Grinstein，1980）引申了《梦的解析》（1900）中弗洛伊德对梦所披露的信息和自由联想，对于分析的眼睛（或耳朵）来说，这比最私密的自传更具信息量。这当中出现的弗洛伊德具有弗洛姆所提到的一些消极特征，但它们被更多的积极特征盖过了，特别是对真理、道德勇气的渴望和对人性的深刻而持久的爱。对这些作者来说，弗洛伊德在真理和自欺欺人的两个方向上更倾向于真理，他的理论表述虽然有错误或有时不完整，但没有任何意识形态上的弦外之音。他们的作品必须与弗洛姆的作品——当然，还有《梦的解析》——结合起来阅读，然后才能开始对弗洛伊德的人格进行平衡的评估。

另一个极端是彼得·斯瓦尔斯（Peter Swales，1982b，1983，1986）所描绘的弗洛伊德。和弗洛姆一样，斯瓦尔斯敏锐地意识到弗洛伊德如熊熊烈火的个人野心以及他思想中重现的宗教主题，尽管弗洛姆认为弗洛伊德对摩西的认同是最重要的，而斯瓦尔斯强调的似乎是早期对基督的模仿（Swales，1982a）。此外，结合事件历史，弗洛姆和斯瓦尔斯指控弗洛伊德与父母对现实的看法和定义相勾结，并尽量减少父母压力对患者的影响，将"心理现实"作为一个逃生舱口，避免与潜在的爆炸性社会问题纠缠在一起，这些问题在整个家庭和社会权威结构中普遍存在。[1]

超出这一点，共识就破裂了。这一点主要在于弗洛伊德作为一名科学家的诚实和可靠性的问题。弗洛姆的弗洛伊德是有缺陷的，他有很多自我欺骗，但他在其他方面基本上是诚实的。相比之下，斯瓦尔斯的弗洛伊德经常"炮制"理论和临床小故事，以适应当时的情况或理论，并且他是完全有意识地这样做（Swales，1982b）。不过，尽管引起了正统派的震惊和错愕，但斯瓦尔斯和弗洛姆一样，非常钦佩弗洛伊德，认为他是一个伟大的文化人物。这可能很难让人相信斯瓦尔斯还认为弗洛伊德的"幻想心理学在很大程度上是心理学的幻想"（个人通信，1987 年 7 月 7 日）。但斯瓦尔斯坚持认为，"我从弗洛伊德那里获得的东西，关于精神分析的临床经验起源方面的内容……都还给他了，就他的理论背后的文化历史（人文主义）灵感而言……这非常荒谬，这确实赋予它们某种普遍性的主张"（Swales，1982b）。此外，斯瓦尔斯继续说：

> 我……强烈支持弗洛伊德的观点……作为传播、转化和重新评价几乎整个人类思想史的载体，尤其是从文化史、宗教史和人文主义文学中收集到的东西……我倾向于将弗洛伊德视为他之前一切的活生生的、比生命更大的化身或

---

[1]　例如，将弗洛姆关于小汉斯（little Hans）的文章（1970）与斯瓦尔斯（Swales，1986）进行比较。

象征，以及自那以后的许多事物背后的开创性原则或"有机的细丝"——西格蒙德·弗洛伊德，一位非凡的文艺复兴人物，20世纪及之后的孩子，也是20世纪之父之一。（同上）

另一番类似弗洛姆的弗洛伊德描述来自杰弗里·马森（Jeffrey Masson，1984）。与马森一样，弗洛姆认为弗洛伊德与费伦茨的决裂以及欧内斯特·琼斯随后的诽谤都是由费伦茨对诱惑理论的复兴促成的。然而，马森远比弗洛姆更强调诱惑理论。马森没有将其视为整个精神分析中更深层、更普遍的问题的象征，而是认为整个分析理论大厦的有效性取决于一个单一的病因学问题。此外，在马森的研究中，没有一处提到弗洛姆十多年前发表的作品。

第三位对弗洛伊德的研究方法在某些方面与弗洛姆相似的理论家是爱丽丝·米勒（Alice Miller）（例如，1986）。米勒关于黑色教育和分析中患者频繁的再创伤的相关讨论，在费伦茨的后期作品和弗洛姆对费伦茨的第一次辩护（Fromm，1935a）中得到了生动的预示。米勒称，由于精神分析学在1896年左右放弃了神经症的创伤理论，于是偏离了轨道。然而，从她辩论的整个基调——以及她没有引用费伦茨的例子——米勒暗示，自那时以来就没有出现任何真正的进步或发展；因此，她使精神分析内部和外围近一个世纪的替代理论无效。简言之，她让弗洛姆和弗洛伊德的忠实反对派在理论上默默无闻、萎靡不振。这给缺乏阅历的读者传达了一种误导性的印象，即在米勒出现之前，她所憎恶的驱力理论占据着无可争议的主导地位。

斯瓦尔斯、马森和米勒只是其中三位较具争议性的人物，他们的精神分析观点，弗洛姆在某种程度上都想到了。但是，在来自背景极端不同的学者和实践者的浩瀚复杂和不断增长的文献中，弗洛姆的贡献很少得到承认。这些精神分析史学家分为四大类。第一类，包括亨利·埃伦伯格、罗伯特·霍尔特（Robert Holt）、弗兰克·萨洛韦（Frank Sulloway）和怀特（L. L. Whyte），探索精神分析的"史前史"，将其与思想史上更广泛的潮流联系起来。他们结合了知识史和社会史，然后是传记。第二类，如威廉·麦格拉斯（William McGrath）和卡尔·肖尔斯克（Carl Schorske），探索弗洛伊德所生活的社会和政治环境及其对弗洛伊德工作的可能影响。他们共同的愿望是将弗洛伊德的理论放入一个背景，并消除正统派的自负——这正是他的理念产生之处，可以说，就是像从宙斯头脑中诞生的雅典娜一样，是对他的临床经验和自我分析的直接反应。

第三类，例如乔治·霍根森（George Hogenson）、保罗·罗森、弗朗索瓦·鲁斯唐（François Roustang）和保罗·斯特潘斯基，更喜欢关注人，而不是思想。尽管他们表现出对分析理论的深刻而富有同情心的把握，但他们更倾向于阐明"思想"和"生活"之间的联系，并将注意力集中在弗洛伊德或精神分析运动早期历史中的杰出人物以及分析门徒的变迁。

第四类是最异质的，包括从精神病学家到文学、人文学科、人类学、政治理论和女性主义等方面的学者。他们结合了社会的、知识的和传记的方法来阐述精神分析理论的政治内容，并描绘发展中各种分裂的过程和意义。他们把 20 世纪末文本分析和意识形态批评的观点——这在很大程度上归功于弗洛伊德——应用到弗洛伊德记录的病例，他对性别、治疗等的观点，或者他的追随者的作品中。这第四类的跨学科和解释学方向并不完全令人惊讶。因为对弗洛伊德及其追随者的深度研究，其传记、思想史和社会史之间的界限——如果不是不相关的——就是完全人为造成的。

弗洛姆与这个不断发展的、异类的学术团体有何关系？鉴于不同学科的从业者在性格和训练方面存在巨大差异，期望任何一个人都能采取完全综合的方法无疑是不现实的。临床医生很少有足够的时间或训练可以成为优秀的历史学家或哲学家，反之亦然。尽管如此，弗洛姆的历史思考，虽然从量的角度来看是不足的，但开始接近这一理论的理想情况，因为其历史和哲学内容都有大量的临床经验加持。此外，在弗洛姆对弗洛伊德的描述中，传记、思想史和社会史构成了无缝连接的连续体，其重点由主题决定。也许他的思考非常广泛，但由于分散在他的作品中，很少围绕一个主题或话题进行浓缩，这对他来说不太有利。

归根结底，弗洛姆对弗洛伊德学术研究最持久的贡献有两个方面。首先，弗洛姆通过自己的例子表明，被弗洛伊德和他的直系圈子视为异端的观点仍然进入了分析的主流。例如，在他的职业生涯中，弗洛姆赞同以下主张：

1. 俄狄浦斯情结不是由文化构成的。

2. 与母亲的联系主要是在发育和临床上。

3. 弗洛伊德（和亚伯拉罕）的个体发生图式过于确定，无法解释所有临床精神病理学。

　　4. 治疗师的"中立"可以掩盖虐待狂、冷漠或道德主义的立场。

　　5. 人的动机和冲突超过了驱力满足的迫切性。

　　6. 神经症是个体化的失败，是"克服困难、健康生活"（live soundly against the stream）能力的失败。

　　今天，所有这些命题在分析主流中都是可以接受的，但在弗洛姆的时代，它们被认为是异端邪说。然而，弗洛姆还没有恢复名誉，更不可能被誉为先驱了。根据一些权威人士（例如，Gedo，1984）的说法，分析学界盛行一种新的"普世精神"，它积极地阻止了标志着该运动早期的那种宗派暴风和分裂，结果是理论上比 20 或 30 年前更加开放。但如果弗洛姆的案例具有代表性，那么新的宽容并没有带来历史意识的任何提升。事实上，在某些方面，它加剧了"集体失忆症"，因为最初提出这些观点的理论家仍被视为边缘人物，而经过当权派审查的更流行的理论家则在夸大独创性的基础上建立了繁荣的职业生涯。

　　弗洛姆的第二个贡献，是他清晰地证明了古典弗洛伊德主义，除了其他因素外，是一种非常模糊的历史哲学。因此，它不只——或可能还算不上——是科学精神病理学或神经症疗法。事实上，正如弗洛姆喜欢指出的那样，如果这就是它的全部，或者假设它就是全部，那么我们很难解释弗洛伊德的预言性使命感，以及从一开始就标志着精神分析发展的所有拜占庭式的阴谋和迫害（Fromm，1959b，chaps.8–10）。

　　在对弗洛伊德的性格和成就缺乏共识的情况下，在一个反复无常和不断发展的领域里，很难给弗洛姆一个固定的位置，更不可能推测他将来会受到怎样的关注。显然，弗洛姆不是一个公正的观察者，但是，致力于精神分析学中某个方向的人——无论是作为分析师还是患者——没有一个能够说自己具有完全超脱的客观性。当然，如果有人这样说，这种说法自动就会受到怀疑。这就是为什么没有任何分析经验的称职的历史学家的努力往往是对精神分析史学中"内行人士"工作的有价值的纠正。

　　然而，弗洛姆不是一个典型的内行人。与分析的神话创造者不同，弗洛姆努力将弗洛伊德作为一个思想家和一个人置于历史中，而不是把他提升到一个半神的地位。他以人本主义的学术水平、娴熟的历史和社会学的知识来对待这项任务，这在精神分析界很少见。此外，他对马克思主义和宗教的倾向确保了他与弗洛伊德的一些思想保持了一种临界距离。尽管他参与了许多理论辩论，目睹了许多政治高压攻势，但他在工作时还是与之保持了遥远的距离。尽管弗洛姆在公众中很受欢迎，但他在分析学主流中没有地位，也没有什么威望，而他也几乎没有什么可失去的，能够坦诚地说出自己所看到的一切。[1]

　　归根结底，弗洛姆对弗洛伊德的描述以及他对精神分析史的各种贡献的持久价值，是他作为一个在局外的内行人这一矛盾处境的结果。弗洛姆与其他弗洛伊德的忠实反对者，包括许多非马克思主义者，在分析主流中都有着这种奇怪的地位，但他比他们更有能力将弗洛伊德放入背景中，并进行他作品所要求的那种历史、文本和政治分析。也许未来的历史学家会更慷慨地承认弗洛姆的弗洛伊德，也可能他们不会。不管怎样，他对精神分析史的贡献都是值得信赖且富有远见的。

1　毫不奇怪，弗洛姆赞同那些摒弃了关于弗洛伊德虔诚的陈词滥调的历史学家的工作。在 1969 年 12 月 20 日写给莱恩（R. D. Laing）的一封信中（雷纳·丰克好心地提醒我注意），弗洛姆告诉莱恩，他转发了一本保罗·罗森最近的书《动物兄弟》（*Brother Animal*）。弗洛姆评论说，罗森这个有争议的研究"揭开了陶斯克的性格和他自杀的神秘面纱，但该书也对他在弗洛伊德的领域内的生活提供了一些有趣的见解。我对弗洛伊德完全冷淡的态度感到震惊。弗洛伊德否认了他的自杀，并表示他一直是'事业的危险'"。弗洛姆表示，他还转发了几年前写的一篇关于琼斯指控费伦茨和兰克的文章，暗示罗森和他自己在这方面的努力高度趋同。弗洛姆惊讶于弗洛伊德"完全冷淡"的态度，这说明他对弗洛伊德的虔诚还有一点留存，尽管他对弗洛伊德的幻想在 20 世纪 30 年代就破灭了（例如，1935a）。

第九章　弗洛姆与马尔库塞辩论中的俄狄浦斯、本能和无意识

尽管其他人已经写过很多关于弗洛姆与法兰克福社会研究所的争论，以及弗洛姆与哲学家赫伯特·马尔库塞旷日持久辩论激烈的文章，但仍有一些重要问题尚未在二次文献中得到解决。

共同点

20世纪二三十年代是德国左翼的危机时期，不仅无产阶级没能实现马克思所预言的革命，而且工人阶级的代表缺乏对社会和政治现实的把握，因为他们只强调经济因素，且对人类的认知和动机采取顽固的理性主义态度。尽管他们中间有一些堪称楷模的思想家和活动家，但他们是循规蹈矩的、专制的，而且不合群。不过，他们仍是希特勒及其追随者夺取权力的最强大、组织最严密的阻碍。与其他许多人一样，威廉·赖希加入德国共产党是为了抗击法西斯，并希望自己将马克思和弗洛伊德结合在一起的努力能有助于改善该党的狭隘性和教条主义。赖希的努力虽然勇敢且值得赞扬，但从一开始就注定了失败。除了他无法遵守党内的不成文规定和他众所周知的个人不妥协外，党的领导人还受到赖希坦率而有见地的批评以及他在德国全国无产阶级性政治协会（German National Association for Proletarian Sexual Politics）日益受欢迎的威胁，该协会在 1932 年的鼎盛时期拥有 40000 名会员（Boadella，1973，pp.82–83）。1933 年，在被国际精神分析协会（International Psychoanalytic Association）开除的同时，赖希也被开除了党籍。

与此同时，学术领域正在慢慢形成精神分析学和马克思主义之间更具建设性的对话。法兰克福社会研究所是在左翼政治学家菲力克斯·威尔（Felix J. Weil，威尔的父亲——一位德国出生的在阿根廷的谷物商人，资助过这所研究所及其在法兰克福大学的机构）的努力下于 1923 年成立的。威尔对研究诸如工会历史和反犹太主义的起源等课题感兴趣，倾向于采用非教条主义的理论方法。尽管威尔管理和控制着该研究所的财务事务，但他不想担任主任，因为他担心这可能会不利于这个学术飞地的工作或声誉。

该研究所的第一任主任是卡尔·格伦伯格（Carl Grünberg）。格伦伯格与莫斯科关系密切，他的许多合作人和同事，如亨利克·格罗斯曼（Henryk Grossman）和卡尔·魏特夫（Karl Wittfogel），都是共产党党员。然而，围绕马克斯·霍克海默有一个派系，是由追求哲学和文化研究的独立左翼学者组成的。这个包括了西奥多·阿多诺和利奥·洛文塔尔的小团体得到了霍克海默的朋友、经济学家弗里德里希·波洛克（Friedrich Pollock）越来越多的同情和支持，后者对格伦伯格和格罗斯曼的正统政治路线越来越不抱幻想。

1927 年，格伦伯格中风，波洛克成为临时主任，直到 1931 年霍克海默正式上任。霍克海默创造了"批判理论"一词来描述该研究所的新的研究方向。与弗洛姆和马尔库塞一样，他也是罗莎·卢森堡的崇拜者，并且非常批判列宁主义的稳健主义。作为研究康德和黑格尔的专家，他为研究所的工作注入了更多跨学科的和哲学的背景。霍克海默还与弗洛姆的前导师卡尔·兰道尔一起简要研究了精神分析学，并同意弗洛姆关于将马克思主义与精神分析相结合的观点。

该研究所在不断发展的研究议程中产生了许多文化和知识方面的影响，其中就有新"黑格尔"马克思主义的出现。由于有莫斯科马克思恩格斯研究所所长大卫·里亚佐诺夫（David Ryazonov），马克思早期尚未出版的手稿得以在战前的欧洲流通。因此，马克思主义哲学家，如卡尔·科尔什（Karl Korsch）、格奥尔格·卢卡奇（Georg Lukács）、吕西安·戈德曼（Lucien Goldmann）、亚历山大·科耶夫（Alexander Kojeve）、让·伊波利特（Jean Hippolyte）和赫伯特·马尔库塞，早在讲英语的学者意识到马克思早期手稿的存在之前，就已经在德语、法语和匈牙利语书刊中分析讨论马克思早期手稿的含义了。里亚佐诺夫提供的最重要的文本是马克思的《经济学手稿》（*Grundrisse*）和《1844 年经济学哲学手稿》。他们证明了黑格尔哲学对马克思的重要性，以及早年马克思的异化理论是如何从黑格尔《精神现象学》（*Phenomenology of Spirit*）的清晰评论中发展而来的。马尔库塞和后来的弗洛姆被马克思早期作品中的人本主义和激进主义深深打动，也对早期和后期马克思主义之间强烈的连续性留下了深刻的印象——庸俗的马克思主义则极力否定这种连续性。然而，正如马丁·杰伊指出的，研究所里并不是所有成员都有同样的热情。格伦伯格的正统派圈子基本上对这些新发现和争论无动于衷，并一如既往地继续其经济研究。但霍克海默、阿多诺和瓦尔特·本雅明公开反对马克思的异化劳动理论，这一理论在 20 世纪五六十年代成为弗洛姆作品的核心。事实上，霍克海默曾经抱怨说，早期的马克思倾向于将劳动视为"人类活动的一种超越范畴"，这是对禁欲主义的资产阶级意识形态的回归，而阿多诺指责马克思想把整个世界变成一个巨大的工厂（Jay，1973，p.57）。

尽管许多马克思主义者否定了新黑格尔和马克思学术的具体特征，但一些左倾知识分子试图将黑格尔和弗洛伊德融入一种更深入、不那么教条的马克思主义，这绝非巧合。因为尽管各自方式不同，但黑格尔、马克思和弗洛伊德都是启蒙运动的追随者。他们被进步的现实所说服，但对集体幻想的持续盛行却口若悬河。无可否认，他们都以不同的方式将进步视为解决社会冲突和矛盾的结果，并认为这些冲突的起源和性质及其对人类动机和认知的影响，对于那些受其影响的人来说，基本上是无意识的。最后，他们认为集体幻想反映出我们同时参与和疏远本体论真理，而这一真理是他们为了全人类的解放而努力阐明的。对马克思和弗洛伊德来说，比起黑格尔，启蒙与其说是获得积极的知识，不如说是摆脱或放弃幻想，因此，他们将自己的理论体系看作为消除人类幻想而做斗争的武器。正如弗洛姆后来指出的那样，正是在这个意义上，理论才是或应该是至关重要的（Fromm，1962）。

考虑到马克思和弗洛伊德在其他层面上的明显不相容，在 20 世纪二三十年代，大多数马克思主义者将弗洛伊德的理论视为无可救药的资产阶级理论，也就不足为奇了。然而对于批判理论来说，无论如何，起初对精神分析的整合并不涉及对弗洛伊德的文化和历史悲观主义的全盘认可（或屈服）。相反，它试图根据分析理论来理解群体行为的非理性，并在不坚持党派路线的情况下，为了普遍解放的利益而发展出适合这一任务的研究方法。在这一阶段，弗洛伊德主义的特征将社会和经济条件对集体心理的影响降至最低，陷入物化、非历史思维或粗暴的反共言论，因此被认为是可有可无的。在研究所成立之初，人们对弗洛伊德有着真正的兴趣和开放态度，但对弗洛伊德信条的任何特定文章都没有特别重视。因为尽管理论家们对权威主义和反犹太主义心理学等严肃话题感兴趣，但在批判理论发展的第一阶段，仍然存在着强烈的乐观主义因素——相信根据黑格尔和马克思升华的弥赛亚主义精神，会发生广泛的变革。

大鸿沟

这一阶段并没有持续。到第二次世界大战结束时，霍克海默和他的同伴——可能不包括马尔库塞——对社会变革的前景极度悲观。打败希特勒和日本所带来的权力和威望，加上冷战政治紧张局势的升级，使美国工人阶级对社会主义产生了深深的怀疑，对改变制度的兴趣不如尝试新兴消费主义的乐趣。随着欧洲在美国的援助下慢慢重建，其公民越来越屈服于美国文化的影响，这是霍克海默和阿多诺公开厌恶的。世界政治日益成为两个军事巨头之间永无休止的小规模冲突，这两个巨头冒充人类的解放者，他们的原子武器可以而且可能会彻底摧毁我们（Adorno，1979；Horkheimer，1978）。

这种从冷静、现实甚至怀疑的乐观主义到绝望和愤怒的悲观主义的转变是批判理论发展的一部分。阿尔布莱希特·维尔默（Albrecht Wellmer）对这一转变的描述最为真实：

> 对霍克海默来说，重新探索辩证学家马克思意味着一个重要的理性概念的复兴，这一概念起源于哲学传统，只有马克思的思想中才有……这一概念暗示了历史进程的内在方向，是朝着人对他们所创造的历史的自主性，是朝着每个人的自由和每个人作为一个人被其他人所认可；简言之，这个方向是通过在对话和共同行动中的所有人不受约束地联合起来，超越历史上的强制关系。（1974，p.12）

然而，随着时间的推移，霍克海默和阿多诺开始将批判理论视为

> 对异化和物化的预示灾祸的自我封闭系统的抗议，实际上是毫无力量的；它就像一簇火花保存在一个自我黑暗的世界中，使人们对完全不同的其他事物的记忆保持活力。这种"其他事物"的最终破灭成为一种希望的对象，这种希望在智慧中成长，但……被绝望所触动。（同上，p.52）

尽管我们无法确定这一转变的日期，但弗洛姆在 1938 年与哥伦比亚大学法兰克福研究所之间的决裂可能受到了它的影响。尽管弗洛姆在晚年发表了一些非常悲观的言论，但他顽固地紧抓着伴随研究所

成立的乐观主义和升华的弥赛亚主义。然而，与此同时，他们的分歧可能更加具体。首先，霍克海默拒绝发表弗洛姆在他最初同意发表的情况下进行的对德国工人的研究。1935 年，弗洛姆写了一篇文章为格奥尔格·格罗迪克和桑德尔·费伦茨辩护，那时他们的声誉正受到弗洛伊德核心圈子的猛烈攻击。在费伦茨之后，弗洛姆试图表明古典方向的分析师有了现代世界特有的社会模式缺陷；一种（无意识的）冷漠或贬低的态度被（有意识的）宽容和中立的表现所掩盖，再现了童年的创伤并强化了现状。与经典的超然相反，弗洛姆赞同了一种积极参与并肯定患者获得幸福的权利的分析态度（Fromm，1935a）。在这方面，弗洛姆的批评类似于伊恩·萨蒂在《爱与恨的起源》（Suttie，1935）中对费伦茨的许多治疗观点的支持。然而，与不是马克思主义者的萨蒂不同，弗洛姆坚持认为，弗洛伊德的各种治疗建议中充斥的态度和无意识的矛盾具有典型的资产阶级性质。

简言之，从 1934 年到 1938 年，或许以及在此后的一段时间里，弗洛姆出于对格罗迪克和费伦茨的同情，积极地放弃了对弗洛伊德的部分虔诚。这一事实并没有简单地反映在他当时的作品中，但反映在他后来写的每一篇文章里。从那时起，他不遗余力地揭穿弗洛伊德性格中潜入他的作品或信件里的任何资产阶级、专制主义或父权主义的特征。相比之下，霍克海默、阿多诺和马尔库塞对精神分析政治没有真正的了解，对弗洛伊德的忠诚反对者也没有个人投入，但他们第一次开始宣称对弗洛伊德的虔诚。这种观点上的戏剧性分化以及霍克海默、阿多诺和马尔库塞对弗洛伊德进行理想化辩护的倾向反映在弗洛姆的回忆中，即在他离开研究所时——毫无疑问，仍然对格罗迪克和费伦茨的待遇感到愤慨——他以前的同事们突然发现了一个更具"革命性"的弗洛伊德（Jay，1973，p.102）。

第一个公开攻击弗洛姆的研究所成员是西奥多·阿多诺，抨击内容于 1946 年 4 月 26 日发表在一篇流传于洛杉矶的文章中。以下是马丁·杰伊的分析：

> 阿多诺反对修正主义者作品中对爱的强调。弗洛姆曾攻击弗洛伊德的专制缺乏温暖，但真正的革命者通常被称为冷酷无情的人。社会对立不能靠许愿消失；它们必须通过行动来完成，这意味着必定会给某些人带来痛苦："很可能我们的社会已经发展到一个极端，爱的现实实际上只能通过对存在的仇恨来表达，而任何直接的爱的证据都只能用来证实正是同样的条件也滋生仇恨。"阿多诺在文章的结尾用了一句让人想起瓦尔特·本雅明在他对歌德的《亲和力》（ *Elective Affinities* ）的研究中经常引用的评论："只有为了绝望的人，我们才有希望。""我怀疑，"阿多诺写道，"弗洛伊德对人的蔑视只不过是这种绝望的爱的表达，这可能是我们唯一可以对希望做出的表达。"（Jay，1973，p.105）

阿多诺的评论显示出他对弗洛姆 1935 年文章中所述的临床问题基本不理解。撇开社会对抗的现实和伴随着他们的决断而来的不可避免的痛苦不谈，阿多诺反常的逻辑表明，在目前的情况下，冰冷、坚硬的外表是爱的唯一充分表达，而公开感受和表达的爱只是证实和巩固了压迫在我们周围的可恨的现实。此外，阿多诺忽略了这样一件事，即弗洛姆认为对患者的心智健全和康复前景不利的主要因素，是精神分析师倾向于掩饰和否认患者新出现的情结的这种判断态度；事实上，所谓的中立，往往掩盖了恐惧和敌意，或对患者的幸福和福祉更加漠不关心。表面上的冷静和超然可能掩盖了更深层次的伪善，而正是这种伪善，以及精神分析师有意识和无意识态度之间的差异，才是患者真正致病的原因。最后，阿多诺忽略了，弗洛伊德在其生命的最后阶段对解决社会对立的态度是公开反动的（Roazen，1973，1990）。老年的弗洛伊德并不希望看到社会对立在革命斗争中"完结"，实际上他赞扬墨索里尼把"纪律"带给了大众（Roazen，1973，p.534）。因此，毫不奇怪，阿多诺没有提供任何证据来证明他的断言，即弗洛伊德"对人的蔑视"是当代社会条件下压迫性现实所产生的一种"无望的爱"的折磨式表达。这一论断的证据极难找到。诚然，在与玛莎·伯奈斯（Martha Bernays）、玛丽亚·蒙台梭利（Maria Montessori）和罗曼·罗兰（Romain Roland）的通信中，弗洛伊德激动地宣布他打算为全人类无私地工作。但是，勤奋的历史学家收集了很多证据表明弗洛伊德对有独立思想的朋友和支持者——约瑟夫·布洛伊尔（Joseph Breuer）、维克多·陶斯克（Victor Tausk）、赫伯特·席伯勒（Herbert Silberer）、赖希、格罗迪克、费伦茨、保罗·席尔德（Paul Schilder）等许多人的冷漠或敌意。如果说行动胜于雄辩，那么这些证据的主旨常常表达的是受伤的虚荣心或冷酷的利己主义，而不是像阿多诺暗示的那样，是压抑的利他主义或同情心。

阿多诺的批评在政治上有些迟钝，且与弗洛姆所讨论的临床问题无关，弗洛姆没有公开回应阿多诺。马尔库塞九年后发表的评论在某种程度上更加深思熟虑和谨慎，弗洛姆对此深感痛心。在其他地方，人们已经热烈地讨论了相互谩骂的言论以及论战和反攻的先后过程。[1]但值得注意的是，在这场争论中，正如早些时候与赖希的争论一样，对弗洛伊德的忠诚再次成为争论的焦点，尽管马尔库塞对非生殖性行为的支持极大地改变了辩论的条件。

弗洛伊德、弗洛姆和马尔库塞的本能和无意识

在一篇先发表在《异见》（*Dissent*）杂志上、后为《爱欲与文明》（*Eros and Civilization*）后记的文章中，马尔库塞认可了《精神分析疗法的社会条件》（The Social Conditions of Psychoanalytic Therapy，1935a）的优点，并称赞之前的论文是激进的精神分析理论的典型体现。然而，他在 1935 年后驳斥了弗洛姆的工作，认为这是对弗洛伊德理论的激进修正。马尔库塞认为，弗洛姆和其他修正主义者一样，抛弃了弗洛伊德最重要的概念，包括性至上、死亡本能、古老的遗传和原始自恋。但与将施虐受虐和专制性格视为被压抑的生殖期争斗的产物的赖希不同，马尔库塞认为，压抑的主要原因是生殖期性欲的首要地位，生殖期性行为的繁荣以牺牲多态的或性器前期的冲动为代价。根据马尔库塞的说法，一夫一妻制和"生殖性行为"是由一种称为"表现原则"（performance principle）的历史动力产生和维持的。作为"表现原则"压抑性限制的替代，马尔库塞赞扬了他所称的"俄耳甫斯-纳西索斯式爱欲"（the Orphic-Narcissistic Eros），他将其与同

1　关于彻底、深思熟虑和公正的综述，见杰伊（Jay，1973，pp.106-112）。

性恋、死亡本能以及渴望回到具有子宫特征的环境中，或与婴儿出生后短暂存在的原始自恋状态联系起来。马尔库塞写道：

> 个体生殖器的自恋阶段"回忆"了人类历史上的母性阶段，两者都构成了一个现实，自我以一种态度回应这现实，这态度不是防御和屈服，而是对"环境"的整体认同。但根据父系现实原则，这里出现的现实的"母性概念"立即变成了消极、可怕的东西。重建失去的自恋型母性统一被视为一种"威胁"，即被强大的子宫带来的"母性吞噬"的威胁。怀有敌意的父亲被无罪释放，并作为救世主再次出现，在惩罚乱伦的愿望时，他保护了自我，使其免于在母亲体内湮灭。问题并不在于，在成熟的自我力量和成熟的文明中，自恋的母亲对现实的态度能否以不那么原始、不那么吞噬性的形式回归。相反，一劳永逸地压制这种态度的必要性被认为是理所当然的。父权现实原则支配着精神分析解释。
> （Marcuse，1955，pp.210-211）

简言之，像之前的弗洛姆和赖希一样，马尔库塞批评了古典分析理论的父权制偏见，并援引母系理论来支持他关于历史和文明的思想。然而，与此同时，对于前恋母情结所特有的对吞噬的病态恐惧，他将其视为父权文明的产物，而不是精神病和相关边缘障碍病因中的常见因素，淡化了其性质和程度。弗洛姆后来将这种扭曲归因于马尔库塞缺乏临床经验，以及缺乏对临床数据的兴趣和尊重（Fromm，1970b，pp.25-31）。

然而，马尔库塞确实以一种令人不快的方式坚持表示，分析"技术"的进步不应该与分析理论中的基本问题联系在一起。他断言，弗洛伊德著作的真正意义在于表明个人的命运，如临床所解释的，只是历史发展更深层次的集体动力的象征。（这实际上是一个自欺欺人的论点。因为临床概念和案例材料据称阐明了集体动力这件事几乎不能成为驳回或分离它们的理由。）更令人信服的是马尔库塞的抱怨，即理论和实践应该分离，因为当前情况下有效的治疗包括加强患者的顺从倾向，使其能够适应盛行的统治系统——然后用关于成熟、"富有成效的爱"等的理想主义措辞来掩饰这种顺从的行为。

弗洛姆对马尔库塞的第一次回应是在 1955—1956 年（Fromm, 1955a, 1956b）的《异见》杂志上分秋冬两期发表的。根据弗洛姆的说法，马尔库塞低估了弗洛伊德被 19 世纪机械唯物主义俘虏的程度，而弗洛伊德的驱力理论也反映了这一点。弗洛姆还强调，真正的爱，远不像马尔库塞和阿多诺所说的那样仅仅是"意识形态的"，实际上在当代社会是罕见的；因为它不符合将市场模式强加给人际关系的社会关系的普遍特征。此外，马尔库塞没有意识到某些性器前期竞争对文明社会秩序的危害程度（Jay, 1973, p.111）。

彼时，在 20 世纪 50 年代中期，弗洛姆多少被马尔库塞的猛烈攻击所压倒，因此未能揭露马尔库塞立场的某些弱点，马尔库塞的弱点是他后来才发现的（Fromm, 1970b, 1973）。但是马尔库塞对修正主义思想的顺从含义的攻击，以及他试图复活和重新定义"死亡本能"的尝试，可能导致了 20 世纪 50 年代中期弗洛姆对实践"经典技术"反常且不一致的主张，还可能导致了他试图将弗洛伊德关于生死本能的观点翻译成存在主义的习语，这让他自己也感到困惑。因此，马尔库塞的批评无疑是对弗洛姆1955年后知识发展的有力刺激，尽管他太骄傲太愤怒了，因此不会在公开场合甚至对自己承认这一点。

马尔库塞的《爱欲与文明》有伟大的学术性和想象力，但也包含对弗洛伊德有创造性却带着傲慢的误读。不过在一些重要方面，他的批评是正确的。弗洛姆对弗洛伊德理论的修正确实涉及对性行为的贬低，因为它是人类发展中的一种形成性和破坏性力量。马尔库塞还指责弗洛姆忽视了俄狄浦斯情结中特定的性成分，这也是有道理的（Marcuse，1955，pp.246-247）。因为，尽管它们可能并不像弗洛伊德经常声称的那样，代表了各种文化模式或心理最受压抑的层面背后的"核心情结"，但恋母现象在我们的文化中已经普遍到我们无法完全忽视它们的存在。

与奥托·兰克、艾里希·弗洛姆和几位客体关系理论家相信的内容相反，恋母现象并不总是对更深层次的共生固恋或前俄狄浦斯冲突衍生的防御。从发展的角度来看，在儿童后期和青春期，更温和和短暂的恋母情结实际上代表了一种进步而不是倒退的倾向，是一种想长大并拥有成人的特权和关系的渴望。事实上，在许多情况下，一个发展中的年轻人的恋母倾向可能是进步和倒退斗争中的妥协，也可能是在成长、个体化和离开核心家庭的愿望与延续父母依恋的愿望之间的妥协。事实上，这是一种希望两全其美的愿望——既能成为一个孩子，又能同时成为一个成年人。尽管这种自相矛盾的立场对成年人来说是不恰当、尴尬且痛苦的，但它反映了核心家庭中年轻人的实际情况。尽管与性无关的目标和愿望——如渴望成熟或害怕回归——往往歪曲了恋母情结的斗争和由此产生的罪恶感，但对异性父母的性欲——尽管经常被压抑、升华，或者转移到一个更合适的客体上——发生得太真实、太频繁，一个深思熟虑、富有同情心的观察者是不会忽视的。

可惜，马尔库塞试图提出相反的观点：尽管他坚持认为俄狄浦斯情结具有性成分，但他用这样的方式强调并认可了它的倒退性，而不是它的进步性或模糊性。根据马尔库塞的说法，俄狄浦斯对母亲的依恋（他对女性的恋父斗争保持沉默）表明他渴望恢复子宫内生活的一体世界，毫不费力地满足所有的愿望和欲望。用他自己的话来说：

> 弗洛姆对俄狄浦斯情结的意识形态解释意味着接受自由的不幸，接受自由与满足的分离；弗洛伊德的理论暗示，俄狄浦斯的愿望是永恒幼稚地抗议这种分离——不是对自由的抗议，而是对痛苦的、被压抑的自由的抗议。相反，俄狄浦斯的愿望是对自由原型的永恒幼稚的渴望：免于匮乏的自由。由于（未被压抑的）性本能是这种自由原型的生物载体，俄狄浦斯本质上是"性渴望"，它的自然目标不仅仅是作为母亲的母亲，而是作为女性的母亲——女性关于满足的原则。（Marcuse，1955，p.247）

马尔库塞在这里忽略了一件事，即对弗洛伊德来说，俄狄浦斯的欲望只是生殖器官发展阶段的特征，因此它预示着从恋母情结的共生关系中脱离出来，实现高度个体化。此外，正如我们在前一章中所看到的，在与荣格、兰克和费伦茨的论争中，弗洛伊德不遗余力地否认了前俄狄浦斯情结中与母亲的联系在病因学上的重要性，并且从未明确地将这些联系与俄狄浦斯综合征联系起来。事实上，他和他的密友们谴责那些试图在口欲和恋母情结之间建立联系的人。如果他活得够久，弗洛伊德可能会对于马尔库塞对俄狄浦斯情结的"辩护"给予同样的接受态度。

从他对俄狄浦斯情结的处理来看，马尔库塞对弗洛伊德的忠诚，是强烈宗派自豪感的来源，但实际上远非完美。回顾过去，我们知道，除非父母的精神问题（尤其是无意识的诱惑、使子女幼稚化和/或在情感上控制子女的欲望）导致俄狄浦斯情结不必要地加剧或延长，否则俄狄浦斯情结不会致病。这种情况绝非罕见，但这些问题并非文化构成问题。马尔库塞在这方面的疏忽与他在其他地方天真、看似故意的失职相比显得微不足道。

正如弗洛姆在《精神分析的危机》（1970b）中所指的，《爱欲与文明》中有一件令人惊讶的反常事情，即马尔库塞使用压抑这个词的方式。马尔库塞在他的引言中大胆地宣称，在这整本书中，"压抑"（repression）和"压抑的"（repressive）在非技术层面上指代有意识和无意识，外部和内部的压抑、约束和限制过程（Marcuse，1955，p.7）。这一解释从一开始就清楚地表明，《爱欲与文明》不是一篇精神分析的论文。动态意义上的压抑是指一种无意识的心理过程，因此会有某些心理内容——可能是思想、感情、记忆、幻想或愿望——被有意地排除在意识之外，使其无法进行有意识的检索或内省（Burston，1986a，1988）。不仅是这种机制本身是无意识的——正如J. F. 赫尔巴特早在1825年所说的，而且正如弗洛伊德后来所指出的，压抑的动机也是无意识的。

从根本上说，弗洛伊德作为虚假意识理论家的地位建立在他的动态压抑概念上，一旦这个词被用来指代意识和无意识、内部和外部过程，这个词的全部意义就丧失了。因此，马尔库塞对压抑这个词的胡乱使用违背了弗洛伊德作品的精神和文字。

经典弗洛伊德主义综合或整合了：（1）压抑理论和防御机制，这些理论描述和解释了我们如何扭曲或伪造我们的意识，并根据外部或内部约束限制我们有意识的体验和欲望；（2）本能和性欲理论，也称为驱力理论，它给出了人类行为的因果关系解释。在弗洛伊德看来，他理论的这两个方面不可分割，真正的正统派会试图延续这一观点。

然而，最近，越来越多的分析师开始相信，弗洛伊德对无意识心理过程的洞见，如果不靠过时的、站不住脚的生物学理论，就无法独立存在。撇开弗洛姆，持这一立场的临床医生名单现在相当长，包括W. R. D.费尔贝恩、哈里·冈特里普、约翰·萨瑟兰（John Sutherland）、约翰·鲍比（John Bowlby）、查尔斯·里克罗夫特、彼得·洛马斯（Peter Lomas）、R. D.莱恩、雅克·拉康、海因茨·科胡特、罗伊·谢弗（Roy Schafer）、唐纳德·斯彭斯（Donald Spence）、埃德加·莱文森（Edgar Levenson）和莫里斯·伊格尔等各种理论家。总的来说，这些理论家的目标并不是简单地将动态无意识与弗洛伊德的本能驱动理论分开，而是试图用更现代的生物学假设或语言和语言生产、主体间性等理论来支持他们关于无意识心理过程的推论。

简而言之，许多创造性理论家认为弗洛伊德的心理生物学和驱力理论是完全可以去掉的。相比之下，马尔库塞与真正正统的弗洛伊德主义者截然不同——他无视弗洛伊德的动态压抑理论，而信奉他的心理生物学和元心理学——或是其理想化和扭曲的版本，我将在下文中展示。然而，弗洛伊德关于本能的表述是为了阐明无意识的作用，而不是反过来。当然，即使是正统派也会认同，如果没有动态无意识作为核心，弗洛伊德的驱力理论的整座大厦——包括俄狄浦斯情结——真的是非常多余和荒谬的。

在马尔库塞把压抑用作一种包含在所有约束、限制、压制——有意识的和无意识的、内部的和外部的——过程中的东西时，所失去的是这些概念对弗洛伊德的实际意义的历史理解。根据弗洛伊德的观点，有意识的、自愿的自我约束，是用来调节内在冲动的发挥，与压抑无关，尽管有时会感到痛苦，但并不一定是致病的。事实上，只要它符合理性和现实的要求，它就能帮助我们应对生活中不可避免的挫折和困难，并帮助我们为生存而奋斗。

弗洛伊德和马尔库塞的理性、幻想和欲望

根据弗洛伊德的观点，即使是最普通的现实测试，也意味着我们的生存在某种程度上取决于我们有目的的抑制能力，例如，在他次级过程思维的概念中，即为了在现实中获得更现实的快乐和满足的来源而暂时延迟驱力满足。常识表明，故意延迟满足冲动，虽然它可能会让我们暂时沮丧或失望，但不会削弱我们获得快乐的实际能力，也不会阻止特定的思想、感觉或幻想进入意识。简言之，这与压抑无关。此外，这种有意的抑制不能与压抑或神经性抑制混为一谈，神经性抑制在生物上的不适应性，会降低短期和长期内获得愉悦的能力。

　　不幸的是，马尔库塞丢掉了这一切，他试图重启并捍卫幻想或初级过程思维，反对理性和现实的过度要求。这样做的过程中，他以一种明显的二元论的方式解释了弗洛伊德，这种方式忽略、压制或仅仅是没有承认弗洛伊德思想的关键要素。例如，根据马尔库塞的说法：

　　　　现实性原则的确立导致了心灵的分裂和残缺，这决定了它的整个发展。以前统一在快乐自我中的心理过程现在分裂了：它的主流被引导到现实原则的领域……这样，心灵的这一部分就获得了解释、操纵和改变现实的垄断权——依靠支配记忆和遗忘，甚至可以定义什么是现实以及如何利用和改变现实。精神机器的另一部分仍然不受现实原则的控制，代价是变得无能为力、无关紧要、不切实际。虽然自我以前是由它的全部精神能量引导和驱动的，但现在是由它符合现实原则的那一部分引导的……幻觉作为一个独立的心理过程诞生了，同时也被抛在了后面……理智占了上风，它变得令人不快，却是有用和正确的；幻觉仍然令人愉快，但变得无用、不真实——仅仅是一种游戏或白日梦。（Marcuse，1955，pp.128-129）

　　那么，现实原则的增长——等同于理性——逐渐使幻想变得贫乏，垄断了精神能量，使快乐原则——等同于幻想——变得无能为力和无足轻重。可以说，也许事实就是如此，但这不是弗洛伊德。根据弗洛伊德的描述，现实自我的出现涉及将结构或组织引入迄今为止尚未充分发展的本我中。事实上，正是这种结构的出现，标志着个体的心理诞生，因为在获得对其冲动和肌肉组织的某种自愿控制之前，新生婴儿的行动只不过是一系列条件反射。从广义的进化角度来看，上述结构的发展被认为是有机体生存绝对必要的东西，而不是从外部强加的惩罚性制度，所以我们认为，把这种结构片面地描述为"分裂"和"残缺"，有点令人担忧（Fromm，1970b）。

此外，马尔库塞声称"理性"（或现实原则）垄断了精神能量，贪婪地将其引导到自己的领域，而弗洛伊德则表示自我（或"现实自我"）实际上只是本我的一个分化层或附属物。尽管自我确实可以——至少在最佳条件下——引导有机体，但它可能是存在于意识表面之下的巨大的本能冲动库，在整个生命中继续驱动有机体——至少弗洛伊德是这么想的。

简言之，马尔库塞混淆了自我功能中固有的一种倾向，即将越来越多的本能能量运用于自身，与支配和削弱无意识本能生活的能力混为一谈，然后将其实体化为历史发展的"事实"。相比之下，弗洛伊德在 20 世纪上半叶的著作中认为，驯服和驯化集体本我至少还需要几个世纪，马尔库塞在仅仅二十年后就将其描述为极糟糕的、使人衰弱的既成事实；而马尔库塞从未解释过这个历史观点中奇怪的不一致。弗洛伊德的座右铭"Wo es war, soll ich werden"（本我在哪里，自我就在哪里）和他对本能力量的反复警告，以及其对文明"理性"的持续蔑视，与这种对幻想衰落的悲叹并不完全一致。

马尔库塞对现实原则的描述还有一个问题，正如弗洛伊德所设想的那样——也正如弗洛姆所指出的（1970b，p.27）——现实原则并不是真的要否定欲望。作为本我的分化部分，自我在次级过程思维中运作，但它的能量和目标来自快乐原则。因为尽管受到外部现实的约束，但现实测试或次级过程思维与快乐原则的程序紧密相连，快乐原则要提供快乐避免痛苦，而拒绝快乐只是为了生存（即自我本能）。对现实原则的恰当描述可能是，它是一种对幸福的计算，根据给定的行动过程决定快乐和痛苦的多少，然后权衡可能产生的短期和长期利益，再赋予整个有机体相应的行动能力；但在马尔库塞的作品中，正如弗洛姆正确指出的，现实原则不是快乐原则的动因或理性延伸，而是它公开的对手。

最后，正如弗洛姆再次指出的那样，在马尔库塞的词典中，现实原则是由社会决定、由社会建构的，因此容易被解构，形成一种与性器前期性欲利益不冲突的现实原则（即马尔库塞的"感官理性"）。这种解构主义分析只有在我们已经失去弗洛伊德的构想的原始意义和意图时才有意义，其中现实原则是由生物或进化确定的，而不是社会和历史的加工品，并不一定反对欲望的刺激。

俄耳甫斯的爱欲

由于语言风格散乱，所述理论也一直很抽象，所以马尔库塞的《爱欲与文明》容易出现很多种解读。但他的读者能得出一个明确的结论，即政治解放必须伴随着性革命，才能实现社会的持久变革，并让人类潜能得到最好的、不受约束的表达。弗洛姆在《弗洛伊德思想的伟大与局限》（1980）中把赖希描述为"性无政府主义者"，这表明，随着年龄的增长，他对包括马尔库塞在内的任何性革命呼吁都持高度怀疑的态度。

不过，正如弗洛姆本人所指出的，在许多方面，他和赖希实际上比赖希距离马尔库塞更近。马尔库塞的理论没有关注生殖的变迁，也没有将生殖的广泛成就视为集体幸福的条件，甚至没有将其本身视为法西斯主义和父权专制权力关系的解毒剂（Fromm, 1970）。在马尔库塞的乌托邦中，将有更大的空间来容纳自恋和性器前期（未指明的）的本能特征，而赖希、弗洛姆和弗洛伊德本人都认为这些本能对个人和集体的福祉有很大的损害。马尔库塞的开场相当合理，他指出，一些被认为不正当的活动和冲动不一定与文明本身不相容，尽管它们可能与把性活动规定在一夫一妻异性恋的框架内的想法不相容。在许多可能的康复人选中，马尔库塞列举了三个：同性恋、恋粪癖和虐待狂。同性恋与"文明"生活的相容性在开明的圈子中不再有重大争议，尽管由于有艾滋病，许多同性恋者现在倾向于一夫一妻制——这是马尔库塞无法预料的。

然而，把同性恋放在一边，马尔库塞还坚持认为，虐待狂和恋粪癖的某些未确定的成分有一种"本能物质"，与它们过度文明（因此被扭曲）的表达方式不同；在表演原则的影响下，人类生活的普遍扭曲决定了它们会获得"非人道的、强制性的、胁迫性的、破坏性的方面"，而这不是他们的"本能"特征所固有的。可惜，他没有具体说明哪些虐待狂和恋粪癖的因素值得纳入文明的社会秩序，哪些是超越界限的，而是留给我们想象的空间。

可惜，这不是一个诱人的前景。在里克罗夫特的《精神分析批判词典》（*A Critical Dictionary of Psychoanalysis*）中，恋粪癖的定义是

"以触摸、观看或吃粪便为乐"（Rycroft，1972，p.25）。奇怪的是，这个简短的定义忽略了恋粪癖对粪便的兴趣中特殊的嗅觉部分，这点弗洛伊德曾反复提请注意（例如，Freud，1930，chap.4）。但无论我们强调气味、触觉还是其他感官方式，主要通过接触粪便而引起性兴奋的人都是病态的、精神有问题的。临床经验表明，在这种情况下，除了性之外，人的其他方面和人际功能也会遭到病态的扭曲。也许马尔库塞在这里陷入沉默是因为他在这方面没有什么特别有说服力或可信的说法。

为了让马尔库塞从怀疑中受益，我们可以把注意力转向施虐的同时牢记他的保证，比如纳粹党卫军的施虐与"自由的性欲关系"中的施虐完全不同。诚然，细想一下，众所周知的事实是，在大多数性虐待狂中，受害者的痛苦不是在未经其同意的情况下造成的，而是两个（名义上）自由平等的成年人协商一致的安排。从定义上讲，外部强迫的因素——如果不是无意识强迫的话——是不存在的。但这真的解决问题了吗？

公民自由问题在最近的辩论中占据了重要地位，在这个问题上，社会无权禁止成年人之间任何形式的性活动，只要它不会对任何一方造成严重或不可弥补的伤害。但这一法律观点似乎并不站在心理学的观点这边，弗洛姆在《人的破坏性剖析》中总结了这一点：

> 这个问题相当复杂。如果一个人把任何不以生育孩子为导向的性行为，即只为享乐的性行为定义为——就像已经定义过的一样——变态行为，那么当然所有反对这种传

统态度的人都会站出来——这也很公正——为"变态"辩护。然而，这绝不是变态的唯一定义，事实上，这是一个相当过时的定义。

性欲，即使在没有爱的情况下，也是生命的表达，是相互给予和分享快乐的表达。然而，性行为，如果它的特点是一个人成为另一个人蔑视的对象、想伤害的对象、想控制的对象，那么这才是唯一真正的性变态；并不是因为它们不为生殖服务，而是因为它们将服务生命的冲动转化为扼制生命的冲动。

如果将虐待狂与通常被称为变态的性行为——各种口腔—生殖器接触——进行比较，区别就非常明显了，后一种行为的"变态程度"与接吻一样，因为它并不意味着控制或羞辱对方。（Fromm，1973，pp.314-315）

弗洛姆在这方面走得更远一点，但他论点的要点是控制、伤害、贬低或羞辱他人或被如此对待的欲望是病态的，不是所讨论的性行为的具体特征。因此，当退化、伤害和控制的幻想在人们的性活动中占据显著位置时，将他们的冲动或活动描述为"自由选择"就有些天真了。许多人在无意识的强迫下工作，他们宁愿认为自己没有被驱使，而是自由地选择了自己的行为。如果没有注入温柔的感觉和尊重的态度——即使在没有深沉持久的爱的情况下——情欲也会变得堕落和屈辱，然后变得扭曲，不管伴侣是同性还是异性。

对弗洛姆与马尔库塞的回顾

　　根据马尔库塞对俄狄浦斯情结、压抑以及初级和次级过程的处理可以看出，他对弗洛姆和新弗洛伊德主义者的批判显然有些可疑。尽管如此，马尔库塞的狂热支持者仍然认为，马尔库塞是忠实于弗洛伊德的，他一直强调性欲与社会（显然）的主张不可调和，以及本能是所有人类行为的主要驱力，而弗洛姆在这一点上与弗洛伊德背道而驰。由于下列原因，这个问题可能无法通过理性的讨论来解决。对于那些对精神分析和批判理论之间的关系不了解或不感兴趣的人来说，这其实是一个无关紧要的问题。然而，弗洛姆及精神分析史的学生通常应该好好看看这段令人不快的插曲，看看它揭示了弗洛姆的什么个人信息，以及精神分析辩论所处的整个知识氛围和到最近还在北美盛行的非历史性的"普世主义浪潮"。

　　弗洛姆（Fromm，1959b）、保罗·罗森（Roazen，1974，1990）和弗朗索瓦·鲁斯唐（Roustang，1982）都提供了确凿的证据，证明弗洛伊德除了拥有巨大的理性气魄和天赋外，还有一种不可思议的天赋——在他的追随者中培养一种让人不安的忠诚，使他们嫉妒地争夺他的青睐。为了传播他的思想和名声，弗洛伊德在他的密友之间营造了一种手足相残的气氛，并操纵这些情感的潮流和冲突，使之倾向于掩盖或超越分析理论的真正科学内容和层面。尽管弗洛伊德在口头上对他的追随者的思想自主性给予了充分的支持，但从长远来看，他还是要求追随者在所有对他重要的想法上达成不可置疑的一致。从科学的角度讲，这种对弗洛伊德的忠诚通常是毫无价值的，而且通常是相当可鄙的，因为它产生了不必要的教条主义和痛苦。正如弗洛姆本人谈到兰克与费伦茨（Fromm，1959b）时所指出的那样，弗洛伊德要求他的门徒做到的坚定不移的忠诚，产生了历史上的疏忽与篡改；事实上，即使在今天，正统的弗洛伊德的历史记录也几乎不可信（Roazen，1990）。

弗洛伊德的忠实反对者不同于普通人，他们在思想上更独立于这位大师。但即使在这里，辩论也带有同族相残的色彩。在弗洛伊德－马克思主义者中，弥漫在弗洛伊德学派中的易怒和竞争的氛围，通常以向对手宣称自己提炼并保留了弗洛伊德思想的激进或革命核心，或者将其发展到最终的逻辑结论的形式出现。也许在某种象征性的层面上，马尔库塞、弗洛姆、赖希和费尼谢尔真正争论的是，谁是弗洛伊德真正的继承人；或者说，考虑到弗洛伊德年老时是一位保守的理论家，那谁至少是激进的弗洛伊德的继承人。

在某种程度上，这是弗洛伊德－马克思主义者理论争论的底层或背后的真正焦点，理性的讨论可能对理清这些争论毫无用处。翻阅文献，思考各方的论点，人们不禁怀疑，分裂这片小小的精神分析飞地的，其实是一种手足之争，这与蔑视和拒绝他们的精神分析机构中存在的竞争很像，只是后者更为明显和普遍，还要加上左倾政治特有的宗派主义。然而，可能这么比较会有点不公平——考虑到所有弗洛伊德－马克思主义者都卷入了这一历史过程——有一些观点对弗洛姆是有利的。

弗洛姆的职业生涯开始于将弗洛伊德的个人心理学原理应用于神话、宗教及其他社会学和历史学科。然而，从一开始，他就强调自我本能在社会性格形成中的首要地位，这听起来与弗洛伊德和赖希在历史和社会学领域强调性问题的首要地位不一致。随着时间的推移，他越来越坦率地指出，他不断演变的观点是修正主义的。

与弗洛姆形成鲜明对比的是，赖希、费尼谢尔和马尔库塞总是更加注意弗洛伊德坚持将他的体系核心与性和本能联系起来；也更注意在与荣格决裂后，弗洛伊德警告说，之后的理论家会对性欲去性别化、降低本能在人类行为中的作用，从而淡化甚至破坏他的学说。弗洛姆对这种言论不以为然。他认为弗洛伊德对性的强调，虽然有争议并一直有根深蒂固的问题且虚伪，但实际上相当种族中心主义；弗洛伊德认为它的关键作用是人类事务中冲突的根源，这反映的是维多利亚时代社会的冲突，而不是刻在文明核心的冲突（Fromm，1970d）。对弗洛姆来说，弗洛伊德理论的根本组成部分不是本能和性理论本身，而是弗洛伊德关于动态无意识的思想，以及他在临床和社会学上揭露虚假意识或欺骗和自我欺骗的能力（同上）。在这方面，正如他向历史学家马丁·杰伊抗议的那样，弗洛姆确实对弗洛伊德保持了信心（Jay，1973，pp.89-90）。但是，尽管他认为弗洛伊德在挑战传统虔诚方面是激进的，但他始终如一地把他描绘成一个资产阶级自由主义改革者，有着强烈的保守倾向，这种倾向随着年龄的增长而日益加深。鉴于弗洛伊德对提防假先知的紧急告诫，人们对大多数弗洛伊德-马克思主义者对性和本能至高无上的强调多少有些同情。但是，阿多诺和马尔库塞试图发现或捍卫弗洛伊德的"革命性"，以对抗批评其缺失现实主义和远见的弗洛姆的修正主义。弗洛伊德确实是一位激进的思想家，他的思想深入现象的根源，深入表象之下。他有能力不被他开创性研究的性质和结论吓倒，并无视盛行的偏见；这是革命者经常具有的一种特质。然而，在他选择的领域之外，弗洛伊德并没有什么特别激进的地方。在艺术上、哲学上和政治上，他都非常传统，尽管他年轻时对社会主义有兴趣（Fromm，1959b），但他从来都不是一个革命者，因为他提倡采取全面的政治措施来纠正阶级社会的不公正现象。

此外，尽管弗洛伊德对其理论的最终命运忧心忡忡，但从科学的角度来看，修正弗洛伊德关于本能、性和人的驱力的观点实际上没有错。事实上，除非分析理论声称其地位与揭示的真理或宗教真理相同，否则，如果它希望在严肃的知识分子中获得信任，就需要不断地被修正和重新制定。例如，正如查尔斯·里克罗夫特指出的那样，弗洛伊德认为新生婴儿在出生时没有先天结构或天生的适应机制，也就是说，没有现实自我——这在生物学上是说不通的；他认为本能是强制释放被压抑的身体兴奋的驱动力，这一观点与当代伦理学家所理解的本能完全不同（Rycroft，1972，1981）。继续坚持弗洛伊德关于驱力以及初级和次级过程的概念，是一种错误的忠诚行为，它使我们陷入科学上的贫瘠和过时。此外，如果我们考虑弗洛伊德精神生物学对某些拉马克学说的借鉴（Gould，1977；Sulloway，1979）——马尔库塞一直和"古老的遗传"一起热情拥护的东西——我们很快会意识到经典弗洛伊德主义的生物学基础根本不健全，我们最好完全抛弃它们，从头开始，牢记压抑和防御的现实以及无意识心理冲突的普遍特征，这种冲突反复在临床工作中得到证实。

把弗洛伊德描绘成阿多诺和马尔库塞那样的革命者的另一个问题

在于他们对"革命者"这个词赋予的具体含义。总的来说，这是一个本质上消极的概念，意味着完全拒绝这个世界的现状，以及对把它变得更好的深刻绝望（Fromm，1970b）。马丁·杰伊指出，霍克海默和他的圈子晚期出现的弗洛伊德虔诚反映了对社会变革可能性的深刻的悲观态度。根据杰伊的描述，他们维护"革命的"弗洛伊德的部分原因是，即使他们从参与政治的知识分子转变为超然的文化官僚，他们仍然需要将自己视为激进分子或革命者（Jay，1973）。但是，如果我们允许其影响我们的社会和政治判断，那么霍克海默、本雅明、阿多诺和马尔库塞在他们的集体发展过程中所经历过且雄辩地表达过的无能感、脱节感和文化错位感就会变得如此势不可挡和直截了当，让我们不敢心怀希望，助长了无力和无所作为的情绪。正如保罗·瓦赫特尔就马尔库塞和雅各比所指出的那样：

> （他们的作品）倾向于极权主义。当今社会不仅急需变革；它与人类所有的需求完全对立，以至于真正实现人类需求……甚至是实现真正的人格的可能性都被否定了。这样的言辞令人振奋，但其结果是，甚至没有任何地方可以作为开启有效行动的立足点。我们所能做的就是辩证地抱怨……如果我们认真对待变革，作为治疗师或社会批评家，我们不仅要看到什么是错的，还要看到什么是可以依赖的。
> （Wachtel，1987，p.91）

结　语

心理健康专业人士以及马尔库塞的思想圈子给弗洛姆的大部分批评带来了一个不幸的后果，即弗洛姆作品中真正的冲突和矛盾，通常都会被轻率、肤浅或富有争论的解读所掩盖。因此，他的作品中真正的长处和短处很少被认真讨论，即使有讨论，也都集中在对这个人及其思想的单一维度上。然而，弗洛姆的作品中其实存在着真正的冲突和矛盾，这表明弗洛姆对其中的大多数问题都没有意识到。此外，其中有许多问题似乎与他作为理论家和临床医生对弗洛伊德的态度有关。对于一个正统的弗洛伊德主义者来说，这种态度上的模糊暗示了一种潜在的情感矛盾，一些弗洛伊德的狂热者可能仍然会坚持认为，弗洛姆对恋母情结的普遍性和不可还原性提出异议的事实，构成了对弗洛伊德无意识的攻击，以及对自己面对的俄狄浦斯困境的抵抗。

然而，单纯或主要用俄狄浦斯的话语来解释弗洛姆与弗洛伊德的关系会存在严重的方法问题。作为一个作品不断变革更新的创造性理论家，弗洛姆可能无法彻底想清楚在他生命的不同时期从他灵魂的不同区域自发浮现的不同思路的含义。这个问题在思想史上极为常见，弗洛伊德本人就为我们提供了非常生动的例子（Fromm, 1962, 1970d）。此外，弗洛姆综合的内容范围非常广，不仅包括马克思、弗洛伊德、巴霍芬以及康德、德国启蒙运动和德国社会学，还包括古代和中世纪的众多宗教和哲学思想家的知识成果。如果他的综合没有完全成功，且如果他在这个过程中背离了对弗洛伊德的一些矛盾心理，那么在一个连贯的知识框架中调和不同的忠诚度、热情以及哲学和科学观点的问题，可能比任何移情过程都更重要。

当然，弗洛伊德主义者不会发现这样的推理——对于知识史学家来说是司空见惯且令人信服的——非常有说服力。但是，除了最正统的人之外，所有人都不可能毫无杂感地看待弗洛伊德。然而，即使是正统的分析家也会承认，虽然恶性或病态的矛盾心理会损害我们的判断力，并阻碍我们与他人的建设性接触，但良性或创造性的矛盾心理则会通过对他人不可避免的不完美给予越来越现实和公允的评价来平衡理想化倾向。弗洛姆对弗洛伊德的矛盾心理通常属于后者，是良性的。的确，如果说有任何残留的俄狄浦斯情结影响了弗洛姆对弗洛伊德的感情，那么它被创造性地运用于一场终生的智力对话中，将清晰、精辟的批评与近乎崇拜的深深敬意结合在一起，而没有对偶像的执着。没有人——甚至是弗洛伊德——该得到更高待遇。

如果弗洛姆的批判性和历史性反思——针对弗洛伊德的历史哲学、性格以及他作为临床医生和群众运动创始人的长处和弱点——被遗忘或忽视，那么弗洛伊德的学术价值将会大幅下降。如果人本主义和存在主义心理学吸收了弗洛姆存在主义的精神，并获得他的学术严谨性——当他在探讨人类状况以及在异化的被控制的社会中实现最佳生活的障碍时，那么它们将会得到极大的丰富。社会心理学家、社会学家、政治理论家、政治心理学家和心理历史学家都会很好地带着面向未来的目光，重新审视弗洛姆的权威性格的概念，并重新评估他对社会性格的研究和他的社会过滤器理论。最后，非专业人士、学者和心理健康从业者都应该注意弗洛姆关于正在兴起的生态危机，以及隐藏在其背后的（正在逐渐发生的）理性危机的警告。

　　作为作家、临床医生和普通人，弗洛姆触动并改变了许多人的生活。即使他的想法在后来不被重视，我们也没有理由认为弗洛姆白活一场。他的生命见证了他的勇气、勤奋和雄心，他的聪明、智慧和同情心，他经历过和拥抱过的悲伤、愤怒和喜悦。即使偶尔暴露出某种傲慢、不安全感和教条主义，弗洛姆的生活和工作中也很少有冷酷无情、自满、逃避或虚伪的迹象。以这种方式生活的人活得很好，或者说，在一个疯狂、病态的世界里，可以如预期的那样好。

参考文献

Abraham,K. 1924. "A Short Study of the Development of the Libido, Viewed in Light of the Mental Disorders." In *On Character and Libido Development*. New York: W. W. Norton, 1966.

Abrams, M. H. 1971. *Natural Supernaturalism: Tradition and Revolution in Romantic Literature. New* York: W. W. Norton.

Adler, A. 1927. *Understanding Human Nature*. New York: Greenberg.

Adorno, T. 1979. *Negative Dialectics*. New York: Seabury Press.

Adorno, T., et al. 1950. *The Authoritarian Personality*. New York: W. W. Norton.

Alexander, F., S. Eisenstein and M. Grotjahn. 1966. *Psychoanalytic Pioneers*. New York: W. W. Norton.

Antonovsky, A. 1988. Personal communication to the author. March.

Asch, S. E. 1948. "The Doctrine of Suggestion, Prestige, and Imitation in Social Psychology." *Psychological Review* 55:250–276.

——. 1952. *Social Psychology*. Englewood Cliffs, N.J.: Prentice–Hall. Excerpts quoted by permission of Oxford University Press.

——. 1956. "Studies of Independence and Conformity: I. A Minority of One against a Unanimous Majority." *Psychological Monographs* 70, no. 9.

——. 1988. Personal communication to the author. May 4.

Atwood, G.and R. Stolorow. 1984. *Structures of Subjectivity*. Hillsdale. N.

J.: Analytic Press.

Avineri, S. 1968. *The Social and Political Thought of Karl Marx*. London: Cambridge University Press.

——. 1981. *The Making of Modern Zionism*. New York: Basic Books.

Bachofen, J. J. 1973. *Myth, Religion, and Mother Right*, trans. Ralph Manheim. Princeton: Princeton University Press. Partial translation of Bachofen's 1861 work *Mother Right*.

Baeck, L. 1961. *The Essence of Judaism*. New York: Schocken Books.

Bakan, D. 1966. "The Test of Significance in Psychological Research." *Psychological Bulletin* 66:423–437.

Baldry, H. C. 1965. *The Unity of Mankind in Greek Thought*. London: Cambridge University Press.

Bebel, A. 1974. *Woman under Socialism*. New York: Schocken Books.

Becker, E. 1968. *The Structure of Evil*. New York: Free Press.

——. 1973. *The Denial of Death*. New York: Free Press.

Binswanger, L. 1963. *Being in the World: Selected Papers of Ludwig Binswanger*, trans. J. Needleman. New York: Basic Books.

Birnbach, M. 1961. *Neo–Freudian Social Philosophy*. Stanford: Stanford University Press.

Bloch, E. 1961. *Natural Law and Human Dignity*, trans. D. Schmidt. Cambridge, Mass.: MIT Press, 1986.

Boadella, D. 1973. *Wilhelm Reich: The Evolution of His Work*. Chicago: Henry Regnery.

Bonss, W. 1984. "Critical Theory and Empirical Social Research." In E. Fromm, *The Working Class in Weimar Germany,* ed. W. Bonss. Cambridge, Mass.:Harvard University Press.

Bowlby, J. 1978. *Attachment and Loss.* Vol. 1. Harmondsworth: Penguin.

Brett, G. 1965. *Brett's History of Psychology*, ed. R. S. Peters. Cambridge, Mass.: MIT Press.

Briffault, R. 1975. *The Mothers*, abr. G. R. Taylor. New York: Atheneum.

Brown, N. O. 1959. *Life against Death*. Middletown, Conn.: Wesleyan University Press.

——. 1966. *Love's Body.* New York: Random House.

Browning, D. 1975. *Generative Man*. New York: Delta Books.

Buber, M. 1965. *The Knowledge of Man.* New York: Harper & Row.

Burston, D. 1986a. "The Cognitive and Dynamic Unconscious." *Contemporary Psychoanalysis* 22, no. 1: 133–157.

——. 1986b. "Myth, Religion, and Mother Right: Bachofen's Influence on Psychoanalytic Theory." *Contemporary Psychoanalysis* 22, no. 3:666–687.

——. 1988. Review of M. Erdelyi's *Psychoanalysis: Freud's Cognitive Psychology.Theoretical and Philosophical Psychology* 7, no. 2:124–129.

——. 1989. "Freud: Clinical Theory and Philosophical Anthropology." Paper presented at the annual meeting of the Canadian Psychological

Association, Halifax, Nova Scotia, June 8.

——. 1991. "Freud, the Serpent, and the Sexual Enlightenment of Children." In *Freud and Forbidden Knowledge*, ed. J. Kerr and P. Rudnytsky. New York: New York University Press.

Cassirer, E. 1946. *The Myth of the State*. Reprint, New Haven: Yale University Press, 1979.

Cattier, M. 1971. *The Life and Work of Wilhelm Reich*. New York: Avon Books.

Christie, R. and M. Jahoda, eds. 1954. *The Authoritarian Personality: Continuities in Social Research*. Glencoe, Ill.: Free Press.

Cordova, A. 1990. "El Psicoanalisis de Erich Fromm y lo Religioso." Paper presented at the Primer Congreso Nacional de Psicoanalisis Humanista, Mexico City, March 24.

Danziger, K. 1982. "Towards a Conceptual Framework for a Critical History of Psychology." Manuscript, York University.

——. 1983. "Origins and Basic Principles of Wundt's Volkerp-sychologie." *British Journal of Social Psychology* 22:303–313.

Derbez, J. 1981. "Fromm en Mexico: Una resena historica." In *Erich Fromm y el psicoanalisis humanista*, ed. S. Millan and S. Gojman. Mexico City: Siglo xxi editores.

Deutsch, M. and R. Kraus. 1965. *Theories in Social Psychology*. New York: Harper & Row.

Dinnerstein, D. 1976. *The Mermaid and the Minotaur*. New York:

Harper & Row.

Dodds, E. R. 1951. *The Greeks and the Irrational*. Berkeley: University of California Press.

Eckardt, M. 1975. "L'Chayim." *Contemporary Psychoanalysis* 11, no. 4:465–470.

——. 1976. "Organizational Schisms in American Psychoanalysis." In *American Psychoanalysis: Origins and Development: The Adolf Meyer Seminars*, ed. J.Quen and E. Carlson. New York: Bruner Mazel, 1978.

——. 1982. "The Theme of Hope in Erich Fromm's Writing." *Contemporary Psychoanalysis* 18, no. 1:141–152.

——. 1983. "The Core Theme of Erich Fromm's Writings and Its Implications for Therapy." *Journal of the American Academy of Psychoanalysis* 11, no. 3:391–399.

——. 1987. Personal communication to the author. April 20.

Edelstein, L. 1966. *The Meaning of Stoicism*. Cambridge, Mass. : Harvard University Press.

Eksteins, M. 1989. *The Rites of Spring: The Great War and the Birth of the Modern Age*. Toronto: Lester, Orpen & Dennys.

Ellenberger, H. 1970. *The Discovery of the Unconscious*. New York: Basic Books.

——. 1976. "Moritz Benedikt." In *Les mouvements de libération mythique (et autres essais sur l'histoire de la psychiatrie)*. Montreal: Editions Quinze.

Engels, F. 1884. *The Origins of the Family, Private Property, and the State*, ed. Eleanor B. Leacock, based on a 1944 translation by Alec West. Moscow: Progress Publishers, 1970.

Erdelyi, M. 1985. *Psychoanalysis: Freud's Cognitive Psychology*. New York: W. H. Freeman.

Erikson, E. 1960. "Human Strength and the Cycle of the Generations." In *Insight and Responsibility*. New York: W. W. Norton, 1964.

———. 1961. "Psychological Reality and Historical Actuality." In *Insight and Responsibility*. New York: W. W. Norton, 1964.

Evans, R. 1966. *Dialogue with Erich Fromm*. New York: Harper & Row.

Fairbairn, W. R. D. 1935. "The Sociological Significance of Communism Considered in the Light of Psychoanalysis." *British Journal of Medical Psychology* 15, pt. 3:218–229.

———. 1940. "Schizoid Factors in the Personality." In Fairbairn, 1952.

———. 1941. "A Revised Psychopathology of the Psychoses and Psychoneuroses." In Fairbairn, 1952.

———. 1946. "Object-Relationships and Dynamic Structure." In Fairbairn, 1952.

———. 1951. "A Synopsis of the Development of the Author's Views." In Fairbairn, 1952.

———. 1952. *Psychoanalytic Studies of the Personality*. London:

Tavistock.

———. 1956. "A Critical Evaluation of Certain Basic Psycho-Analytical Conceptions." *British Journal for the Philosophy of Science* 7, no.25.

Fenichel, O. 1945. *The Psychoanalytic Theory of the Neuroses*. New York: W. W. Norton.

Ferenczi, S. 1914. "On the Ontogenesis of the Interest in Money." In *Sex in Psychoanalysis*, trans. Ernest Jones. New York: Dover Publications, 1956.

———. 1924. *Thalassa: A Theory of Genitality*. Reprint, Albany. N.Y.: Psychoanalytic Quarterly, 1938.

———. 1933. "Confusion of Tongues between Adults and the Child." In *Final Contributions to the Problems and Methods of Psychoanalysis*. New York: Basic Books, 1955.

———. 1988. *The Clinical Diary of Sandor Ferenczi*, trans. M. Balint. Cambridge, Mass.: Harvard University Press.

Ferenczi, S. and O. Rank. 1923. *The Development of Psychoanalysis*. Reprint, New York: Dover Publications, 1956.

Feuerbach, L. 1841. *The Essence of Christianity*, trans. George Eliot. New York: Harper & Row, 1957.

Fisher, E. 1979. *Woman's Evolution*. Montreal: McGraw-Hill.

Flugel, J. C. 1946. *Man, Morals, and Society: A Psychoanalytic Study*. London: Hogarth Press.

———. 1964. *One Hundred Years of Psychology*. New York: Basic

Books.

Frankl, V. 1955. *The Doctor and the Soul*. New York: Bantam Books.

——. 1959. *Man' s Search for Meaning*. New York: Bantam Books.

Freud, S. 1895. *Studies on Hysteria*, with J. Breuer. Vol. 2 of *The Standard Edition of the Complete Psychological Works of Sigmund Freud*, ed. J. Strachey, trans. with A. Freud. 24 vols. London: Hogarth Press and the Institute of Psychoanalysis, 1953–1974. Hereafter cited as *Standard Edition*.

——. 1900. *The Interpretation of Dreams. Standard Edition*, vols. 4, 5.

——. 1901. *Psychopathology of Everyday Life. Standard Edition*, vol. 6.

——. 1905. *Three Essays on the Theory of Sexuality. Standard Edition*, vol. 7.

——. 1905. "Fragment of an Analysis of a Case of Hysteria." *Standard Edition*, vol. 7.

——. 1908. "Civilized Sexual Morality and Modern Nervous Illness." *Standard Edition*, vol. 9.

——. 1912. "The Dynamics of the Transference." *Standard Edition*, vol. 12.

——. 1913. *Totem and Taboo. Standard Edition*, vol. 13.

——. 1914. "On Narcissism." *Standard Edition*, vol. 14.

——. 1915. "Thoughts for the Times on War and Death." *Standard Edition*, vol.15.

——. 1920. *Beyond the Pleasure Principle. Standard Edition*, vol. 18.

——. 1921. *Group Psychology and the Analysis of the Ego. Standard*

Edition, vol.18.

———. 1925. "Autobiographical Study." *Standard Edition*, vol. 20.

———. 1927. *The Future of an Illusion. Standard Edition*, vol. 27.

———. 1930. *Civilization and Its Discontents.Standard Edition*, vol. 21.

———. 1932. *New Introductory Lectures on Psychoanalysis. Standard Edition*, vol. 22.

———. 1937. "Analysis Terminable and Interminable." *Standard Edition*, vol. 23.

———. 1939. *Moses and Monotheism. Standard Edition*, vol. 23.

———. 1960. *Letters of Sigmund Freud, 1873–1939*, ed. E. Freud, trans. T. Stern and J. Stern. New York: McGraw–Hill.

Fromm, E. 1929. "Psychoanalyse und Soziologie." *Zeitschrift für Psychoanalytische Pädagogik* (Vienna).

———. 1930a. "Die Entwicklung des Christusdogmas." Translated in Fromm, 1963a.

———. 1930b. *The Working Class in Weimar Germany: A Psychological and Sociological Study*, trans. Barbara Weinberger, Cambridge, Mass. : Harvard University Press, 1984.

———. 1932a. "Uber Methode und Aufgabe einer analytischen Sozialpsychologie." Translated in Fromm, 1970a.

———. 1932b. "Die psychoanalytische Charakterologie und ihre Bedeutung für die Sozialpsychologie." Translated in Fromm, 1970a.

———. 1933a. "Robert Briffaults Werk uber das Mutterrecht." *Zeitschrift für Sozialforschung* 2:382–387.

———. 1933b. Review of W. Reich's *Der Einbruch der Sexualmoral.* *Zeitschrift für Sozialforschung* 2: 119–122.

———. 1934. "Die Sozialpsychologische Bedeutung der Mutterrechtstheorie." Translated in Fromm, 1970a.

———. 1935a. "Die gesellschaftliche Bedingheit der psychoanalytischen Therapie." *Zeitschrift für Sozialforschung* 4, no. 3.

———. 1935b. Review of C. G. Jung's *Werklichkeit der Seele. Zeitschrift für Sozialforschung* 4:284–285.

———. 1936. "Sozialpsychologischer Teil." In *Schriften des Instituts für Sozialforschung*, ed. M. Horkheimer. Paris: Felix Alcan.

———. 1937. "Zum Gefühl des Ohnmacht." *Zeitschrift für Sozialforschung* 6:95–118.

———. 1939a. "Selfishness and Self–Love." *Psychiatry* 2, no. 3:507–524.

———. 1939b. "The Social Philosophy of 'Will Therapy'." *Psychiatry* 2, no. 1: 229–250.

———. 1941. *Escape from Freedom.* Reprint, New York: Avon Books, 1965.

———. 1943. "Sex and Character." In Fromm, 1963a.

———. 1947. *Man for Himself.* Greenwich, Conn.: Fawcett Premier Books.

———. 1950. *Psychoanalysis and Religion.* Reprint, New York: Bantam

Books, 1972.

———. 1951. *The Forgotten Language*. Reprint, New York: Grove Press, 1957.

———. 1955a. "The Human Implications of Instinctivistic Radicalism." *Dissent* 2, no. 4:342–349.

———. 1955b. *The Sane Society*. Greenwich, Conn.: Fawcett Premier Books.

———. 1956a. *The Art of Loving*. Reprint, New York: Bantam Books, 1970.

———. 1956b. "A Counter–Rebuttal to Herbert Marcuse." *Dissent* 3, no. 1:81–83.

———. 1958. "Psychoanalysis—Science or Party Line?" Originally published as "Scientism or Fanaticism?" in *Saturday Review*, June 14, 1958. Under its present title in Fromm, 1963a.

———. 1959a. "On the Dangers and Limitations of Psychology." In Fromm, 1963a.

———. 1959b. *Sigmund Freud's Mission: An Analysis of His Personality and Influence*. Reprint, New York: Harper & Row. 1972.

———. 1960a. "Foreword." in A. S. Neill, *Summerhill: A Radical Approach in Childrearing*. New York: Hart Publishing.

———. 1960b. *Let Man Prevail—A Socialist Manifesto and Program*. New York: Call Association.

———. 1960c. "The Prophetic Concept of Peace." In Fromm, 1963a.

——. 1960d. *Zen Buddhism and Psychoanalysis*, with D. T. Suzuki and R. DeMartino. Reprint, New York: Harper & Row, 1970.

——. 1961a. "Communism and Co-Existence: The Nature of the Totalitarian Threat Today: An Analysis of the 81st Party Manifesto." *Socialist Call* 4:3–11.

——, ed. 1961b. *Marx' s Concept of Man*. New York: Frederick Ungar.

——. 1961c. *May Man Prevail? An Inquiry into the Facts and Fictions of Foreign Policy*. Garden City, N.Y.: Doubleday.

——. 1962. *Beyond the Chains of Illusion: My Encounter with Marx and Freud*. New York: Simon and Schuster.

——. 1963a. *The Dogma of Christ*. New York: Holt, Rinehart & Winston.

——. 1963b. "Medicine and the Ethical Problem of Modern Man." In Fromm, 1963a.

——. 1963c. "The Revolutionary Character." In Fromm, 1963a.

——. 1964. *The Heart of Man: Its Genius for Good and Evil*. New York: Harper & Row, 1968.

——, ed. 1965. *Socialist Humanism: An International Symposium*. Garden City, N.Y.: Doubleday.

——. 1966. *You Shall Be as Gods: A Radical Interpretation of the Old Testament and Its Tradition*. Greenwich, Conn.: Fawcett Premier Books.

——. 1968a. "Humanism and Psychoanalysis." Reprinted in

Contemporary Psychoanalysis 11, no. 40 (1975):396–406.

———. 1968b. *The Revolution of Hope*. Reprint, New York: Harper & Row, 1974.

———. 1970a. *The Crisis of Psychoanalysis: Essays on Freud, Marx, and Social Psychology*. Greenwich, Conn.: Fawcett Premier Books.

———. 1970b. "The Crisis of Psychoanalysis." In Fromm, 1970a.

———. 1970c. "Epilogue." In Fromm, 1970a.

———. 1970d. "Freud's Model of Man and Its Social Determinants." In Fromm, 1970a.

———. 1970e. "Introduction." In A. Schaff, *Marxism and the Human Individual*. New York: McGraw–Hill.

———. 1970f. "Marx's Contribution to Our Knowledge of Man." In Fromm, 1970a.

———. 1970g. "The Significance of the Theory of Mother Right for Today." In Fromm, 1970a.

———. 1973. *The Anatomy of Human Destructiveness*. Greenwich, Conn.: Fawcett Premier Books.

———. 1974. Seminar with analytic candidates in Locarno, Switzerland. Taped by Dr. Bernard Landis. Available at the History of Psychiatry Section, Payne Whitney Clinic, Cornell Medical Center, New York.

———. 1975. "Humanism and Psychoanalysis." *Contemporary Psychoanalysis* 11, no. 4:396–406.

——. 1976. *To Have or to Be?* Reprint, New York: Bantam Books, 1981.

——. 1980. *Greatness and Limitations of Freud's Thought.* New York: Harper &Row.

——. 1981. *On Disobedience and Other Essays.* New York: Seabury Press.

——. 1982. "Postscript." In Funk, 1982.

——. 1986. *For the Love of Life,* with H. J. Schultz. New York: Macmillan.

Fromm, E. and M. Maccoby. 1969. "Conceptos y metodos de la psicologia social psicoanalitica." *Revista de psicoanalisis, psiquiatria y psicologia* 11:3-24.

——. 1970. *Social Character in a Mexican Village: A Sociopsychoanalytic Study.* Englewood Cliffs, N.J.: Prentice-Hall.

Fromm, E. and R. Xirau, eds. 1968. *The Nature of Man.* New York: Macmillan.

Fuller, R. 1986. *Americans and the Unconscious.* New York: Oxford University Press.

Funk, R. 1982. *Erich Fromm: The Courage to Be Human.* New York: Continuum.

——. 1984. *Erich Fromm.* Hamburg: Rowohlt Taschenbuch Verlag.

Gay, P. 1968. *Weimar Culture.* New York: Harper & Row.

Gedo, J. 1984. "On Some Dynamics of Dissidence within

Psychoanalysis." In J. Gedo and G. Pollock, *Psychoanalysis,* vol. 1, *The Vital Issues.* New York: International Universities Press.

Gedo, J. and G. Pollack. 1976. *Freud: The Fusion of Science and Humanism.* New York: International Universities Press.

Gossman, L. 1983. *Orpheus Philologus: Bachofen versus Mommsen on the Study of Antiquity.* Philadelphia: American Philosophical Society.

Gould, S. J. 1977. *Ontogeny and Phylogeny.* Cambridge, Mass. : Belknap Press of Harvard University Press.

Green, M. 1988. Personal communication to the author. May 3.

Greenberg, J. and S. Mitchell. 1983. *Object Relations in Psychoanalytic Theory.* Cambridge, Mass. : Harvard University Press.

Greenberg, L. and J. Safran. 1984. "Integrating Affect and Cognition: A Perspective on the Process of Therapeutic Change." *Cognitive Therapy and Research* 8, no. 6:559–578.

Grinstein, A. 1980. *Sigmund Freud's Dreams.* New York: International Universities Press.

Groddeck, G. 1926. *Exploring the Unconscious.* Reprint, London: Vision Press, 1950.

Grosskurth, P. 1986. *Melanie Klein: Her World and Her Work.* New York: Alfred A. Knopf.

Grossman, C. and S. Grossman. 1965. *The Wild Analyst.* New York: Dell Books.

Grotjahn, M. 1968. "The Americanization of Martin Grotjahn." In

The Home of the Learned Man, ed. J. Kosa. New Haven: Yale College and University Press.

Gruber, H. and J. Voneche, eds. 1977. "Introduction." In The Essential Piaget. New York: Harper & Row.

Guntrip, H. 1961. Personality Structure and Human Interaction. New York: International Universities Press.

———. 1968. "The Schizoid Personality and the External World." In Schizoid Phenomena, Object-Relations and the Self. London: Hogarth Press.

———. 1975. "My Experience of Analysis with Fairbairn and Winnicott." International Review of Psycho-Analysis 2:145-156.

Hall, C. and G. Lindzey. 1954. "Psychoanalytic Theory and Its Application to the Social Sciences." In Handbook of Social Psychology, ed. G. Murphy. Cambridge, Mass.: Addison-Wesley.

———. 1957. Theories of Personality. London: Wiley.

———. 1978. Theories of Personality. 3rd ed. New York: Wiley.

Harris, M. 1968. The Rise of Anthropological Theory. New York: Columbia University Press.

Hausdorf, D. 1972. Erich Fromm. New York: Twayne Publishers.

Heidegger, M. 1927. Being and Time. Reprint, New York: Harper & Row, 1962.

Herder, J. G. 1772. "On the Origin of Language." In On the Origin of Language: Two Essays, trans. J. Moran and A. Gode. Chicago: University of Chicago Press,1966.

Heschel, A. J. 1951. *The Sabbath.* Reprint, New York: Farrar, Straus & Giroux,1986.

Hogenson, G. B. 1983. *Jung's Struggle with Freud.* Notre Dame, Ind.: Notre Dame University Press.

Horkheimer, M. 1972. *Critical Theory.* New York: Seabury Press.

——. 1978. *Dawn and Decline.* New York: Seabury Press.

Horney, K. 1926. "The Flight from Womanhood." In Horney. 1967.

——. 1930. "The Distrust between the Sexes." In Horney, 1967.

——. 1932. "The Dread of Woman." In Horney, 1967.

——. 1967. *Feminine Psychology.* New York: W. W. Norton.

Illich, I. 1972. "The Dawn of Epimethean Man." Paper presented at a symposium in honor of Erich Fromm, Centro Intercultural de Documentacion, no. 75,227/1–16, Cuernavaca.

Jacoby. R. 1975. *Social Amnesia: A Critique of Contemporary Psychology from Adler to Laing.* Boston: Beacon Press.

——. 1983. *The Repression of Psychoanalysis.* New York: Basic Books.

Jahoda, M., P. Lazarsfeld and H. Zeisel. 1933. *Die Arbeitslösen von Marienthal. Ein Soziographischer Versuch.* Reprint, Bonn: Allensbach, 1960.

Jay. M. 1973. *The Dialectical Imagination.* Boston: Beacon Press.

Jonas, H. 1963. *The Gnostic Religion.* Boston: Beacon Press.

Jones, E. 1953. *The Life and Work of Sigmund Freud.* New York: Basic

Books.

Jung, C. G. 1909. "The Significance of the Father in the Destiny of the Individual." In *The Psychoanalytic Years.* Princeton: Bollingen, 1974.

——. 1913. *Symbols of Transformation,* trans. R. F. C. Hull. New York: Harcourt, Brace & World, 1956.

——. 1914. *On the Nature of the Psyche,* trans. R. F. C. Hull. Princeton: Princeton University Press, 1960.

——. 1926. *Psychological Types or the Psychology of Individuation,* trans. R. F. C.Hull. New York: Harcourt, Brace.

——. 1933. *Modern Man in Search of a Soul,* trans. W. S. Dillard and C. F. Baynes. New York: Harcourt, Brace & World.

——. 1935. *Analytical Psychology: Its Theory and Practice*, ed. R. F. C. Hull. New York: Vintage Books, 1968.

——. 1943. "On the Psychology of the Unconscious." In *Two Essays in Analytical Psychology,* trans. R. F. C. Hull. New York: World Publishing, 1971.

——. 1963. *Memories, Dreams, and Reflections,* trans. R. Winston and C. Winston. New York: Pantheon.

Kalmar, I. 1987. "Lazarus, Steinthal, and Culture." *Journal of the History of Ideas* 48, no. 4:671–690.

Kant, I. 1785. *Groundwork of the Metaphysic of Morals,* trans. H. J. Paton. New York: Harper & Row, 1968.

Kanzer, M. and J. Glenn. 1979. *Freud and His Self-Analysis.* New

York: Jason Aronson.

Kardiner, A. 1946. *The Psychological Frontiers of Society*. New York: Columbia University Press.

——. 1977. *My Analysis with Freud*. New York: W. W. Norton.

Kardiner, A. and A. Preble. 1961. *They Studied Man*. New York: World Publishing.

Kernberg, O. 1980. *Internal World and External Reality*. New York: Jason Aronson.

Kerr, J. 1987. Personal communication to the author. July 24.

——. 1988. "Beyond the Pleasure Principle and Back Again: Freud, Jung, and Sabina Spielrein." In *Freud: Appraisals and Reappraisals,* ed. P. Stepansky.Vol. 3. Hillsdale, N.J.: Analytic Press.

——. 1989. "The Core Complex." In *Freud and Forbidden Knowledge,* ed. J. Kerr and P. Rudnytsky. New York: New York University Press.

Kierkegaard, S. 1846. *The Present Age,* trans. A. Dru. New York: Harper Torchbooks, 1962.

Kihlstrom, J. F. 1987. "The Cognitive Unconscious." *Science* 237:1445–1452.

Kirscht, J. P. and R. C. Dillehy, eds. 1967. *Dimensions of Authoritarianism: A Review of Research and Theory.* Lexington: University of Kentucky Press.

Kitchen, M. 1975. *Fascism.* London: Macmillan.

Klein, M. and J. Rivière. 1937. *Love, Hate, and Reparation.* Reprint,

New York:W. W. Norton, 1964.

Kohlberg, L. 1971. "From Is to Ought." In T. Mishel, *Cognitive Development and Epistemology*. New York: Academic Press.

Kohut, H. 1971. *The Analysis of the Self*. New York: International Universities Press.

——. 1977. *The Restoration of the Self*. New York: International Universities Press.

——. 1984. *How Does Analysis Cure?* Chicago: University of Chicago Press.

Kolakowski, L. 1981. *Main Currents in Marxism*. Vol. 3. New York: Oxford University Press.

Krech, D. and R. Crutchfield. 1948. *Theory and Problems of Social Psychology*. New York: McGraw–Hill.

Kumar, K. 1978. *Prophecy and Progress*. Harmondsworth: Penguin.

Laing, R. D. 1960. *The Divided Self*. Reprint, Harmondsworth: Penguin, 1965.

——. 1967. *The Politics of Experience and the Bird of Paradise*. Harmondsworth: Penguin.

——. 1971. *The Politics of the Family and Other Essays*. New York: Pantheon Books.

Lamiell, J. 1981. "Toward an Idiothetic Psychology of Personality." *American Psychologist* 36:276–289.

——. 1986. "What Is Nomothetic about "Nomothetic" Personality

Research?" *Theoretical and Philosophical Psychology* 6, no. 2:97–107.

Landis, B. 1975. "Fromm's Theory of Biophilia–Necrophilia and Its Implications for Clinical Practice." *Contemporary Psychoanalysis* 11, no. 4:418–434.

———. 1981. "Fromm's Approach to Analytic Technique." *Contemporary Psychoanalysis* 17, no. 4:537–551.

Landis, B. and E. Tauber. 1971. *In the Name of Life: Essays in Honor of Erich Fromm.* New York: Holt, Rinehart & Winston.

Leahey. T. H. 1987. *A History of Psychology.* 2nd ed. Englewood Cliffs, N.J.: PrenticeHall.

Lederer, G. 1983. *Jugend und Autoritat.* Darmstadt: Westdeutscher Verlag.

Lenhardt, C. 1976. "The Wanderings of Enlightenment." In *On Critical Theory,* ed. J. O' Neill. New York: Seabury Press.

Levine, N. 1987. "The German Historical School." *Journal of the History of Ideas* 48, no. 3:431–451.

Lind, G. 1988. "The Politics of Scoring Moral Judgment." Address to the International Society for Political Psychology, Secaucus, N.J., July 3.

Loewe, R., et al. 1966. *Studies in Rationalism, Judaism, and Universalism.* New York: Humanities Press.

Lowenthal, L. 1987. *An Unmastered Past.* Berkeley: University of California Press.

Lundin, R. 1972. *Theories and Systems of Psychology.* Toronto: D. C.

Heath.

Maccoby, M. 1976. *The Gamesman.* New York: Simon and Schuster.

———. 1983. "Social Character vs. the Productive Ideal." *Praxis International*: 70–83.

———. 1985. Personal communication to the author. May 14.

MacIntyre, A. 1964. "Existentialism." In *Sartre: A Collection of Critical Essays,* ed. M. Warnock. Garden City. N.Y.: Doubleday, 1971.

Makkreel, R. 1975. *Dilthey: Philosopher of the Human Sciences.* Princeton: Princeton University Press.

Malcolm, J. 1981. *Psychoanalysis: The Impossible Profession.* New York: Alfred A.Knopf.

———. 1984. *In the Freud Archives.* New York: Alfred A. Knopf.

Malinowski, B. 1927. *Sex and Repression in Savage Society.* Reprint, New York: Meridian Press, 1955.

Mann, T. 1933. "Freud and the Future." In T. Mann, *Freud, Goethe, and Wagner.* New York: Alfred A. Knopf, 1936.

Manuel, F. E. and F. P. Manuel. 1979. *Utopian Thought in the Western World.* Cambridge, Mass. : Harvard University Press.

Marcuse, H. 1948. "Existentialism: Remarks concerning Jean–Paul Sartre's 'L'Etre et Néant '." In Marcuse, 1972.

———. 1955. *Eros and Civilization.* Reprint, New York: Vintage Books, 1962. Excerpts quoted by permission.

———. 1956. "A Reply to Erich Fromm." *Dissent* 3, no.1:79–81.

———. 1972. *Studies in Critical Philosophy*. Boston: Beacon Press.

Marx, K. 1844. "Economic and Philosophic Manuscripts of 1844." In Fromm, 1961b.

———. 1972. *The Grundrisse*, ed. D. McLellan. New York: Harper & Row.

Masson, J. 1984. *The Assault on Truth*. New York: Farrar, Straus & Giroux.

———, ed. 1985. *The Complete Letters of Sigmund Freud to Wilhelm Fliess*. Cambridge, Mass. : Belknap Press of Harvard University Press.

May. R. 1950. *The Meaning of Anxiety*. New York: Ronald Press.

———. 1953. *Man' s Search for Meaning*. New York: W. W. Norton.

———. 1967. *Power and Innocence*. New York: W. W. Norton.

Mazlish, B. 1966. *The Riddle of History*. New York: Harper & Row.

McGrath, W. 1986. *Freud' s Discovery of Psychoanalysis: The Politics of Hysteria*. Ithaca: Cornell University Press.

McGuire. W., ed. 1971. *The Freud/Jung Letters*. Princeton: Princeton University Press.

McLellan, D. 1977. *The Thought of Karl Marx*. London: Shanghai Printing Press.

Menaker, E. 1982. *Otto Rank: A Rediscovered Legacy*. New York: Columbia University Press.

Milgram, S. 1961. "Nationality and Conformity." *Scientific American*, no. 205:41–51.

——. 1974. *Obedience to Authority*. New York: Harper & Row. Excerpts quoted by permission of HarperCollins Publishers.

Miller, A. 1986. *Thou Shalt Not Be Aware: Society' s Betrayal of the Child.* New York: New American Library.

Millet, J. 1966. "Psychoanalysis in the United States." In Alexander, Eisenstein,and Grotjahn, 1966.

Mills, C. W. 1959. *The Sociological Imagination.* New York: Oxford University Press.

Montagu, A. 1985. Personal communication to the author. April 23.

Moscovici, S. 1985. *The Age of the Crowd: A Historical Treatise on Mass Psychology.* London: Cambridge University Press.

Mullahy. P. 1948. *Oedipus: Myth and Complex,* intro. E. Fromm. New York: Hermitage Press.

Munroe, R. 1955. *Schools of Psychoanalytic Thought.* New York: Dryden Press.

Natterson, J. 1966. "Theodor Reik." In Alexander, Eisenstein, and Grotjahn,1968.

Nelson, B. 1962. "Sociology and Psychoanalysis on Trial." *Psychoanalysis and the Psychoanalytic Review* 49, no. 2:144–160.

Nietzsche, F. 1871. *The Birth of Tragedy.* trans. F. Gollfing. New York: Anchor/ Doubleday, 1956.

——. 1887. *The Genealogy of Morals,* trans. F. Gollfing. New York: Anchor/ Doubleday, 1956.

Pfeiffer, E., ed. 1966. *Sigmund Freud and Lou Andreas Salome: Letters*. New York:W. W. Norton.

Piaget, J. 1972. *The Child and Reality,* trans. A. Rosin. Harmondsworth: Penguin,1976.

Polanyi, K. 1944. *The Great Transformation*. Boston: Beacon Press.

——. 1968. *Primitive, Archaic and Modern Economies,* ed. G. Dalton. Boston: Beacon Press.

Pollack, G. 1976. "Joseph Breuer." In Gedo and Pollack, 1976.

Quinn, S. 1987. *A Mind of Her Own: The Life of Karen Horney*. New York: Summit Books.

Rank, O. 1924. *The Trauma of Birth*. Reprint, New York: Harper & Row, 1979.

——. 1932. *Art and the Artist*. Reprint, New York: Agathon Press, 1976.

——. 1936. *Truth and Reality,* trans. J. Taft. New York: W. W. Norton, 1964.

——. 1941. *Beyond Psychology*. Reprint, New York: Dover Publications, 1970.

Rapaport, D. 1938. *The History of the Concept of Association*. Reprint, New York: International Universities Press, 1974.

Reich, W. 1932a. "The Invasion of Compulsory Sex Morality." In *Sex-Pol Essays,* trans. Lee Baxandall. New York: Vintage Books, 1976.

——. 1932b. *Character Analysis,* trans. T. Wolfe. New York: Orgone

Institute Press, 1949.

——. 1934. "Dialectical Materialism and Psychoanalysis." In *Sex–Pol Essays,* trans. Lee Baxandall. New York: Vintage Books, 1976.

——. 1970. *The Mass Psychology of Fascism.* New York: Pocket Books.

——. 1976. *People in Trouble.* New York: Farrar, Straus & Giroux.

——. 1979. *Genitality in the Theory and Therapy of the Neuroses.* New York: Farrar, Straus & Giroux.

Ricoeur, P. 1970. *Freud and Philosophy.* New Haven: Yale University Press.

Riesman, D. 1949. *Individualism Reconsidered and Other Essays.* Reprint, New York: Free Press, 1964.

——. 1950. *The Lonely Crowd.* New Haven: Yale University Press.

——. 1985. Personal communication to the author. July 9.

Roazen, P. ed. 1973. *Sigmund Freud.* Englewood Cliffs, N.J.: Prentice-Hall.

Roazen, P. 1971. *Brother Animal: The Story of Freud and Tausk.* New York: Random House/Vintage.

——. 1974. *Freud and His Followers.* New York: Alfred A. Knopf.

——. 1986. *Freud: Political and Social Thought.* New York: De Capo Press.

——. 1990. *Encountering Freud.* New Brunswick, N.J.: Transaction.

Robinson, P. 1976. *The Sexual Radicals.* London: Temple Smith.

Rorer, L. and T. Widiger. 1983. "Personality Structure and Assessment." *Annual Review of Psychology* 34:431–463.

Rosenthal, E. 1966. "Torah and *Nomos* in Medieval Jewish Philosophy." In Loewe et al., 1966.

Rubins, J. 1978. *Karen Horney: The Gentle Rebel of Psychoanalysis.* New York: Dial Press.

Rudnytsky. P. 1987. *Freud and Oedipus.* New York: Columbia University Press.

Rycroft, C. 1972. *A Critical Dictionary of Psychoanalysis.* London: Penguin.

——. 1981. *The Innocence of Dreams.* Oxford: Oxford University Press.

——. 1985. *Beyond Psychoanalysis,* ed. P. Fuller. Chicago: University of Chicago Press.

Safran, J. and L. Greenberg. 1987. "Affect and the Unconscious: A Cognitive Perspective." In *Theories of Unconscious and Theories of the Self.* Hillsdale, N.J.:Analytic Press.

Sahakian, W. S. 1974. *Systematic Social Psychology.* New York: Chandler.

——. 1984. *History and Systems of Social Psychology.* New York: Hemisphere Publishing.

Sanford, N. 1956. "The Approach of *The Authoritarian Personality.*" In F. Greenstein and M. Lerner, eds. *A Source Book for the Study of Personality and Politics*. Chicago: Markham, 1971.

Sapir, A. 1926. "The Unconscious Patterning of Behavior in Society." In *The Unconscious: A Symposium*. New York: Alfred A. Knopf, 1929.

Schacht, R. 1970. *Alienation*. Garden City, N.Y.: Doubleday.

Schachtel, E. 1937. "Zum Begriff und Zur Diagnose der Personlichkeit in den Personality Tests." *Zeitschrift für Sozialforschung* 6:597–624.

——. 1959. *Metamorphosis*. New York: Basic Books.

——. 1966. *Experiential Foundations of Rorschach' s Test*. New York: Basic Books.

Schaff, A. 1970. *Marxism and the Human Individual*. New York: McGraw-Hill.

Schecter, D. 1973. "On the Emergence of Human Relatedness." In *Interpersonal Explorations in Psychoanalysis,* ed. E. Witenberg. New York: Basic Books.

Schecter, S. 1961. *Aspects of Rabbinic Theology*. New York: Schocken Books.

——. 1971. "Of Human Bonds and Bondage" in Landis and Tauber, 1974.

Scheler, M. 1915. "The Idols of Self-Knowledge." In *Selected Philosophical Essays*. trans. D. Lachterman. Evanston: Northwestern University Press, 1973.

——. 1923. "Ordo Amoris." In *Selected Philosophical Essays*. trans. D.

Lachterman. Evanston: Northwestern University Press, 1973.

Schopenhauer, A. 1844. "The Life of the Species." In *The Will To Live: Selected Writings of Arthur Schopenhauer,* ed. R. Taylor. New York: Frederick Ungar, 1962.

Schulman, M. 1963. *Moses Hess: Prophet of Zionism.* New York: Thomas Yoseloff.

Schultz, D. 1969. *A History of Modern Psychology.* New York: Academic Press.

Searles, H. F. 1960. *The Non-Human Environment.* New York: International Universities Press.

——. 1965. *Collected Papers on Schizophrenia and Related Subjects.* New York: International Universities Press.

Segal, H. 1964. *Introduction to the Work of Melanie Klein.* New York: Basic Books.

Sherif, M. and C. Sherif. 1948. *An Outline of Social Psychology.* Rev. ed. New York: Harper & Row, 1956.

Shils, E. "Authoritarianism: 'Right' and 'Left'." In Christie and Jahoda, 1954.

Silva-Garcia, J. 1988. "Erich Fromm in Mexico." In *Symposium Erich Fromm—Life and Work,* Locarno, Switzerland, March 12-14. Tübingen: International Erich Fromm Society.

Simmel, E. 1946. *Anti-Semitism: A Social Disease.* New York: International Universities Press.

Simmel, G. 1908a. "How Is Society Possible?" In *Georg Simmel: On Individuality and Social Forms,* ed. D. Levine. Chicago: University of Chicago Press, 1971.

———. 1908b. "Group Expansion and the Development of Individuality." In *Georg Simmel: On Individuality and Social Forms,* ed. D. Levine.Chicago: University of Chicago Press, 1971.

Spiegel, H. 1987. Personal communication to the author. November 24.

Spiegel, R. 1981. "Tribute to Erich Fromm." *Contemporary Psychoanalysis* 17, no.4:436–441.

Stam, J. 1980. "Historical Perspective on Linguistic Relativity." In *The Psychology of Language and Thought: Essays in the Theory of Psycholinguistics,* ed. R. Rieber. New York: Plenum Press.

Stepansky. P. 1986. "Feuerbach and Jung as Religious Critics." In *Freud: Appraisals and Reappraisals,* ed. P. Stepansky. Hillsdale, N.J.: Analytic Press.

Stone, L. 1986. *Cognition and Affect: A Developmental Psychology of the Individual.* Buffalo: Prometheus Books.

Sulloway, F. 1979. *Freud: Biologist of the Mind.* New York: Basic Books.

Suttie, I. 1935. *The Origins of Love and Hate.* Reprint, Harmondsworth: Penguin,1960.

Swales, P. 1982a. *Freud, Johann Weier, and the Status of Seduction: The Role of the Witch in the Conception of Fantasy.* Published privately by the author, 2–6 High St., Haverfordwest, Pembrokeshire, U.K.

——. 1982b. "Freud, Minna Bernays, and the Conquest of Rome." *New American Review* 1, no. 2/3.

——. 1983. *Freud, Martha Bernays, and the Language of Flowers.* Published privately.

——. 1986. "Freud, His Teacher, and the Birth of Psychoanalysis." In Stepansky. 1986.

——. 1987. Personal communication to the author. July 7.

Sykes, G. 1962. *The Saving Remnant.* New York: Harper & Row.

Thomas, W. I., and F. Zanecki. 1918. *The Polish Peasant in Europe and America.* Boston: Badger.

Thompson, C. 1950. *Psychoanalysis: Evolution and Development.* New York: Grove Press.

——. 1964. *Interpersonal Psychoanalysis: Collected Papers,* ed. Maurice Green. New York: Basic Books.

Thompson, E. P. 1978. *The Poverty of Theory.* New York: Monthly Review Press.

Thompson, M. G. 1987. *The Death of Desire.* New York: New York University Press.

Van Herik, J. 1982. *Freud on Femininity and Faith.* Berkeley: University of California Press.

Wachtel, P. 1986. Personal communication to the author. October 18.

——. 1987. "Are We Prisoners of the Past?" *Tikkun* 2, no. 3:24–27 and 90–92.

Wallace, E. R. 1983. *Freud and Anthropology: A History and Reappraisal.* New York: International Universities Press.

——. 1984. "Freud and Religion: A History and Reappraisal." In *The Psychoanalytic Study of Society,* ed. W. Muensterberger, L. B. Boyer, and S. Grolnick. Hillsdale, N.J.: Analytic Press.

Weber, M. 1904. *The Protestant Ethic and the Spirit of Capitalism.* New York: Charles Scribner' s Sons, 1958.

——. 1923. "The Social Psychology of the World Religions." In *From Max Weber: Essays in Sociology,* ed. H. Gerth and C. W. Mills. New York: Oxford University Press, 1980.

Weiss, H. 1936. "Die 'Enquête Ouvrière' von Karl Marx." *Zeitschrift für Sozialforschung* 5:75–98.

Wellmer, A. 1974. *Critical Theory of Society.* New York: Seabury Press.

Whorf, B. 1956. *Language, Thought, and Reality.* New York: Basic Books.

Wilhelm, K. 1966. "The Idea of Humanity in Judaism." In Loewe et al., 1966.

Wittels, F. 1939. "The Neo–Adlerians." *American Journal of Sociology* 14, no.3:433–445.

Wolman, B. 1960. *Contemporary Theories and Systems in Psychology.* New York: Harper & Row.

Wolstein, B. 1981. "A Historical Note on Erich Fromm: 1955." *Contemporary Psychoanalysis* 17, no. 4:481–485.

Wundt, W. 1912. *Elements of Folk Psychology: Outlines of a Developmental History of Mankind*, trans. E. Schaub. London: Allen & Unwin, 1916.

Wyss, D. 1973. *Psychoanalytic Schools from the Beginning to the Present.* New York: Jason Aronson.

Xirau, R. 1971. "Erich Fromm: What Is Man's Struggle?" In Landis and Tauber, 1971.